The Exploration and Practice of Higher Vocational Edu
Wuling Mountain Forum Corpus of Modern Vocational Education De

高职教育发展的探索与实践

2015年武陵山现代职业教育发展论坛文集

许 敏 田金培 / 主编

社会科学文献出版社
SOCIAL SCIENCES ACADEMIC PRESS (CHINA)

2015年11月14~15日，由恩施职业技术学院主办的2015年武陵山现代职业教育发展论坛在湖北省恩施市举行，论坛的主题为创新·合作·共赢。

论坛会场

论坛现场

国务院参事
刘志仁发表演讲

湖北省发改委社会发展处处长
初元庆致辞

湖北省教育厅职成处副处长
刘长军致辞

恩施职业技术学院领导
为客座教授颁发聘书

优秀毕业生代表
姚俊作创业历程演讲

湖南省湘西民族职业技术学院
副院长满益文致辞

硒产业发展与人才培养分论坛

硒产品营销与人才培养分论坛

硒旅游与人才培养分论坛

序

中共恩施州委书记 王海涛

近年来,中央和省委相继出台了一系列有利于职业教育科学发展的政策性文件,形成了引领职业教育发展的政策导向,有效支撑民族地区职业教育的政策体系业已确立,这为民族地区的高职教育发展拓展了巨大空间,提供了快速健康发展的空前机遇。

随着我国经济发展进入新常态,转型发展成为新命题。低工资、多就业的用人供给模式,高污染、高消耗的发展模式,需求同质同类、品种单一的消费模式,受到移动互联网的深刻影响,人们的生活方式、工作方式、思维方式、消费方式已发生明显变化,教育的个性化需求正在显现,学习渠道的多样化、求知需求的个性化应运而生,注重教、学、做一体化,构建学生参与平台化、互动交流网络化,是职业教育发展的必然趋势,更是职业教育的努力方向。恩施州将积极主动地适应这一需求变化,深入推进职业教育转型发展。

不仅如此,恩施州的区域发展环境也十分有利于职业教育健康快速发展。一是恩施州在全力实施"生态立州、产业兴州、开放活州"战略的同时,与时俱进地推进"依法治州、富民强州"战略,致力于走"绿色开发、绿色繁荣、可持续发展"之路,全力推进现代烟草、茶叶、畜牧、清洁能源、生态文化旅游、信息、大健康七大产业链建设,积极发展硒产业和绿色生态健康休闲养生产业,同时致力于"推进生态文明,建设美丽恩施",实施产业化、城镇化"双轮驱动",推进对外开放与精准扶贫,这为恩施州职业教育的发展搭建了广阔的舞台。

多年来,恩施职业技术学院围绕中心、服务大局,积极参与恩施州委、州政府全局工作,为恩施发展提供了有力的技术支撑和人才支撑。当前,经济发展进入动力转换、创新驱动新常态,越来越需要创新、知识、人才和技术支撑。党的十八届五中全会也把创新发展摆在突出位置。不久前，恩施州委、州政府还专门召开了支持恩施职业技术学院发展的现场办公会，目的就是要深入贯彻党的十八届五中全会精神及中央、湖北省关于大力发展职业教育的要求，在全州上下传递和凝聚更加依靠、倚重恩施职业技术学院的共识，并明确要求要加强校地联系，把恩施职业技术学院放在州域发展的重要位置，同步规划、共同推进。恩施职业技术学院是恩施人的大学，州委、州政府没有理由不把恩施职业技术学院办好，而且也有信心把恩施职业技术学院办好。

恩施职业技术学院的专业就是恩施的产业，恩施的产业要在恩施职业技术学院找到专业支撑。武陵山现代职业教育发展论坛的举办为进一步明确恩施职业技术学院的办学方向、围绕恩施产业发展培养多样化实用人才搭建了一个交流平台。通过平台上成果的展示，我很高兴地看到，恩施职业技术学院正在改革创新办学方式方法：在招生上，一方面延伸招生网络，深化与中学、中职合作，另一方面坚持市场办学，以企业冠名办班的形式开展订单式培养培训；在课程设置上，坚持市场社会需求导向，突出实践、实用和技能提升，确保学生有良好的就业渠道；在师资配备上，充分利用社会力量办学，将优秀技能人才充实到教学工作中，为职业教育尤其是高职教育的健康快速发展大胆探索，积累了丰富的经验。

当然，一次论坛或者一本书不可能十全十美。通过搭建武陵山现代职业教育发展论坛这个平台来研究一个区域乃至全国高职教育发展面临的问题和应该采取的对策，难度之大是可想而知的。恩施职业技术学院敏锐地抓住这一研究视角，经过努力，奉献了这本有较强指导价值的文集，精神可嘉，成果可贺。我相信，本书的出版，必将对开创恩施州、武陵山区乃至全国高职教育改革与发展的新局面产生积极的促进作用。

2016 年 1 月于恩施

目录
CONTENTS

一 高职教育研究

把握机遇 转型发展 打造西部高等职业教育高地 …………… 田金培 / 3
中高职教育有效衔接模式研究
——基于职教集团平台的构建 …………………………… 文 璠 / 8
组建恩施职业教育集团学校是发展恩施职业教育的必然选择 …… 陈 烨 / 14
高职院校"双师"结构教学团队建设的实践与探索 …………… 叶 红 / 22
加强数字化校园建设 提高学院信息化应用水平 ……………… 向大育 / 27
加强内涵建设 提升高职教育质量 …………………………… 罗兴荣 / 32
关于高等职业教育理念的解析 ………………………………… 简易明 / 37
山区职业教育发展研究
——以湖北省恩施州为例 …………………………………… 李冬英 / 44
武汉船舶职院职业教育发展的经验及借鉴 ……………………… 向丹凤 / 49
准确把握财务管理与监督职能 积极探索服务高职教育
新途径 ………………………………………………………… 朱平洪 / 54
互联网视域下职业技术教育的现状及发展建议 ………………… 熊佳红 / 60
加强学院后勤精细化管理的思考 ……………………………… 周厚胜 / 65

二 思想政治教育研究

关于宣传思想文化工作服务学院建设的思考与建议 …………… 文大贵 / 73

牢记育人使命　为学生健康成长导航 …………………… 卢　鑫 / 78
浅论社会学视角下的高校思政有效教学 ………………… 蒲再明 / 84
对恩施职业技术学院教师师德重塑的思考 ……………… 秦　亦 / 92
浅析职业院校学生管理方法 ……………………………… 唐燕妮 / 97

三　专业建设、课程教学改革与评价研究

对高职经管类专业建设的思考
　　——以恩施职业技术学院为例 …………………… 曾　稳 / 103
会计教学　高职教育与恩施经济发展 …………………… 李双权 / 108
加强课程开发与建设　提升课程育人质量 ……………… 廖红菊 / 119
电子商务专业校企合作模式探究 ………………………… 黄　睿 / 126
为专业课服务　深化公共基础课教学改革 ……………… 何启明 / 130
浅谈钳工实训课操作技能的培养 ………………………… 方世兵 / 137
企业设计　学校代工　精准培养
　　——基于恩施职业技术学院数控技术专业特色办学的构想 … 杨学智 / 142
专业建设与高职教育发展研究 …………………………… 唐文宪 / 150

四　招生与就业研究

加快恩施职业技术学院中高职衔接健康发展的几点思考 … 谭耀卿 / 159
高职学生创业教育的特殊性与有效性讨论 ……………… 向大众 / 164
高职院校"生源荒"探析 ………………………………… 李先谷 / 170
办好继续教育　助力高职招生 …………………………… 薛维军 / 177
推进内涵发展　提升育人质量　破解招生难题 ………… 吴　云 / 184
中高职一体化学生流失原因调查分析及对策研究
　　——以恩施职业技术学院计算机专业
　　　　为例 ……………………… 高寿斌　谭再锋　文小华 / 190
以就业为导向　培养市场需要的高技能人才 …………… 杨光明 / 197
以衔接模式创新促进高职招生规模的思考 ……………… 向　阳 / 204

五 产学研合作研究

依托行业 产教融合 校企合作 特色发展
　　——以恩施职业技术学院土建类专业政行校企合作办学为例
　　······················· 江向东 / 211
办好涉农高职教育 提升服务地方能力 ············· 周光龙 / 217
高等职业教育校企合作中存在的问题分析及对策建议 ······ 冯小俊 / 223
恩施职业技术学院"双元制"办学的探索与实践 ········ 刘家国 / 229
搞好校企合作 推动恩施地方经济发展
　　——校企合作存在的问题及对策思考 ············ 刘绪勇 / 234

六 高职教育服务地方经济社会发展研究

立足本职 投身学院转型发展 服务恩施经济建设 ······ 赖声雁 / 243
高职教育与区域经济发展新路径的探讨
　　——以恩施职业技术学院为例 ············ 周成河 张 鳃 / 249
加快高职教育发展 服务恩施经济建设 ············· 高祖彦 / 259
服务地方经济建设的恩施职业教育发展渠道探讨 ······· 朱行梅 / 263
高职院校提升服务区域经济能力的途径思考 ·········· 段昌盛 / 269
高等职业教育如何服务地方经济 ················ 林 涛 / 274
大力发展高职教育 服务地方经济建设 ············· 牟应华 / 281
加快发展高职教育 服务恩施经济建设
　　——实化于专业与产业对接，提高服务地方经济建设能力
　　······························· 陈玉平 / 286
适应现代职业教育体系建设要求 增强高职院校服务地方
　　经济社会发展能力 ···················· 向久林 / 292
加快高职教育发展 服务恩施经济建设 ············· 田宗宇 / 299

一
高职教育研究

把握机遇 转型发展 打造西部高等职业教育高地

恩施职业技术学院 田金培

摘 要：近年来，国家相继出台了一系列有利于职业教育科学发展的纲领性文件，形成了引领职业教育发展的政策导向，有效支撑民族地区职业教育的政策体系业已确立，这为民族地区的高职教育发展拓展了巨大空间，恩施职业技术学院作为地处中国西部、武陵山区的高职院校，其未来发展正迎来空前机遇。因此，学院必须把挑战转化为机遇，加快发展，转型发展，主动适应需求变化，方能将学院建成武陵山区职业教育龙头、武陵山区现代职业教育中心、西部地区技术技能型人才培养高地、全国硒人才培训和硒文化传承基地。

关键词：把握机遇 转型发展 武陵山区 职教高地

一 把握机遇，加快发展

（一）宏观环境有利

一是政策支撑，强劲有力。近年来，国家相继出台《关于加快发展现代职业教育的决定》《关于加快发展民族教育的决定》《关于深化高等学校创新创业教育改革的实施意见》《现代职业教育体系建设规划（2014－2020年）》《高等职业教育创新发展行动计划（2015－2018年）》等一系列有利于职业教育科学发展的纲领性文件，形成了引领职业教育发展的政策导向，有效支撑民族地区职业教育的政策体系业已确立，这为我们民族地区的高职教育发展拓展了巨大空间，恩施职业技术学院的未来发展将迎来空前机遇。

二是经济转型，契机再现。党中央制定了"四个全面"的治国理政总方略，我国全面实施三大支撑（长江经济带、京津冀协作区、一带一路）、四大板块（东北振兴、东部率先、中部崛起、西部开发）战略，党的十八届五中全会提出了五年规划蓝图；大数据、云计算、互联网＋、中国制造2025等新概念、新技术、新需求，带来了职业教育发展的新理念、新变化、新要求，传统的人才培养模式将被打破，对适应经济发展的"双创"人才需求日渐迫切，恩施职业技术学院作为地处中国西部、武陵山区的高职院校，应力图把挑战转化为机遇，加快发展。

三是需求个性，倍添活力。我国经济发展进入新常态，转型发展成为新命题。低工资、多就业的用人供给模式，高污染、高消耗的GDP产业模式，需求同质同类、品种单一的消费模式，受到移动互联网的深刻影响已日渐式微，人们的生活方式、工作方式、思维方式、消费方式已发生明显变化，教育的个性化需求正在显现，学习渠道的多样化、求知需求的个性化应运而生，注重教、学、做一体化，构建学生参与平台化、互动交流网络化，是职业教育发展的必然趋势，更是职业教育的努力方向。恩施职业技术学院应主动适应需求变化，转型发展。

（二）区域发展环境有利

一是恩施州全力实施"生态立州、产业兴州、开放活州"战略，致力于走"绿色开发、绿色繁荣、可持续发展"之路，全力推进现代烟草、茶叶、畜牧、清洁能源、生态文化旅游、信息六大产业链建设，以及发展硒产业和绿色生态健康休闲养生产业。同时致力于"推进生态文明，建设美丽恩施"，实施产业化、城镇化"双轮驱动"，推进对外开放与精准扶贫，为恩施职业技术学院的发展搭建广阔的舞台。

二是恩施州委、州政府高度重视职业教育，将高职教育纳入了经济社会发展盘子，每年拨付7000万元资金支持学院建设与发展，选派恩施职业技术学院优秀青年教师到各县（市）担任教育局副局长兼职学校副校长，并在政策上给予诸多支持。州直各部门全力支持恩施职业技术学院发展，这是恩施职业技术学院未来发展的不竭动力。

（三）自身转型发展条件具备

学院下设经济管理系、电气与机械工程系、计算机与信息工程系、生物工程系、建筑工程系、人文科学系、旅游系、体育系、中等职业教育部、公共课部、思政课部11个教学系部，招生专业近50个，在校学生10450名。近三年，毕业生就业率稳定在98%以上。

现有教职工533人，其中具有硕士学位以上学历的100余人，正高、副高职称教师近200人。恩施职业技术学院拥有"数控技术""计算机及应用""生物技术""建筑工程技术"四个国家职业教育实训基地和"旅游管理""畜牧兽医""生物制药"三个省级示范性实训基地。建院15年来，累计向社会输送毕业生近5万名，多数毕业生已成为各行各业的领军人物。近年来，完成科技服务项目100余项，获得省部级及以上奖励33项、州级奖励30项，获得国家专利12项。自身发展能力的不断增强，为恩施职业技术学院的转型发展奠定了坚实基础。

二 恩施职业技术学院发展目标定位

办学目标定位：将学院建成武陵山区职业教育龙头、武陵山区现代职业教育中心、西部地区技术技能型人才培养高地、全国硒人才培训和硒文化传承基地。

办学规模定位：通过3~5年的发展，中职生规模稳定在6000人，在校高职生达到8000~10000人，成人学历教育达到3000人，社会培训每年达到8000人次以上。

办学格局定位：坚持普通教育（高职、中职）、继续教育和社会培训"三位一体"协同发展，形成"三大板块"办学格局，即：南区以中职生为主，实行封闭式培养；主校区以高职生为主，实行开放式办学；金子校区以社会培训、继续教育为主，实行提升式培养。

三 突出重点，推进转型发展

（一）突出内涵建设，增强内生活力

一是突出办学特色。办好特色班、上好特色课、建好特色专业。办好

全州国防兵员班、园林经理班、质量管理班、农村小学全科教师班、烹饪大师班、高端酒店经理班、高端家政管理班、国际高铁乘务班、通用航空服务管理班、健康养老经理班、农家乐经理班、建筑工程项目经理班、工程师班、企业管理白领班等特色班；开设时事政策、法律知识、健康安全、生存技能、人际沟通等特色课，做到对学生成长有利、发展管用；将旅游管理、畜牧兽医、机电一体化、会计、学前教育、信息工程、建筑工程等专业建成湖北省乃至中国西部地区有广泛影响的特色专业群。

二是推动结构转型。生源结构立足恩施，面向湖北，放眼西部，辐射全国；学历层次以高职为主，兼顾本科，适度发展中职；培养方向为技术技能型人才；学生就业立足本州，面向全国。

三是提升执教能力。全面推进"双师型"队伍建设，开展"百名教师、百项技术进百家企业"活动，用五年左右的时间输送所有教师到外轮训一次，实施"一师一优课，一课一名师"工程，开设"教师大讲堂"，组建由知名专家学者、领导、企业家组成的百名客座教授团队。

四是推动"学生双创"。以创业沙龙为平台、创新创业大赛为抓手，构建"教师＋团队＋项目"模式，助推学生提升综合素质，增强学生岗位迁移力。

五是完善管理制度。建立院领导带班"5＋2"不间断巡查制度、副科级以上干部担任政治辅导员制度、班主任工作激励制度、"五率"绩效考核制度（学生巩固率、中高职衔接率、高职招生率、毕业生就业率、学生事故率）、重点工作目标管理与绩效考核制度等，推行全员、全面、全过程育人。

（二）立足地方发展，增强服务能力

一是按照"地方需求就是培养目标，重点产业就是设置专业"的要求，围绕恩施州现代烟草、茶叶、畜牧、清洁能源、生态文化旅游、信息六大产业链，以及发展硒产业、绿色生态健康休闲养生产业，办好对应的近50个专业。

二是建好两大智库。恩施职业技术学院和恩施职业技术学院巴文化研究所是恩施州委、州政府确定的两大新型智库，将在州域经济发展、产业优化升级、生态文明建设、新型城镇化、民族文化弘扬等方面担当智囊之职,同时,让院内更多国家、省、州专家充分发挥作用。

三是推动恩施职业技术学院与技术先进、管理规范、社会责任感强的规模以上企业深度合作,共建生产性实训基地。面向企业的创新需求,依托重点专业(群),校企共建新技术应用推广机构。面向全州重点发展产业,提高技术咨询与服务能力,促进州域产业结构调整和重点产业发展。

(三) 实行开放办学,增强发展活力

学院秉持"开放合作是第一要务",加强校地对接,与全州八县市政府和近30个州直部门签订校地合作协议,深化合作内容;开展校企对接,与长三角、珠三角、环渤海等地区和州内千家企业开展人才订单培养;开展校会对接,加大与发达地区百家行业协会、商会对接力度;开展校校合作,与州内8所中职学校开展"3+2"中高职分段培养;建好百家学生顶岗实习、工学交替基地,做到"企业即学校,车间即课堂";开展国际合作办学,与新西兰奥克兰大学、基督城理工学院、林肯大学等国外高校开展合作。

(四) 加大有效投入,增强发展后劲

以项目为支撑,增加有效投入,力求做到"三个一批"。

开工一批。投资1200万元的南区学生公寓主体工程已完工,投资3500万元的教学做一体化大楼、投资2000万元的连接主校区与南区地下通道及南区的维修工程于2015年底动工,投资2000万元的大学生创新创业实训基地项目、投资1000万元的数字化校园建设工程将于近期启动。

推进一批。拟建学生素质拓展教育基地、图文信息中心、大学生室内体育活动中心等。"十三五"期间,力争新增建设投资2亿~3亿元。

争取一批。每年争取与省发改委、省教育厅等省直部门和恩施州委、州政府召开一次专题会议,支持解决恩施职业技术学院发展中的重大问题。

恩施职业技术学院正处于战略机遇期、转型发展期,需要上级的关心、关怀,需要社会各界的鼎力支持,需要各位同人传经送宝,一定要抓住机遇,加快转型发展,真正把恩施职业技术学院打造成西部高等职业教育高地。

中高职教育有效衔接模式研究

——基于职教集团平台的构建

恩施职业技术学院教务处　文　璠

摘　要： 中高职教育的有效衔接是职业教育发展的必然趋势，而职教集团的构建是实现中高职教育有效衔接的主要途径，本文对职教平台下中高职的衔接模式进行了剖析。

关键词： 中高职衔接模式　职教集团

近年来，结构性失业现象愈演愈烈，高职毕业生就业形势不容乐观，沿海地区企业高技能人才却出现了"用工荒"的情况。企业高技能人才招聘难、中职学生升学难、中职学校专业建设难、高职学校招生难，这些都对职业教育体系的转型提出了迫切需求。为了适应产业升级和经济发展的需求，为学生多路径成才搭建"立交桥"，中高职有效衔接势在必行，同时中高职教育的有效衔接也是职业教育发展的必然趋势。

一　中高职衔接的现状

（一）中高职课程设置重复，课程内容脱节断层

由于中高职教育在人才培养目标上具有一定的相似性，因此在课程设置上很容易出现相同或相近的现象。如学前教育专业、学前教育学和学前心理学都是中职核心专业课程，高职教育为了保证学生职业资格的通过率和课程体系的完整性，同样也要开设这两门课程，致使中职升高职的学生重复学习这两门课程。这种重形式、轻内涵的衔接方式造成了教育资源的浪费，高度相似的课程设置及教学内容也会在一定程度上使学生产生厌学

等不良情绪，同时也背离了高职教育作为中等职业教育之后更高层次、更高阶段的教育这一定位。另外，中职学生没有经历普通高中的学习，数学、物理等文化课基础较差，进入高职阶段之后，需要学习基础理论课，如果直接教授大专课程会导致课程与学生的知识水平脱节的问题。

（二）中高职教育在专业设置上不对口

高职教育作为中职教育的延伸，为中职生提供了继续深造的途径，但前提是中高职教育在教育层次、培养目标、专业设置、课程设置、教学内容等方面的科学、合理衔接，其中专业对口衔接是中职毕业生选择继续学习的关键因素。但实际情况是，中职教育开设的专业往往多而细，高职教育因其在专业设置上与地域经济需求密切相关，开设的专业少而宽。这种专业设置上的差异导致中职毕业生在继续深造时产生困惑。

（三）中高职衔接的招生考试制度缺陷

近年来，中职毕业生人数和就业人数逐年增加，中职在校生占据高中阶段教育的"半壁江山"，但是众多中职毕业生对口升学概率小，不得不选择毕业后就业。有研究显示，中职毕业生仅有5%升入高职院校继续学习，但约有六成的中职生把升学作为毕业后发展方向的重要选项，可见大部分中职生对继续求学的渴望。这种状况不仅制约了中职院校招生的规模，不利于中职院校的发展，同时也影响了高职院校的招生和发展。所以，需要打通中职和高职间的升学通道，进一步拓宽中职学生的生存空间和发展空间。

现行联结中高职的技能高考、对口单招考试偏重于语、数、外文化课考试，对职业技能的考核重视不够，有的专业技能考试只考通过率高的项目，使专业技能考试流于形式，考试效度低。这种考试形式映射到中职教学中，使专业课程教学的主导地位发生动摇，各类实践实训课被大量压缩，不仅违背了中高职一体化发展的要求，同时与普通高中的区分度也难以体现，无法显示职业教育的优势。

二 职教集团平台下中高职衔接的诉求

中高职教育的有效衔接形式多样,职教集团的组建则是实现中高职教育有效衔接的主要渠道。职教集团是以产业(专业)为纽带,重点高职院校为龙头,其他高职、中职学校为基础,政府主导、行业指导、企业参与的职业教育办学联合体。职业教育集团化办学重在建立"人才共育、过程共管、成果共享、责任共担"的校企合作办学体制机制,加强政府、行业、企业、学校四方联动的多元化合作,形成融人才培养、教学科研、职工培训、技能鉴定、项目研发、信息咨询、技术服务等功能于一体的职业教育办学联合体。

中高职衔接现状存在的种种弊端,中职学校专业建设难、高职学校招生难等困境,以及社会对高技能人才的强烈需求,都使得聚集职教资源、探索更为科学有效的中高职衔接模式势在必行,而职教集团的组建打破了"校校壁垒""校企壁垒",有力地克服了中高职衔接现状存在的种种弊端。

(一) 中职学校专业建设的困境

中职学校的专业设置多而细,为地方的生产、服务和管理等提供了大量的技术人才,但是中职学校囿于其人才定位和发展层次,确实存在专业设置不科学、课程体系不健全、师资力量薄弱、实训条件欠缺等诸多弊端。组建职教集团遵循"共享共赢"原则,建立了职业院校之间、院校与企业之间相互依存、相互促进、互惠互利、共同发展的良好关系,很好地缓解了中职学校专业教师缺乏和实训条件欠缺等突出矛盾。

(二) 高职学校生源不足的劣势

近年来,高职教育得到了长足的发展,但是前景不容乐观。中职学生对口升学率低,高中阶段报考高职、高专的一般都是经过层层筛选最后留在最底层的学生。从招生录取情况看,很多高职院校录取学生数低于计划数,生源严重不足。从现在的招生形势看,今后中职毕业生将成为高职生的重要来源,所以拓展中职学生的升学空间,依托职教集团实现中高职的有效衔接，是保障高职生源的重要措施。

职教集团的基本原则是"双赢"，不仅要体现集团的群体优势，而且要突出各成员的特色，使中高职院校能够在职教集团的管理下，从考试招生、专业设置、人才培养、教育教学以及就业等方面实现有效衔接，中高职院校的相近专业在培养目的、招生、教学、管理以及就业等方面实现全面贯通。从而增加中高职院校的招生规模，实现职业教育资源的共建共享及两者之间的优势互补。

三 职教集团平台下中高职衔接的模式

以职教集团的建立为平台，中高职教育衔接的运行模式主要有以下几种。

（一）构建职教集团共享型实践平台

职教集团成立的目的是为区域行业和企业培养高素质的技能人才，要具有鲜明的人才培养特色，应该采用集团化的职业教育体系，积极进行校企合作。职业教育与普通教育最大的区别在于其以技能型培训和实践操作为重点，因此要高度重视实践实训，积极构建职教集团的实践平台。中高职教育的实践包括校内实践和校外实习。实践平台可以通过职业院校自身建设，也可以通过校企合作来构建。一方面，促进高职院校实训中心向中职学校开放，承接中职学校学生分批实习。另一方面，职教集团应该借助产业集群的优势构建大型的实践基地，与企业合作，积极寻求场所支持，不断扩大中高职教育实训和实习平台的规模，为学生创造更多的实训和实习机会，使学生熟悉最新的现场操作环境。

（二）开发职教集团引领衔接的人才培养方案

成立由中职学校教师、高职学校教师、行业专家、企业专家等组成的集团专业指导委员会，集中开发中高职一体化的人才培养方案。中职教育培养的人才应该具备较强的操作能力，并且具有一定的专业基础知识。此外，为了能够使中职院校的学生适应区域经济发展需求，还应该教授相当于普通高中的基础知识体系，从而为一部分中职学生顺利升入高职院校做准备。高职教育应该根据中职教育的实际，在中职教育的基础上提高学生的专业理论和专业技能，从而实现高职教育的培养目标。

（三）探索职教集团引领衔接的课程内容

课程衔接是中高职教育衔接的最终落脚点，也是衔接的核心，是深化职业教育教学改革的关键。利用职教集团平台，中高职教育在教学内容上也应该做好整体部署安排。根据课程内容进行归类、整理，明确课程的基本结构，有针对性地进行分层次教学，合理地设置教学内容。切实加强实践教学，构建以综合职业能力为本位、以职业实践为主线、以项目课程为主体的模块化专业课程体系。大力开发选修课程，增强课程的可选择性。课程体系应该以职教集团为依托，充分考虑中职院校和高职院校学生的不同特点，构建能够提升学生职业技能的课程体系，实现对中高职学生应用能力的培养。

（四）推进职教集团引领衔接的教学质量评估体系

建立学生学分信息库，积极推行中高职学分互认机制，实现系统信息的累积和转换。制定中高职学校的学分互认制度，相近课程学分可互认，或折合成相应学分，并将学分互认作为职业教育集团建设的重要内容。建立绩点分和学分双重指标体系，加强实践技能的考核，实现理论教学与实践教学相统一，推进中高职课程教学质量评估体系的衔接，从而全面实现中高职衔接。

（五）探索职教集团引领衔接的考试模式

职教集团负责牵头制定技能考试标准和专业综合理论大纲，细化各专业科目的技能考试权重内容，并组织集团内的专业技能考试，实现技能考试标准化。以职教集团作为中高职教育交流的平台，不仅可以发挥职教集团的辐射作用，还能使其在对口单招考试中起到引领作用。应通过与中职学校进行广泛的交流，根据中高职学生的知识、能力和素质结构，设计出合理的人才培养模式架构，组织编写具指导作用的专业技能实训指导书，与此同时，对各相关专业技能考试进行统一指导，明确教学重点和难点，调整课程结构内容，降低中高职课程内容的重复率，提高中高职课程衔接质量，着力构建职业技能教育体系，充分体现职业素质教育内容的针对性、整体性和渗透性。

四　结束语

中高职衔接是在建设现代职业教育体系的大背景下提出的，既需要高屋建瓴的顶层设计，也需要扎实的实践探索。职教集团化办学的主要目标之一就是推进优质职业教育资源集聚，推进人才培养模式改革和培养途径优化，切实提高职业教育教学质量，提高学生的技能水平和就业质量。所以，在国家顶层设计尚未完全出台的情况下，充分发挥职教集团的平台和纽带作用，开展中高职衔接的扎实有效的实践探索很有必要，也很有意义，不仅能够满足地区经济发展对人才的需求，而且能够实现职业院校毕业生的顺利就业，逐步实现中高职教育的有效衔接。

组建恩施职业教育集团学校是发展恩施职业教育的必然选择

恩施职业技术学院科技处 陈 烨

摘 要：当前，职业技术教育在发展过程中遇到了种种困难，客观上导致职业技术院校的教师难以用心从教，教育资源浪费，人才培养与社会需求脱节，服务地方经济社会发展的能力愈显不足。因此，必须按照"政府主导、统筹规划、积极推进、分步实施"的思路，在积极探索政、校、企合作办学的基础上，组建恩施职业教育集团学校，推进全州职业教育集团化发展，不断增强和提升职业教育服务地方经济社会的能力和水平，有针对性地采取有效措施解决这些困难，促进恩施州经济社会又好又快发展。

关键词：职业教育 集团化发展 政策建议

为认真贯彻《国家中长期教育改革和发展规划纲要（2010－2020年）》，抢抓国发2号文件和《武陵山片区区域发展与扶贫攻坚规划》助推恩施州经济社会全面快速发展的历史机遇，进一步明确全州各级党委、政府发展本地职业教育的责任，充分调动学校和社会力量开办职业教育的积极性，在积极探索政、校、企合作办学的基础上，组建恩施职业教育集团学校，推进全州职业教育集团化发展，不断提升职业教育服务地方经济社会的能力和水平，促进恩施州经济社会又好又快发展。

一 组建恩施职业教育集团学校的重要意义

（一）有利于发挥恩施职业技术学院的龙头带动作用

恩施职业技术学院是武陵山地区成立最早、规模最大的高职院校。学院是湖北省示范性高等职业院校、中国职教学会少数民族职教专委会常务理事单位、湘鄂渝川黔五省边区高职高专校际协作会会长学校。依托恩施职业技术学院组建恩施职业教育集团学校，有利于充分利用恩施职业技术学院的品牌、师资、管理等优势，指导集团内各学校进一步明确办学方向与定位，理清办学思路，带动各县（市）职业教育发展。

（二）有利于提高各县（市）中职教育的办学质量

组建恩施职业教育集团学校，实施集团化发展，有利于规范各县（市）中职学校科学设置专业，严格执行人才培养标准，强化教育教学管理，不断提升人才培养质量。

（三）有利于推动恩施职业教育的协调发展

实施集团化办学和发展，有利于发挥政府、学校和行业企业的办学优势，整合职教资源，搭建中高职协调发展的"立交桥"，促进全州职业教育向规模发展与质量提升并重转型，将职业教育"做大、做强、做特"，提升满意度和吸引力。

（四）有利于促进恩施州经济社会的稳定和谐

实施集团化办学，发展和壮大职业教育规模，有利于实施人才强州战略，为"三个恩施"建设和发展提供人才支撑。同时，通过发挥职业教育院校毕业生适应力强、就业率高的优势，开拓初、高中毕业生的升学和就业出路，同时迅速带动学生本人及其家庭脱贫致富，对促进恩施州经济社会发展和社会稳定有着十分重要的意义。

二 恩施州职业教育发展面临的困难

职业技术教育承担着为地方经济社会发展培养技能型人才的重任。近年来，恩施州职业技术教育在发展中遇到了一些困难，主要表现在以下几个方面。

（一）各级对职业技术教育的认识不足

一个国家要步入发达国家行列，一个地区要获得经济社会可持续发展的动力，都必须经历并完成货币资本原始积累和人力资本原始积累两个过程，恩施州也不例外。人力资本的原始积累过程在恩施州乃至全国都不可能交由高中教育和本科教育完成，只能交由职业技术教育来完成。但现实是政府都在尽全力办好高中教育，与省内其他高中比升学率，就连初中学校的老师教育学生都这样说："你们这些不愿学习的同学，初中毕业考不上高中，又不能外出打工，就只能进职业院校了。"可见，政府的办学导向及社会各阶层对职业技术教育在认识上的不足严重阻碍了职业技术教育的发展，没能发挥其服务地方经济发展的能力，如此，完成人力资本的原始积累过程谈何容易。

（二）"双师型"教师紧缺

职业技术教育培养的是一线操作技能娴熟的劳动者，教师既要懂得技能的基本原理，更要熟练掌握操作技能本身。真正的"双师型"教师不可能通过教育部选定的全国高职高专师资培训基地培养出来，只能通过建设不被市场淘汰的实训室和常年派教师进企业参与其生产实践活动才能培养出来，而恩施州这两条渠道都不畅通。

（三）民办职业技术学校的教师无身份

从全国范围看，不同省份对待民办和公办职业技术教育的政策是不统一的，地区差别较大。在恩施州，民办职业技术学校的教师全部由学校面向社会招聘，用多少招多少，与当地人社部门对事业单位招聘工作人员不发生人事关系。一样从事职业技术教育，公办职业技术学校的教师被政府记住了，而民办职业技术学校的教师却被政府遗忘了。由于没有明确的身份，教师的流动性很大。政府给了民办初中、高中一定数量的公办教师名额，这不仅正名了教师身份，也从一定程度上缓解了学校的办学资金压力，相对而言，民办职业技术教育在这方面仍未得到政府的支持。调研过程中，我们了解到人们普遍能接受义务教育、高中教育和高等教育，而不愿意接受任何形式的职业技术教育。所以，即便政府为鼓励民办职业技术教育发展而给民办职业技术学校配备带编制的教师岗位，也鲜有人愿意前往任教。

（四）资金短缺，规模扩展受限制

一是补助资金到位延时，学校要负债办学。现行政策性补助资金是按在校学生人数核拨的，按常理，学生报到注册即可申请拨付补助资金，但实际从报到注册到资金拨付间的时间跨度长达6个月左右，职业技术学校尤其是民办职业技术学校只能负债办学，这严重制约了民办职业技术教育的适应性发展。二是项目资金安排十分有限。如一些项目资金全部被各部门以各种不同形式用于短期培训了，难以整合到职业技术教育的篮子里来。三是民办职业学校与民办初中、高中的收费标准相差悬殊，致使办学资金短缺。

（五）普职比例严重失调，职业院校招生难

就恩施州六县二市及州直普通高中和职业技术学校的办学现状来看，普通高中的火爆和职业技术教育的冷清仍是不争的事实。普职比例严重失调，致使职业技术院校面临招生难、教职工待遇低、教学设施设备更新速度慢、教师难以安心于职业技术教师岗位、教师的执业技能提升速度慢于市场需求等一系列问题，难以有效发挥职业技术教育服务地方经济社会发展的职能。

三 组建恩施职业教育集团学校的基本思路

基于上述困难，职业技术院校的教师很难用心从教，教育资源浪费，人才培养与社会需求脱节，服务地方经济社会发展的能力愈显不足。因此，必须按照"政府主导、统筹规划、积极推进、分步实施"的思路，有针对性地采取有效措施解决这些困难。

（一）统一思想，提高认识

在稳定现有高中办学规模和不断提高办学质量的基础上，通过政府行

文、领导讲话、新闻媒体宣传、职能部门主抓、办学实体实施等办法和措施，逐步调整办学思路和格局，力争在一定时期内让各级、各部门及社会各阶层接受职业技术教育，真正认识到恩施州乃至全国经济社会可持续发展的不竭动力——人力资本的原始积累只能由职业技术教育完成。

（二）大力发展实体经济

全恩施州上下都必须紧紧围绕中共恩施州委六届五次全会所确立的烟叶、茶叶、畜牧、清洁能源、生态文化旅游、信息六大产业链建设思路，着力实施产业化、城镇化"双轮驱动"发展理念。职业技术教育和实体经济之间是"你中有我，我中有你"的相互依存关系，没有职业技术教育支持的实体经济发展寸步难行，没有实体经济健康发展的职业技术教育无疑是纸上谈兵、空中楼阁。

（三）强力实施"双师型"教师工程

首先，教育部、财政部要制定出切实可行的"双师型"教师培养培训实施方案。一是有计划、分步骤地在省级及以上示范性职业技术院校建设一批适应市场需求的实验（训）室，切忌在建设过程中将项目资金用于硬性配套那些能看不能用的设施设备。二是有重点地安排省级及以上示范性职业技术院校的技能课教师集中到指定的企业进行不少于6个月的操作实践。另外，地方各级政府也要每年安排预算为当地职业技术院校实施"双师型"教师工程提供资金保证，并出台文件鼓励和要求当地规模以上企业接收职业技术院校师生进行技能实践。三是各学校必须在校企深度融合上下足功夫，真正实现企业进校园、师生进企业的职业技术教育良性互动。

（四）完善鼓励民办职业技术教育健康发展的支持政策

现阶段，民办职业技术教育尽管不是什么新生事物，但确实还处在导入期，经不起大风大浪，不过其也具有掉头灵活的特点。完善的职业技术教育体系中，民办职业技术教育成分不可或缺，因而需要由政府层面出台新政策并尽快完善现有政策，切实解决民办职业技术学校教师无身份、办学资金紧缺的困难。

（五）全力提升职业技术教育在新时期扶贫攻坚中的持续动力

一是推进职业教育集团化办学。职教集团是优化职业教育资源配置，促进职业院校和行业企业紧密结合、优势互补、合作共赢的职业教育发展新途径和新模式。组建职教集团是建立适应经济发展方式转变和产业结构调整、体现终身教育理念、实现中等和高等职业教育协调发展的现代职业教育体系的重要内容之一，是加快恩施州职业教育改革发展步伐、扩大办学规模、提高办学水平、推进人才培养模式改革和培养途径优化、提升服务经济建设和社会发展能力的有效途径，是提倡全社会形成"崇尚拥有一技之长、不论学历论能力"良好氛围的基础保障。二是加快职业技术学校建设与发展步伐。科学编制职业教育发展规划，实现普通高中与中职教育在校学生数量比例大致相当的基本要求，促进职业教育与普通高中教育协调发展、初等职业教育与中等职业教育协调发展、中等职业教育与高等职业教育协调发展，最终打通初等、中等、高等职业技术教育与硕士研究生培养"一体化"通道。三是深化校企合作办学新模式。校企合作是深化职业技术教育改革的必然趋势和有效途径，同样是恩施州综合扶贫工程的重要组成部分。目前，恩施职业技术学院正在实施的与美斯坦福、斯瑞、海天集团的合作办学就为职业技术教育扶贫提供了经验总结和成果分享的平台。

四 组建恩施职业教育集团学校的政策建议

恩施职业教育集团学校的组建和发展按照"政府主导、统筹规划、积极推进、分步实施"的思路，实行恩施州委、州政府统一领导，各县（市）党委、政府与恩施职业技术学院共建共管的管理体制。具体建议如下。

（一）管理体制明晰化

（1）学校主体。各县（市）中职学校在保留原有职业学校牌子的基础上，2016年全部加挂恩施职业技术学院分校的牌子，实行"两块牌子，一套人马"，学校的产权隶属关系不变。

（2）经费投入。各县（市）政府按照分级负责的原则，全面负责落实所辖各中职学校的基础设施建设和办学经费。城市教育附加费用于职业教育的比例不得低于30%；高等职业学校人均预算内经费拨款标准达到本地区同等类型本科院校的人均预算内经费标准；中等职业学校按编制足额拨付经费；新增教育经费中用于职业教育的比例提高到50%。同时，鼓励多渠道筹措办学经费。

（3）分校升格。当分校各项办学指标达到规定标准后，即可向恩施职业技术学院提出申请，升格为副县级规格，由恩施职业技术学院评估合格后报恩施州委、州政府审批。若达到二级分院的办学标准，可申请成立恩施职业技术学院二级分院。

（4）干部管理。各中职学校科级干部以县（市）为主，协商恩施职业技术学院同意后，进行考察任免；各分校负责人分别由各中职学校负责人兼任，由恩施职业技术学院行文；副处级干部参照恩施职业技术学院院内县处级干部产生办法，由学院按相关程序行文任免，并报州委组织部备案。分校教职工可参照恩施职业技术学院院内津贴标准执行。

（二）业务管理职责化

恩施职业教育集团学校内的教学等业务管理在恩施职业技术学院的指导下，由各中职学校（分校）负责实施。

（1）专业管理。由恩施职业技术学院围绕人才需求和各县（市）职业教育办学条件，对各县（市）职业教育办学规模、办学层次、专业设置等方面进行统一规划、科学布局，指导各县（市）在办好现有优势专业的基础上，借助恩施职业技术学院的专业品牌共建品牌专业。

（2）招生管理。各县（市）中职学校（分校）可保留自身部分专业进行招生办学，分别发放各县（市）中职学校的毕业证书。以恩施职业技术学院分校的名义，对按照统一确定的招生计划进行招收的学生，毕业后统一发放恩施职业技术学院的毕业证书。各县（市）政府和教育行政主管部门及恩施职业技术学院共同采取各种有效措施组织生源，确保中职生数量达到目标任务要求。

（3）教学管理。由恩施职业技术学院对各县（市）中职学校（分校）

在教学管理上进行指导，组织制定统一的专业建设标准、人才培养方案、课程标准等，各中职学校（分校）严格按照审定的教育教学管理规定组织实施，确保人才培养质量。

（4）师资管理。在师资管理上，由恩施职业技术学院指导各中职学校（分校）制定师资队伍建设规划，各分校新进教师方案由恩施职业技术学院负责审核，各县（市）按要求组织实施。师资培训由恩施职业技术学院统一组织进行。

（5）利益分配。分校与恩施职业技术学院合作共建专业的利益分配比例可按专业类别确定。如教育、工程、信息大类专业分校占80%，恩施职业技术学院占20%。其余专业重在扶持，即在校生规模在500人以下的分校占90%，恩施职业技术学院占10%；在校生规模在500~1000人的，分校占92%，恩施职业技术学院占8%；在校生规模在1000人以上的，分校占95%，恩施职业技术学院占5%。同时，上述专业在第一年对各分校减免50%，第二年减免25%，第三年按上述标准执行。

（三）保障措施高效化

（1）成立机构，加强领导。恩施州人民政府成立由州长任组长、常务副州长和分管副州长任副组长，州人民政府办公室、州教育局、恩施职业技术学院和其他相关部门以及各县（市）政府领导为成员的恩施职业教育集团学校发展工作领导小组，负责统一领导和组织实施。

（2）提高认识，稳步推进。各县（市）人民政府、恩施职业技术学院、各中职学校要提高对组建恩施职业教育集团学校、实施集团化发展的认识，主动积极参与，形成合力，确保此项工作稳步推进。州人民政府必须向省人民政府和省教育厅积极争取相关扶持政策。

（3）加强督察，确保成效。由州人民政府督察室对该项工作的进展情况进行督促检查，并将其纳入每年对各县（市）政府的目标考核范围，确保工作成效。

（4）时间要求。由州教育局牵头实施，恩施职业技术学院和各县（市）政府参与。要求在2016年6月30日前完成分校挂牌工作，7月31日前完成专业教师的招录、调配工作，从9月1日起，以分校名义办学。

高职院校"双师"结构教学团队建设的实践与探索

恩施职业技术学院教务处　叶　红

摘　要：高素质的"双师"结构教学团队是当前高职院校师资队伍建设的基本方向，是提高高职人才培养质量的关键和核心。本文从高职"双师"结构教学团队的内涵入手，对当前高职"双师"结构教学团队建设过程中存在的问题进行分析，从教学团队带头人的遴选、专兼结合的团队教学模式、校政企联动的长效机制、人事考核机制等方面探索了"双师"结构教学团队建设的有效途径。

关键词：高职教育　"双师"结构　教学团队　实践与探索

教育部在《关于全面提高高等职业教育教学质量的若干意见》中明确指出，注重教师队伍的"双师"结构，加强专兼结合的专业教学团队建设是提高教育教学质量的重要途径，也是高职院校改革发展的基础和保证。因此，打造一支既能满足高职人才培养要求又具有鲜明特色的"双师"结构教学团队，已经成为高职院校目前发展的重要目标。

一　高职院校"双师"结构教学团队的内涵

高职院校"双师"结构教学团队是指学校根据合理的学历结构、年龄结构、专业特长、梯队结构、专兼比例等，在学校和企业双方相关制度的保障下，由为共同的教学目标相互合作、共同承担责任的专任教师和来自行业企业的兼职教师构成的群体。"双师"结构教学团队应具有以下特征：以来自相关专业的教学名师、来自行业企业的技能专家共同作为带头人；团队成员包括具有"双师"素质的专任教师和已成为行业、企业经营管理专家、技术能手的兼职教师；专任教师和兼职教师发挥各自优势，分工协作，以校企合作为工作平台开展专业课程建设与高技能人才培养；形成公共基础课程及教学设计主要由专任教师完成、实践技能课程主要由具有相应高技能水平的兼职教师讲授的机制。"双师"结构教学团队和"双师型"教师队伍是有区别的。"双师型"教师队伍强调的是教师个体，要求高职教师既要全面扎实地掌握专业理论知识，又要具备解决工作中实际问题的能力；"双师"结构教学团队在强调教师个体"双师型"特点的同时，更加强调团队整体。教育部在《关于全面提高高等职业教育教学质量的若干意见》中指出，要注重教师队伍的双师结构，加强专兼结合的专业教学团队建设。双师整体结构特点表现为教师来源的双元结构，其中"一元"是指专任教师，他们通常具备深厚的理论知识，熟悉教育理论和教育规律，但是实践动手能力不是很强；另"一元"是指兼职教师，其内涵是以从事企业工作为主，同时被高职院校外聘讲授专业课的教师。

二　高职院校"双师"结构教学团队建设中存在的主要问题

（一）缺乏优秀的团队带头人，团队合作意识不够

教学团队带头人水平的高低直接决定团队整体水平的优劣。受师资来源和培养方式等因素的影响，高职院校"双师"结构教学团队缺乏优秀的带头人，致使团队结构松散。团队内缺乏共同目标和激励机制，很多成员没有团队归属感和集体优越感，往往我行我素，成员间缺少沟通，认为完成自己的教学工作或发表几篇论文就行，常常从自己的角度出发看问题，较少从专业整体出发考虑专业改革和课程建设，团队成员创造力不够，缺乏精诚合作的文化氛围。加上从企业引进高端人才比较困难，具有丰富实践经验的高素质团队带头人十分匮乏。

（二）"双师型"教师严重不足，且"双师"结构不合理

高职院校专任教师大部分是理论型教师，他们往往专业理论水平较

高,但所掌握的知识多处于理论层面,实际动手能力不足,缺少企业实践经验,专业技术应用能力缺乏。而来自企业的兼职教师实践能力强,但理论水平相对较低,大部分无法达到"双师型"教师的要求。同时,"双师"结构不合理,学缘结构中"近亲繁殖"现象普遍存在;年龄结构上没有形成合理的梯队结构;专业能力结构方面,教师的专业技术能力普遍较低,实践教学的师资力量相对较弱;专兼结构不合理,专任教师比例较大,兼职教师人员短缺、流动性大、队伍不稳定,兼职教师和专任教师尚未形成工学互动,无法实现有效组合。

(三)学校与行业、企业融合缺乏长效机制

当前的校企合作仍停留在表面,是浅层次的合作。虽然从理论上说,企业需要学校提供人力资源或智力与技术的支持,学校需要企业提供师资培训和技术研发的工作场所和设备,但在实际合作中却困难重重,依然没有建立起长效双赢的合作机制。学校与社会各自为政情况突出,一些行业和企业没有实质性融入高职教学环节中,因为校企融合是以共赢为基础的,而校企双方在具体教学运行管理时,出发点并不一致,两者不易找到共同的利益平衡点,时常出现学校热、企业冷的局面。一方面,校方很少顾及企业的得失,更关心教学秩序;另一方面,企业对近期利益考虑偏多,不愿派技能人才到学校教学,更不愿安排学生到具体的实践岗位上去操作,以免影响生产,增加企业管理的难度。因此,在当前管理体制下,"双师"教学团队建设要实现校企资源共享、双向人才互动,达到实质性融合,难度很大。

(四)学校的绩效考核评价体系滞后

高职院校的绩效考核评价体系在一定程度上制约了"双师"团队合作的形成。在学校内部,一直以来存在重视个体的"双师"建设而忽视团队整体的打造,无论是年度考核还是职称评定,很少鼓励专业教学团队出成果。在考核中,教师的科研成果所占的权重较大,在职称评定中,只强调科研论文质量和发表论文的刊物级别,忽视了团队合作及各成员在团队工作中的表现,使很多教师热衷于在核心刊物上发表理论研究文章,在政策制度上忽视了"双师"教学团队在教学管理中所产生的绩效。在教师的职称评定、业绩考核以及教学与科研奖励等方面，往往只注重责任人或主持人，忽视其他合作者，也没有将兼职教师队伍列入学校教师队伍考核与评价的范围。

三 高校"双师"结构教学团队建设的途径

（一）加强"双师"结构教学团队带头人的遴选与培养

遴选与培养团队带头人是教学团队建设的核心要素。教学团队带头人应具有宽广的学术视野、丰富的教学经验和娴熟的教学技巧，具有团结协作精神、较强的组织管理和领导能力，能够紧密联系团队成员，营造和谐愉快的工作氛围。因此，建设一支较高水平的教学团队带头人队伍是师资建设的第一要务。建设途径一是培养，即在现有的师资中遴选专业能力强的骨干教师并将其培养为专业带头人；二是引进，即直接从企业引进具有多年丰富工作经验的高级工程师，通过对其进行教育技术能力的培养，使其成长为专业带头人。

（二）强化专兼结合，建立有效的团队教学模式

随着高职"校企合作，工学结合"人才培养模式的改革，任何教学过程都变得更加复杂，这就需要加强专兼结合即"双师"结构的教学团队建设，建立有效的团队教学模式。建设"双师"结构教学团队，需强化团队意识，依赖于校企的紧密合作，以校企双方工学结合为合作平台，构成学校专职和企业兼职两支力量。一是鼓励专任教师积极走出校门，有计划地安排教师到企业挂职锻炼，深入生产一线，在实验实训教学环节中把教学与生产、技术开发应用紧密结合起来，进而提高人才培养质量；二是创造有利条件吸引企业一线高素质技能型人才到高职院校担任兼职教师，鼓励兼职教师把自己多年的实践经验、操作技能和新技术融入教、学、做的过程中，在给学生传授实践技能的同时提升自身综合素质。团队中两支力量各施所长、优势互补，以任务驱动、项目导向、顶岗实习完成开放式的高职教育教学过程，实现课

堂教学与学生未来工作实际的"零距离接触"。

(三) 建立校政企联动的长效机制

校企合作是一个复杂的工程，必须由学校、政府、行业和企业各方联动，形成长效机制。通过政府引导，政策引领，建立企业参与职业教育的法规制度，明确企业在人才培养体系中应承担的责任和义务，从法律上为校企合作的顺利推进保驾护航。学校要重视教师实践能力的培养和提高，鼓励教师主动到企业锻炼，参与企业生产、科研、营销、服务等活动，及时把握企业最新技术，提高实践教学能力；同时应积极聘请行业企业技术骨干和能工巧匠来校兼职上课，组建校企互动的兼职教师队伍。企业要树立正确的校企合作意识，要主动选派工程技术人员和能工巧匠到职业院校兼职授课，及时反馈新技术、新工艺，参与学校教学改革，为高职院校培养"双师型"教师创造条件；企业要负责学生顶岗实习，为提高学生的实际操作与动手能力提供服务和帮助。通过合作与互动，真正形成互惠互赢的校企合作长效机制。

(四) 完善人事考核评价体系

完善人事考核机制，建立一套以专业教学团队为导向的绩效奖惩体系。改革和完善高职院校内的权力分配模式，使行政与学术权力适度分离，减少行政权力对人事考核的干预，提高学术权威的公信力。要建立学生评教、学校评价以及团队内部自我评价相结合的制度。要从重视个人业绩考核转向重视团队长期绩效考核，由注重过程管理向注重目标管理转变，从重视年度考核向重视聘期考核转变，从制度上营造一种支持专业教学团队工作的环境。实行团队责任制，且赋予团队相应的责、权、利，强化带头人的责任。同时学院应将兼职教师的人事管理纳入学校的薪酬管理体系中，吸引企业骨干加入团队；在职称评定、工资待遇、福利待遇等方面向"双师"结构教学团队和"双师型"教师倾斜；在财务管理、学术自由权等方面给予教学团队更大的自主权，对优秀教学团队给予精神与物质相结合的表彰奖励。

加强数字化校园建设 提高学院信息化应用水平

恩施职业技术学院网络信息中心 向大育

摘 要：数字化校园能打破"有网络的信息孤岛"现象，极大地方便师生办公、学习，也是当前各高校及职业学校信息化建设的热点。恩施职业技术学院已经制定了相关规划，正准备一期建设；教职员工也要了解数字化校园建设，用好数字化校园，更好地服务于广大师生的学习、工作、生活。

关键词：数字化校园 信息

根据恩施职业技术学院 2015 年下半年的主要工作和要求，我们要加快数字化校园建设步伐，主动适应"互联网＋"新形势，培养并树立"互联网＋"思维意识，提高工作效率，提升现代化管理水平。学院的《数字化校园建设规划》已获专家评审确认，现在的主要任务就是组织实施。根据学院的《数字化校园建设规划》总体规划，要加强信息化建设，进一步解放思想，创新思路，全面推进数字化校园各应用系统整合，以全面应用校园"一卡通"项目为例，目前已达到"一卡通"和数字化校园一期建设预期目标。打破原有的信息孤岛，各部门应用系统互通信息，为学校发展及各领域工作的服务提供保障支撑。为此，我们要努力做好以下几方面的工作。

一 全面打造推进数字化校园、校园"一卡通"的建设、应用和整合，为教育信息化发展夯实基础

恩施职业技术学院自 2002 年开始启动校园教育现代化工程建设，2006

年建成了校园网，设立了语音室、电脑房、演播室和网络多媒体教室，打造了"一卡通"系统，实现了食堂消费、图书借阅等功能，完成了网络"室室通、人人通"的任务。同时完成了相应软件的建设，如学院主网站、OA网、系部的二级网站、DHCP、办公自动化、软件影视、NDS目录的监控、数据备份等管理，并开展了网络环境下教学和学科教学整合的研究，力图打造"硬件＋软件＋现代学习模式"为特征的信息化校园。

目前学院校园信息网站已上线运行，各部门独有管理系统也在运行。要实现全院核心基础数据共享，首先要更新和理清学校机构和人员调整数据，完成统一身份编码工作。需要将各个应用平台的信息孤岛打通，建设共享数据中心、统一身份认证平台和校园信息门户三大基础平台。积极推进新的业务系统建设，完成离校系统的需求分析和基本部署，保证原有部门系统和新系统的平稳切换，配合学校各部门扩展信息门户的应用，实现食堂消费、图书借用、网上支付等功能。

二 以校园网为依托，构建校园管理信息化平台

数字化校园是以校园网为背景的集教学、管理、娱乐为一体的新型的数字化工作、学习、生活环境。网络化、智能化和个性化是数字化校园的特点。校园网的建成仅仅是数字化校园的第一步，必须在原有基础上，以校园网为依托，进一步促进校园管理现代化。

构建校园网教育信息管理平台，不仅实现了教育信息资源的高度共享，更为重要的是推进了教育思想和管理理念的现代化，具体表现在对学校的基本信息、教学管理、教育科研、财务物资、师生档案等进行数字化管理。该系统的功能是在对学校各部门的管理信息系统进行统一管理下实现的，系统下的各个模块分别对应各部门管理系统的相应模块，结合电子服务，实现了学校管理的信息化。

在此基础上改进、升级学院网站，从功能上将网页分为学校概况、新闻、特色信息、信息建设等栏目，并设立教师、学生、家长访问入口。学院每个系部、每个处室、每个班级和每位教师均可以有自己的网页，同时能够通过外网连接进行信息上传和收集网上信息，通过内网进行信息发

布、文件传输。网站近期增加了学院公告、社区论坛、校长信箱的功能，当学校发布新闻、重要活动和通知时，通过网上公告就可以克服时空的限制，及时、有效地进行信息传递。此外，进一步推进校务公开，教职工有什么建议和意见需要向校领导层反馈，通过校长电子信箱就可以实现，方便学院管理部门加强管理。

教师可以通过校园网教学应用系统的多媒体网络教学系统、多媒体电子备课系统、多媒体音视频点播系统等应用软件，实现教学内容、教育手段现代化，全面提高学校的教育教学质量。

三 加强信息技术培训，不断提高教师信息素养

信息技术在学校教育教学中已有普遍应用，信息技术使计算机同学科课程的学习内在地融为一体，使师生们有可能在学科课程的教学甚至考核中越来越普遍地运用计算机和网络技术，使现代信息技术真正成为教学中不可缺少的一个重要组成部分。

现代化信息化教学成功与否，在很大程度上取决于教师是否具备一定的信息知识，是否认识到了信息工具的作用，是否想在教学中应用信息工具，是否有能力使用信息工具并了解怎样使用信息工具，也就是取决于教师是否具备信息素质。因此，当前在推进学院教育信息化的过程中，加强教师应用现代信息技术的培训是关键。近几年来，我们把教师信息素质培养作为重要的议题，学院坚持把运用现代教育信息技术作为教师继续教育培训的重中之重来抓，取得了较为明显的成效。

（一）培养信息意识，使教师树立信息观

为了让广大教师提高认识，我们采用"请进来，走出去"的方式把信息技术在教育教学中的作用和发达地区信息技术应用的发展水平向大家逐一介绍，使广大教育工作者认清当前形势及面临的机遇和挑战，消除网络技术的神秘感，把网络作为一种工具来看待，了解教师应具备的基本素质，即具有适应信息时代发展的现代教育观念，具有使用各种信息工具为教学工作服务的素质。通过培养教师的信息观念，使他们看到计算机等先

进的信息工具对整个人类社会的强大影响力,以及对整个教育的巨大作用和潜力;看到教学信息以多媒体的形式表现出来,会更具形象性、动态性、丰富性、交互性等优点,提高他们学习信息技术的兴趣,为进一步培训打下良好的基础。

(二) 立足校本培训,提高教师的技能

针对恩施职业技术学院教师的实际情况,学院采取了多种形式进行信息技术培训,从简单的计算机基本操作,到一些常用工具软件的使用及课件制作和网络技术等,极大地提高了教师参加培训学习的积极性。

(三) 确定重点,增强信息技术培训的实效性

对教师进行计算机等信息技术的培训,目的是在教师理论学习、课堂教学等方面推进这些技术的应用,从而提高学校的教学质量。

为了充分发挥学校网络资源的教育功能,从2010年开始,恩施职业技术学院领导干部在网络环境下的学习,改变为每年至少上网学习60小时;另外搭建了普法教育考试平台,供干部检验学习成果。经培训,教师熟悉了学院的教务管理系统、数据平台;教职员工可以熟练地通过学院OA系统收取学院通知,了解自己的相关信息。

此外,教师采用电子化备课,对各班学生的管理采用电脑信息化管理,课堂教学中多媒体设备在恩施职业技术学院的覆盖率达100%,使用率达85%以上。

四 重视学生发展,利用网络、多媒体努力提高教学效益

教师是学生学习的组织者和引导者,我们在充分运用网络资源组织学生进行网上学习的同时,还要不断优化教学手段,大力推进多媒体进课堂。在多媒体进课堂的实践中,我们以学生的发展为本,努力做到"四个有利于"。

(一) 有利于激发学生的学习热情

在课堂教学中,利用多媒体变静为动、变无声为有声、变抽象为具体

的功能，给学生以身临其境的感受，吸引学生的注意力，从而调动学生的学习积极性，激发学生的学习热情。

（二）有利于提高课堂教学效率

网络与多媒体中的信息易于提取和筛选，教师在教学中将讲授与多媒体的演示融为一体，使教学中抽象的问题具体化、枯燥的问题趣味化、静止的问题动态化、复杂的问题简单化，从而使教学的重点、难点问题迎刃而解。

（三）有利于课堂教学组织形式的优化

运用网络与多媒体辅助教学，使课堂的形式向多样化发展。除了集体教学（大屏幕动态显示）和小组讨论（交流学习信息，多向反馈，培养合作精神）之外，还有人机对话，即学生上机操作，通过人机对话进行个别辅导。学生自主选择，自主发挥创造性，充分体现了素质教育的主体性和发展性。

（四）有利于课堂教学方法的优化

在课堂中运用网络与多媒体辅助教学，充分发挥多媒体的功能，再结合传统的教学方法，组合成灵活多样的方式，如设疑—演示—讨论，讲解—演示—概括，演示—练习—总结，边播放边演示，边讲解边分析等。选择不同的方式以适用于认知类和动作技能类的教学目标或态度和情感类的教学目标，以达到教学效果的整体优化。

五 探索网络教学，深化教育信息化内涵

教学中，目前建设的数字化校园要进一步为教师提供便利，使教师能从学生自主创新学习的角度出发编制软件。同时，逐渐建立起一支热心现代教育技术研究的骨干队伍，不断促进信息化技术水平提高，深化现代教育思想的认识，形成阶段性研究成果，不断完善数字化校园系统。

加强内涵建设　　提升高职教育质量

恩施职业技术学院信息工程系　罗兴荣

摘　要：要办好职业教育，最根本、最核心、最基础、最关键的环节是教育观念的转变。恩施职业技术学院要建立一支符合职业教育要求的教师队伍，要给老师和学生提供强有力的实践教学条件，加强学生的职业理想教育，着力办出特色，提供良好的人文环境。

关键词：职业教育　教师队伍　实训条件　职业理想　特色

要办好职业教育，最根本、最核心、最基础、最关键的环节是教育观念的转变。《教育部关于深化职业教育教学改革全面提高人才培养质量的若干意见》指出，"以立德树人为根本，以服务发展为宗旨，以促进就业为导向，坚持走内涵式发展道路，适应经济发展新常态和技术技能人才成长成才需要"。教育体制改革、专业结构调整、教学内容更新、教学方法改进，归根结底需要遵循职业教育规律和学生身心发展规律。结合恩施职业技术学院的实际情况，笔者认为要从以下五个方面加大建设力度。

一　建立一支符合职业教育要求的教师队伍

百年大计，教育为本；教育大计，教师为本。师资是核心，教学质量是关键。教师的素质决定学生的质量。

学院要建立长远的师资队伍建设的规划和目标。高等职业教育要求教师具有"双师型"素质，要求教师真正到企业、到工作岗位实践，通过职业资格鉴定考核。学院一方面要加大人才引进的力度，并且要高薪引进，一个专业引进1~2人作为学科带头人；另一方面，学院应该创造条件，让教师有机会到企业实践、到高校或教育培训机构进修学习。出台相关政策，鼓励教师考取人社部或企业认证的高级职业资格证书。

二 提供强有力的实践教学条件

影响教学质量的因素除了教师这一关键因素以外，还有实践教学条件。就恩施职业技术学院的实践教学条件而言，有的专业能满足实践教学需要，而有的不能满足实践教学的需要，如计算机专业的实践教学条件，严重影响了恩施职业技术学院的计算机教学的实践教学质量。又如动漫专业，从2009年开办以来，学院一直没有投入足够的专业建设经费，教学条件不能满足专业发展需要，教师和学生都有看法。另外，计算机应用基础的实践教学也不能满足课程标准要求，机器少且档次低。学院要有长远的实践教学条件建设规划，争取项目，加大投入，各专业投入尽量平衡，保障实践教学满足人才培养的需要。

三 保证职业理想教育贯穿整个人才培养的始终

影响教育教学质量的决定因素就是学生的职业素质和能力。职业理想是指一个人成就事业，以某一特定职业为人类和社会进步服务的内在精神支柱。人的职业理想是伴随着人生观的确立而逐步形成的，是在客观决定和主观选择的辩证权衡中确定的，是在学校、家庭、社会的共同作用下形成的，其中学校教育起着核心作用。在各级各类教育中，高职教育中的职业理想教育显得尤为重要。

对高职学生而言，对未来职业的价值判断、情感态度、道德纪律认知等情况将极大地影响着他们的学习积极性、主动性，一旦树立了远大的职业理想，明确了未来的从业方向，学生就能把今天的学习与明天的职业成就联系起来，表现出一种强烈的获取职业知识和提高职业技能的意愿，更好地珍惜在学校的学习时光，为将来所从事的社会职业做准备。因此，只有培养学生远大的职业理想，以此作为学生行为的内驱力和动力源，才能在真正意义上实现学生人格心理、道德水平、价值取向、审美情趣与学生行为的协调发展，才能激发并维持学生强烈的学习动机。

恩施职业技术学院的校企合作教改专业在这方面做得很好，值得借鉴，他们将职业认知教育、职业情感教育和职业目标教育贯穿于整个人才培养的始终。

（一）职业认知教育

职业认知教育是整个职业理想教育的起点，要把它作为高职学生入学教育的重点来抓。要让学生了解所学专业的人才培养目标，了解未来所从事相应职业必须具备的职业素养，了解未来所从事职业的发展前景和社会价值。通过对成功人士和先进人物的典型事迹的学习，教育引导学生牢固树立立足岗位、增加本领、服务群众、奉献社会的职业理想，增加对职业理念、职业责任和职业使命的认识和理解。

（二）职业情感教育

职业情感是对本职工作的情绪体验，包括职业荣誉感和职业幸福感，也就是一个人对自己所从事的工作的感情、态度。它直接影响着从业人员的职业观念、工作态度和职业精神。在日常教育中，特别是在实训、实习教学过程中，要指导、帮助学生达成职业成就，引导学生体验职业乐趣，从而逐步培养学生的职业情感。对未来职业的向往与憧憬，能使学生找到个人与社会的契合点，使个人的职业追求与社会需要和谐统一，从而坚定自己的职业方向，坚信自己未来所从事的职业能够最大限度地实现自己的人生价值，热爱自己的职业，激发最原始的学习动机。如着职业装、做真实项目、在班上或系部开展课程技能比赛和综合技能比武展示等，都可以让学生获得职业幸福感和成就感。

（三）职业目标教育

明确职业目标可以使学生坚定职业信仰，提高高职学生对未来工作的认识、尊崇和信服，增强学习的积极性；可以使学生强化职业情感，热爱自己选定的专业和未来的职业，激发学习动机；可以使学生巩固职业意志，克服学习和工作中的困难，激发并维持学习的热情。

四　着力办出特色

特色的办学理念是高等职业院校的灵魂。开办特色专业、开办特色班、上好特色课，这才是真正的职业教育。

作为高职院校，我们要研究、学习和自觉遵循高职教育发展规律和学生身心发展规律，按照高等职业教育发展规律和学生身心发展规律的要求思考工作、指导工作、安排工作和开展工作。从学生的角度来看，我们的学生素质水平参差不齐，自觉学习的能力不强，同时，我们目前的管理制度存在纵容学生的问题，治教不够严格，导致最后学生的社会认可度低，影响了学院的进一步发展。要从严管理，从严治教，因材施教。办特色专业、办特色班、讲特色课不能违背职业教育规律，要加大产教融合、校企合作，加大工学合一、知行合一的订单培养力度，逐步实施小班教学，与企业共同设计人才培养方案、教学内容和教学方法，共同管理和培养学生（员工），真正实现学校与企业深度融合。

我们的学生吃不得苦，在职业素养培养方面，要重视崇尚劳动、爱护环境卫生、敬业守信、创新务实等精神的培养。要增设劳动课，要把原来几所中专学校好的传统继承下去，每个班划分一块公共卫生区域（含厕所），每天打扫一到两次，系部、学院检查通报，从而培养学生吃苦耐劳的精神和讲环境卫生的好习惯。

五　重视教科研工作，为教师服好务

在搞好教育教学工作的同时，作为一所高等院校，无疑应重视教科研工作，体现人才培养、科学研究、社会服务三位一体的职能，形成综合交叉、辩证统一的关系。教科研工作的开展和教科研水平的提高，既是建设高水平师资队伍的需要，也是为高职学生参与科研和进行创新创造条件，是提升高职教育质量的需要，同时也是增强高职院校办学功能、提升为社会服务水平的需要。

恩施职业技术学院中存在重管理、轻服务的现象，一些管理部门和管理人员在管理工作中过多强调本部门工作的重要性,而为教学服务的意识不够强,以人为本的管理理念和为教学、为教师、为学生服务的意识还没有牢固树立,如对怎样帮助教师申请教科研项目、怎样帮助教师提升业务水平和实践动手能力、如何帮助教师晋升职称等问题不重视。

总之,只要师资力量强、实训条件好、办学有特色、就业有渠道、薪资收入高,不管是教师还是学生都愿意选择这样的学校。

关于高等职业教育理念的解析

恩施职业技术学院电气与机械工程系　简易明

摘　要：本文从高等职业教育理念的概念入手，从两方面对高等职业教育的理念进行解析：一是对高等职业教育的理性认识和理想追求；二是影响高等职业教育的教育思想，这些思想和理念包括市场需求论、能力本位论、创业教育的思想、终身教育的思想、产学结合的思想。

关键词：高等职业教育理念　市场需求　能力本位　产学结合

所谓"教育理念"，是教育主体在教育实践及教育思维活动中形成的对"教育应然"的理性认识和主观要求。现对高等职业教育理念作如下界定：对高等职业教育的理性认识、理想追求及其所持的教育思想，是一种观念，更是一种境界。基于这一界定，拟从两方面对高等职业教育的理念进行解析。

一　对高等职业教育的理性认识和理想追求

对高等职业教育的理性认识和理想追求，其实是对高等职业教育体系定位的认识，即厘清高等职业教育与普通高等教育、中等职业教育等教育体系的关系的问题。只有明确了高等职业教育体系的定位，才能对高等职业教育的"实然""应然"状态有一个清晰的了解，有了理性的认识，才能在办学实践中真正发挥高等职业教育在社会发展中的作用。

（一）现行高等职业教育体系的"实然"状态

1. 高等职业教育与普通高等教育、中等职业教育之间的关系尚未理顺。第一，高等职业教育是职业教育中最高层次的教育，它与普通高等教育一起构成了我国现行的高等教育体系。但是，两者也存在着很大的差别。高等职业教育与普通高等教育的培养目标不同。前者具有职业技术性的特点，它的主要任务是培养生产、管理、服务等社会各行业第一线的高级应用型专门人才，将科学技术转化为生产力。包括：能把科研与开发设计成果应用于生产的、以工艺技术为主的专门人才；能把决策者的意图具体贯彻到实际工作中的一线管理人才；具有特定专门业务知识技能的人才以及某些特殊的智能型操作人才。后者的培养目标则具有学术性和研究性，其主要任务是培养科技创新人才，发展科学技术。第二，高等职业教育与中等职业教育都具有职业教育的属性，但是两者分别属于高等教育、中等教育两种不同层次的教育。高等职业教育的专业适应面比中等职业教育的专业适应面大些，不是对应特定的职业，而是从属于一定的行业（或较大的职业群），培养目标是适应于行业发展需要。总之，由于高等职业教育的培养目标既不同于普通高等教育，也不同于中等职业教育，因此，应该理顺其与普通高等教育、中等职业教育的关系，不能混淆，也不能相互替代。

2. 现行高等职业教育层次定位单一，无法满足社会发展的需要。我国九年制义务教育之后的普通教育系统，包括普通高中→大学专科→大学本科→硕士研究生→博士研究生教育，而职业教育系统则只有职业高中、职业技校或中专→高职大专。随着科技的发展，生产从劳动密集型向高科技知识密集型转化，社会对劳动力层次的要求也越来越高。从国外职业教育发展的现状和趋势可以看出，越来越多的国家认识到发展职业教育，尤其是发展高层次的职业教育对推动经济和社会发展具有重要作用。例如，在德国，高等职业教育甚至被誉为德国"经济奇迹"的"秘密武器"。我国当前的产业结构是劳动密集型与高科技知识密集型并存，随着我国产业结构的不断调整和社会经济水平的发展，生产将不断向高科技知识密集型转化。如果仅把高职教育的最高层次定位在大专，甚至把它当作安排高考"落榜生"的渠道，或者当作现行高校规模难以满足社会对高等教育需要时的应急措施，显然不符合知识经济时代的发展趋势，也无法满足我国社会经济发展对人才的需求。

3. 招生体制不合理，造成人们思想上对高等职业教育的认识存在误区。目前，普通高等学校生源主要来自高考，而高等职业学校的生源来自两种渠道：一部分来自高考，但却是那些普通高校的"落榜生"，其录取分数线不仅大大低于普通高校本科分数线，而且还低于普通高校专科分数线，这不但造成人们认为高职低人一等的误解，而且也是造成高职生源质量远远低于普通高校，高职毕业生往往缺少继续深造的后劲的实际原因；另一部分来自"三类生"（即技校生、职高生、中专生），就目前来说，"三类生"尤其是前两类往往是那些上不了普通高中的学生，这部分学生的文化基础知识不如"普高生"扎实，专业适应能力较差，这就为他们今后进入高等职业院校学习，尤其是进入本科以上层次的学校学习，带来了一定的困难。

（二）高等职业教育体系的"应然"状态

1. "高"和"职"是高等职业教育的本质特征。"高"，决定了它必须以一定的现代科学技术、文化和管理知识以及专业学科为基础，着重进行高智力含量的职业技术教育，要求毕业生能够熟练掌握高智力含量的应用技术和职业技能，并具有一定的对未来职业技术变化的适应性，这是它区别于中等职业技术教育的重要特征。"职"，则决定了它主要强调应用技术和职业技能的实用性和针对性，所授知识以及所设学科注重综合性，围绕生产、建设、管理和服务第一线职业岗位或岗位群的实际需要，以必需、够用为度，这是它区别于普通高等教育的重要特征。高等职业教育的这两个本质特征，体现了高等职业教育的明确定位，既与普通高等教育做了区分，也将其与中等职业教育的差别体现出来。

2. 完善健全高等职业教育多层次的体系，培养多层次的人才。为了适应社会和经济发展对高素质应用型人才的需要，应改变现行高职教育体系只有大专层次的落后状况，建立高等职业教育大专→本科→硕士研究生→博士研究生的完整体系，以适应社会和经济发展对不同层次人才的需要。同时，建立高职教育本科以上体系，可以纠正人们认为高职低人一等的观念，有利于缓减高中毕业生的升学压力，为考生架起进入高等学校（主要是高等职业学校）的另一座桥梁。

3. 改变高等职业教育的招生办法和政策。当前，由于我国现行高考制度有不尽合理之处，高等职业学校在生源选择上基本没有自主权。在人们的思想认识上，仅把高等职业学校当作高考"落榜生"的"收容所"，因此，改革现行的高考制度是确保高等职业学校生源的关键。如果采取两种不同的招生制度，则每个学生都应该有资格参加普通高等教育和高等职业教育的招生考试，高等职业学校招生除了应测试考生必要的文化知识以外，还应该测试考生的专业技能。而普通高校招生考试则侧重于测试文化知识。这样，一方面，给考生提供了两次"高考"的机会，减轻了高考的压力；另一方面，有利于提高高等职业学校的生源质量，为提高高等职业教育层次创造了条件，同时，也对真正体现服务于学生的个性发展起到导向作用，从根本上解决了应试教育带来的各种问题，真正体现了"以人为本"，而不是"以分数为本"，为素质教育解困。尽管任何事物的"应然"状态都难以真正实现，但这种状态是人们行动的指南。高等职业教育的"应然"状态在当前也同样难以实现，但对于当前高等职业教育的发展仍有着非常重要的导向作用。

二 影响高等职业教育发展的教育思想

综合比较各国职业教育的发展概况，我们可以看出，职业教育的发展与国家社会经济的发展密不可分，然而，起决定作用的最终还是各国政府在职业教育方面实施的政策和措施，这些政策和措施是基于一定的教育思想而制定的。本文对影响高等职业教育发展的教育思想进行了梳理，希望能为政府制定政策提供一些参考。

（一）市场需求论

1999年国务院批转的教育部《面向21世纪教育振兴行动计划》指出，"高等职业教育必须面对地区经济建设和社会发展，适应就业市场的需要，培养生产、服务、管理第一线需要的实用人才，真正办出特色"。可见，高等职业院校要立足区域，着眼当前，面向世界，研究市场，学校要围绕市场办，专业要围绕市场设，质量检验靠市场，培养受社会欢迎的实用型、应用型、复合型人才。高职院校的"市场定位"要求学校从地方经济发展实际和社会对科技人才的需求出发，确定教育对象、教育内容和教育运作体制。高等职业教育的专业设置调整要紧紧抓住市场脉搏，对市场有敏锐的洞察力，在充分了解经济发展趋势的基础上，对未来劳动力市场的需求及职业教育的发展方向做出科学预测，采取积极主动的办学应变措施，创造条件开设新专业。另外，由于市场千变万化，因而必须建立灵活的反应机制，增强专业设置的灵活性，及时调整专业方向，使专业设置及时适应社会和市场需要。由此可见，高职院校的生存与发展离不开市场的导向作用，这种导向作用将有效地发挥高等教育的作用，促进教育资源的有效配置和合理利用。

（二）能力本位论

能力本位论的核心是 CBE（能力基础教育）理论，其宗旨是使受教育者在学校学习期间就具备某个职业所必需的实际工作能力，而且把是否具备这种能力作为评价学生和教师，乃至学校办学质量的标准。CBE 强调以学生为中心，着重培养学生的自我学习能力和自我评价能力；强调教学的灵活多样性和管理的严格科学性，真正体现重能力培养。

关于能力本位论在人才培养方面发挥的作用，一方面，它能够为社会培养出更多动手能力强的实用人才；另一方面，它在某种程度上也是一种个性化教育，每个学生根据自己的爱好、兴趣和需要选择不同的专业。应用能力本位论的教学模式对教学管理系统也提出了一定的要求，除了满足不同学生的需要外，学校在专业设置、师资配备、基础设施等方面也要跟上学生的实际需要。

（三）创业教育的思想

1998 年 10 月，首次世界高等教育大会通过的《21 世纪的高等教育：展望和行动宣言》提出："树立以学生为中心的观点，培养学生的创业技能，使毕业生不再仅仅是求职者，而首先成为工作岗位的创造者。"这一思想已成为高等职业教育的重要内容。创业教育是一种旨在提高受教育者自我谋职能力或就业能力的教育，是高职院校职业指导的重要内容。创业教育的实质就是培养学生树立创业意识，形成初步创业能力。高职院校肩负着培养数以千万计的社会主义事业建设者和接班人的光荣使命，对学生开展创业教育是高职院校改革和发展的必然选择。高职院校应该加强对学生实施创业教育，培养他们的创业意识、创业精神和创业能力,增强他们的社会适应性,使他们毕业后无论是应聘就职,还是自谋职业、自主创业,都有信心、有勇气、有能力干出一番事业。创业精神、创业意识和创业能力是学生基本素质的综合反映,也是学校教育质量的一种体现。创业教育思想的提出对当前高等职业教育的发展提出了前所未有的挑战,也为国家和社会培养一批优秀人才提供了平台。其实,创业教育的实质还是对高等职业教育课程体系、师资力量配备的一个高度检验,没有合理的课程体系,没有良好的师资队伍,学生创业能力的培养将无从谈起。

(四) 终身教育的思想

建立学习化社会和终身教育体制是 21 世纪教育的一个重要发展趋势,许多发达国家为了增强劳动力的可持续发展能力,都制定了实施终身职业技术教育的政策。德国、美国、日本、英国等国家都已制定了实施终身职业技术教育的政策和法规。联合国教科文组织第 18 届大会通过的《关于职业技术教育的建议》要求各国政府将职业教育贯穿于人的一生之中。1999 年 4 月在韩国首尔召开的"第二届国际技术与职业教育大会"则将主题定为"终身学习与培训——通向未来的桥梁",大会强调职业技术教育是终身教育体系的一个内在组成部分,会议号召各国政府要以终身教育思想指导职业技术教育。随着科技、经济的发展,职业变动和职业技能更新都在加速,从业人员在一生中会多次变动职业和更新职业技能,这就要求高职教育具有较大的灵活性和适应性。因此,高职院校在办学中应尽可能综合化,拓宽专业服务面,培养复合型人才,以适应经济技术结构变动对高级技能人才的需求。同时,建立与中职相通、与普通高等教育相连的"立交桥",为具有不同禀赋的社会成员提供多种成才途径,为经济建设和社会进步提供多种多样的人才群落。

(五) 产学结合的理念

高职产学结合是指一种学院小课堂与社会大环境直接结合的形式,包含企业参与教育教学、学生参与社会实践的过程。产学结合的职业教育使德国从废墟中崛起,使日本从低谷中起飞,使美国成为经济发达国家,也使世界其他国家更清醒地认识到产学结合的必要。产学合作的典型模式国内外基本相同，按年份来分，有"2+2式""3+1式""3+2式"等；按是否是全日制学习或上工来分，有全职交替式（即全日制在校课堂学习的学期和全职上工的学期交替进行，工作学期与在校学习学期的时间长度大致相等）、平行模式（即采用半工半读的形式）、组合交替式或组合平行式（即两种模式的组合）。产学结合的组织形式呈多样化状态，从空间上分，有院外基地、院内基地和高职办学集团的产学结合，有按专业或者分年级、分班组开展的产学结合；从时间上分，有先"学"后"产"、边"学"边"产"、"产"后又"学"等形式。产学结合使职业教育更好地适应劳动力市场的要求，也是体现高等职业教育"以服务为宗旨，以就业为导向"精神的途径之一。今后，随着高等职业教育体系层次的不断提升，除了产学结合之外，研究也将跻身其中，发挥产学研结合的效益。

综上所述，关于影响高等职业教育的教育思想我们在此并没有穷尽，随着各国教育事业的发展，以及各国教育改革步伐的推进，还会不断涌现新的教育思潮，一种新的教育理论的产生必然会对当前的教育发展产生或多或少的影响。我们只有认识并理解了这些教育思想对发展我国高等职业教育的作用，才能做到根据实际情况调整和发展各地高等职业教育事业，才能真正达到国家大力发展高等职业教育的目的。

本文关于高等职业教育理念的解析仅从概念入手，至于其合理性和准确性还有待进一步研究和论证。笔者希望以本文引起更多学者的关注和重视，从而对高等职业教育的理念问题进一步加以澄清和确立，使所有高等职业教育的管理者和工作者都树立明确的教育理念。有了理念的引导，高等职业教育才能慢慢步入特色之轨，真正发挥高等职业教育在社会发展中的作用。

山区职业教育发展研究

——以湖北省恩施州为例

恩施职业技术学院电气与机械工程系　李冬英

摘　要：近年来，我国的职业教育取得了飞跃式的发展，规模迅速扩张，政策、经费和舆论环境方面都有了显著改善。同时，我国的职业教育仍存在很多问题，特别是山区，经济发展相对落后，工业企业较少，就业岗位不够充足，导致山区职业教育陷入了一种比较被动的境地。因此，对山区职业教育的发展进行研究并探索出一条可行的道路成为当前比较紧迫的任务。

关键词：山区　职业教育　路径探索

在社会经济飞速发展的今天，各国对人才的需求不断增加。其中，技能人才占据了一个国家劳动力的绝大多数，对一个国家生产力的进步、经济的发展起着十分重要的作用。而职业教育是对受教育者施以从事某种职业所必需的知识、技能的培训。所以，培养出与社会需求相匹配的高技能人才理所当然地成为职业教育的重中之重。近年来，我国的职业教育取得了飞跃式的发展，规模迅速扩张，质量稳步提高，政策、经费和舆论环境方面都有了显著改善。同时，我国的职业教育仍存在很多问题，特别是山区，经济发展相对于沿海发达地区比较落后，工业企业较少，就业岗位不够充足，导致山区职业教育陷入了一种比较被动的境地。因此，对山区职业教育的发展进行研究并探索出一条可行的道路成为当前比较紧迫的任务。为此，笔者以湖北省恩施州为例探讨了我国山区职业教育的发展问题。

一　恩施州职业教育发展面临的主要问题及原因分析

恩施州位于鄂西南边陲、武陵山区之中，是湖北省唯一的少数民族自治州。受恩施的自然环境、经济发展的制约，长期以来形成的办学条件先天不足困扰着恩施州职业教育的发展，恩施州职业教育存在着一些突出的困难和问题。

（一）公共投入不足，教学设施不完备，不能满足正常教学需求

随着社会的发展，世界各国的职业教育都在不断进行着改革与创新，涌现出了许多特色鲜明的教育模式，我国也不例外，但这些新的教育模式对职业教育提出了越来越高的要求，不仅师资方面要提高，投入方面也要提高。尽管恩施州各级党委政府近年来高度重视并大力支持职业教育的发展，但受财力不足等诸多因素的影响，发展职业教育的投入严重不足。在实施优先发展教育中，重大项目投入偏重普通高中建设。同时职业教育成本偏高，财政投入经费仅供维持基本运转，建设实训实习基地、配置现代教学设施等方面经费不足，导致部分高职院校教学设施不完备，设备相对落后，现代化教学手段匮乏，不能满足正常教学需求，难以跟上时代步伐。

（二）吸引力不够强大，发展壮大面临挑战

近年来，恩施州职业教育得到了一定发展，但与普高相比，职业教育的社会认同感比较差，吸引力仍然不够大，同时面临着诸多挑战。一是我国的职业教育学生生源较差，无论是中职还是高职的录取标准均大大低于同级学校的录取标准，或者可以说基本无标准，导致到校学生普遍素质较低，学习能力、学习习惯较差，绝大多数毕业生难以达到职业教育的理想要求，无法满足企业对人才质量的要求，就业竞争力不强。企业还需花费时间、精力和财力对大部分新上岗的员工进行培训，企业不满意，只能付给刚步入社会的职校毕业生较低的工资，从而使得学生及家长不满意，大大降低了职业教育在国人心中的地位。二是部分群众对职业教育的重要性认识不够。自从20世纪70年代末恢复高考以来，无数有志青年通过参加高考走进了高等学府，实现了自己的人生理想，改变了个人乃至家庭的命运，普通高考的魅力吸引了全中国人。今天，我国已进入了多元化经济时代，但部分群众还没有认识到职业教育的重要性，没注意到服务型经济、工业经济、科技农业等需要大批有职业技能的实用人才，这就导致其对职

业教育的认识不足。更有学生以读普通高中为荣，认为读职校似乎低人一等，就算自己的文化基础课成绩很差，还是硬着头皮往普通高中挤，结果可想而知。三是我国目前就业状况不佳，职校学生难以找到心目中理想的工作，同时读不读职校都可以进同样企业的现象比较普遍，这进一步降低了职业教育在人们心中的地位。

（三）教师队伍建设任务艰巨

现有职教教师总量不足，加之招聘政策强调学历、轻视职业操作技能，很大程度上造成了能进的不能用、能用的专业技能型人才进不来的现象，不利于补充职教师资。同时，教师中专业教师所占比例大，技能型师资所占比例小，"双师型"教师紧缺。同时教师工资待遇较普高相对较低，不利于稳定教师队伍。建立一支结构合理、技能全面、素质优良的教师队伍成为发展职业教育的紧迫任务。

二 发展职业教育的对策

（一）大力提升职教地位，转变观念，以学技为荣

大众"体力劳动低贱"的思想比较严重，一般人都不愿接受职业教育。为了改变民众对职业教育的态度，必须加大宣传力度，转变群众观念。而群众观念的转变需要全社会共同努力。首先，需要强化国家对职业教育的干预，如招生政策、财政经费支持等；其次，相关部门应更积极主动地支持职业教育，加大对职业教育的宣传力度。从对职业学校的认识到学生填报入学志愿，需要大家为职业教育鼓气加油，促使职业教育在国家政策导向下始终朝政府所设计的方向发展。

（二）增大投入，改善职业教育办学条件

既然职业教育是让受教育者获得从事某种职业所必需的实践知识和基本理论知识，这就要求学校除了教给学生必需的理论知识外，还要求学生掌握足够的实践操作技能。试想，以已经被企业淘汰的设备如何培养出与

社会接轨的学生？职业教育只有拥有了与社会接轨甚至优于企业的培训设施，学校才可能培养出与社会需求相匹配的专业技能人才。以奥地利为例，职业教育在奥地利得到了社会各界尤其是企业界的大力支持，不少大公司大企业都将自己先进的设备无偿捐赠给学校使用，使许多职业学校的设备优于一般企业，因此有不少职业学校成为行业中的技术龙头，不仅承担着本行业产品质量鉴定的职责，而且出具的鉴定报告可以直接作为产品的质量认证书生效，得到社会各界以及国民的认同。以这样的方式培养出的学生还愁得不到企业的青睐吗？

（三）加强师资队伍建设，提高人才培养质量

专业师资队伍的高质量是人才培养质量的基础性保障，必须加强师资队伍的建设。首先，可以从业界精英中选聘一支专业教师队伍，保证专业技能教学的高水平；其次，为顺应社会发展及教育改革，应加大教师培训力度，改变现有师资队伍结构，建立一支以就业为导向的"双师型"教师队伍；最后，改革职业院校教师管理制度，完善兼职教师聘用政策，把全社会的优秀人才吸引到职业教育教学一线中来，促进职业教育良性发展。

（四）以州域特色产业发展需求为导向，大力推行和深化教学改革

企业人力资本实力的增强，是企业可持续发展的保障。随着科学技术的发展，企业对人才提出了更高层次的需求。职业教育应从恩施州企业的岗位技术要求出发，根据市场的供求信息，适时调整专业方向、专业教学计划和教学内容，深化教学改革，量身定制本地区企业所需求的技能人才和劳动者。这样不仅能解决本地区企业对人才的需求，实现职业教育为地区特色产业发展提供人才支撑的职能，提高职业教育与地区产业经济发展的关联度，同时也能解决学生的就近就业问题。同时，深化教学改革也是改善职业院校学生学习现状的一个重要举措。众所周知，现在的职校学生"基础差、习惯差"，职业教育只有主动适应当代学生的心理特点和个性特征，加大改革的力度，充分利用现代化的信息工具和手段，提高教学质

量，学校才能在激烈的市场竞争中求得生存和发展。

（五）加强对用工市场的管理，严格实行就业准入制度

目前，社会上存在劳动力准入门槛低的现象。有的企业对文化程度和专业技能等级基本没有什么要求，小学初中没毕业的人，只要肯出力，照样能找到工作。这就使不少中职学生认为，学与不学照样找工作，学多学少同样有人要，因此自觉或不自觉地产生了"读书无用"等厌学情绪。只有严格实行就业准入制度，加强就业准入制度的执行监督与检查。在用人单位招收、录用职工时，凡属于国家和省规定实行就业准入控制的职业和工种，必须从取得相应职业学校学历证书或职业教育培训合格证书并获得相应职业资格证书的人员中优先录用，只有这样，用工市场现状才能有所改观。

总之，职业教育任重而道远，改变职业教育现状，提高教育教学质量，是所有职教工作者面对的重大课题。相信在学校、家庭、社会、国家的共同努力下，职业教育将会走上又好又快的发展轨道。

武汉船舶职院职业教育发展的经验及借鉴

恩施职业技术学院电气与机械工程系　向丹凤

摘　要： 武汉船舶职业技术学院根据专业建设与社会对职业岗位的要求开设相应课程，改革教学模式，对"双元制"职业技术教育模式的实践进行了深入探索，积累了丰富的经验，可为恩施职业技术学院机电类专业、建筑工程类专业的教学提供借鉴。

关键词： 武汉船舶职业技术学院　教学改革　"双元制"实践　经验借鉴

2015年7月5日至8月31日近两个月的时间，笔者作为恩施职业技术学院机电专业教师，参加了在武汉船舶职业技术学院举办的省级青年骨干教师培训学习班。

回顾这两个月的学习生活，收获颇丰，感受真切，自己的思想受到很大冲击。为了能总结经验，积累资料，更好地指导今后各方面的工作，同时也使更多的人受益，特将本次学习心得总结如下。

一　武汉船舶职业技术学院的职教办学模式带来的思想和观念上的冲击

对笔者震动最大的是武汉船舶职业技术学院（以下简称"武汉船舶职院"）的职业教育办学模式及其师资队伍建设，也就是其职业教育的办学特色。这也是这次培训学习的最大收获。

（一）创新职业教育办学模式——"双元制"职业教育

"双元制"又称"双轨制"，是目前世界上最为成功的职业教育模式之一,被誉为德国经济腾飞的"秘密武器"。所谓"双元",一元是学校,另一元是企业(包括农业企业和第三产业),双元有机结合,共同完成对学生的培养培训。双元制的实质就是以企业为主,以实践为主,理论与实践紧密结合。

既然以企业为主,以实践为主,那就需要有让学生实践的相关企业。武汉船舶职院根据专业与相关职业要求开设相关课程,如船舶电站、自动化生产线及工业机器人等。每个专业、每门课程在设立前都会认真调研,听取专家、工人、毕业学生及家长的意见。针对不同的学生群体采用不同的教学方法,如扬长教育等。

对于与机电相关的实训场及加工车间,笔者都曾亲自在其中实习,总计实习10多天。从中了解到,学生在学校就可以学到机电专业所要求掌握的各种专业技能。现以自动化柔性生产线实训室为例,说明企业在职业教育中所发挥的作用。

自动化柔性生产线实训室,其实是多台可以调整的机床(多为专用机床)联结起来并配以自动运送装置组成的仿真生产线。学生在其中以具体产物为依托,得以掌握生产线的操作方法、特点、工艺范围,学习使用生产线装置的技能。

各专业的课程安排比例都是文化课:专业课:实训课 = 3:3:4,实训室经常有不同年级的学生实习,并且分为若干小组参与实训室里的各个生产车间、实训室的生产活动。由于实训设备台数较多,学生实习时间较长,加上班级容量较小,因此每个学生都有操作的机会,而且可反复操作若干遍,使其能将技能熟练掌握。在武汉船舶职院,教学中时时都有企业的影子,企业中处处都是教学的阵地,真正实现了培训功效"五合一":教室、车间合一;教师、师傅合一;学生、徒弟合一;作品、产品合一;育人、创收合一。职业教育已不再是升学教育,而是一种技能教育、就业预备教育,也是一种"饭碗"能力的教育。

(二)加强师资队伍建设——建"双师型"教师队伍

企业是"双元制"顺利进行的基本条件,而高素质的"双师型"专业教师则是"双元制"实施的根本保障。没有一支高素质的"双师型"教师队伍,即使有实训基地,也只能是学校用于盈利的校办企业,对教学所起的作用必定微乎其微。

"双师型"教师,从理论上讲是要持有双证,即同时拥有教师资格证书和专业技术等级证书。持双证,几乎每个专业教师都可以做到,但在武汉船舶职院的学习让笔者明白,"双师型"教师绝不是持证这么简单,他们至少应该符合以下两点:一是既能从事理论教学,也能从事实践教学;二是既能担任教师,也能担任专业技术人员。

武汉船舶职院是通过各种国内外培训来实现"双师型"教师队伍建设的,主要有五条渠道:校本培训、企业校训、聘请兼职教师、聘请实习师傅、国外培训。

如陈少艾、黄邦炎、章国华、余峰浩、刘杰等教师,不但理论课讲得非常精彩,且常常加入一些自己的东西,有时所讲内容甚至与课本相悖。只听讲课可能会觉得他们骄傲自大、自命清高,但当进入实训室就会明白,原来这些人都是高素质的技术人员,他们既是实训室的经营管理者,也是理论课教师,而学生则是轮班生产的工人,轮流学习的徒弟。培训期间,笔者有幸以学生的身份在实训室实习了10多天。以他们为师,才终于明白了"双师型"教师的内涵,遗憾的是学习时间太短,而需要学习的东西却太多了。不仅机电专业教师如此,其他专业的专业课教师也大多属于这种类型。

当然,要办好职业教育,不仅需要实训场所和"双师型"教师,还有许多其他方面的问题,但当这两方面的问题解决之后,其他的一切都将迎刃而解、水到渠成。

因为开阔了眼界,增加了一点思想、更新了一些理念,笔者思考问题的深度和广度发生了改变。要改变一个人,首先要改变的就应该是思想和理念。不断地增加专业知识、业务知识可以培养一个人的才气,而领悟一种思想和理念则能养大气,使人能思圆行方。

二 理论学习与实践操作相结合,改变知识结构

在课程安排体系中,专业理论与实践操作的课时基本相同,其中实践

操作更具实际意义。在实训室，我们学习了关于 PLC 控制电动机启停、交直流电动机的调速及可编程控制系统装调维修等技术。其中还有一些技能尚不能熟练操作，如自动化柔性生产线的安装与调试等；而像工业机器人等技术只是对用到的新器械、新方法做了一些了解，实习过程中没有进行实际接触。虽有遗憾，但就短暂的实习时间而言，已经是收获很大了。

在学习之余，学校还安排我们参观了校外实习基地。通过对各种规模、不同模式的实训室进行比较，进一步缩短了理论与实践的距离，充实了自己的头脑，丰富了专业知识，提高了专业素质。相信在今后的工作中，在大部分的专业课上，笔者已经可以作为一名合格的实训指导教师开展教学工作，而且还会继续努力，力争成为一名名副其实的"双师型"专业教师。

三 教人则先正己

在培训期间，接触到的人有些共同特点：不仅非常优秀，而且都相当的乐观、积极。老师们兢兢业业、认真负责。同学们学习勤奋努力，提出的问题要比武汉船舶职院的学生多出若干倍，凡需动手操作，必是争先恐后。在此次培训中，有几位老师给我留下了非常深刻的印象：教授电梯控制理论及培训课的章国华教授高尚的人格和平易近人的工作作风令人景仰；教授 PLC 控制理论与应用课的陈贵银教授严谨的治学风格，使笔者很快掌握了 PLC 的应用；教授变频调速技术基础课的周民教授勤恳踏实、孜孜不倦的教学态度，令人敬佩。

在武汉船舶职院的实训室中，总有许多任务是学生的时间与能力所不能完成的，这时便有许多教师参加劳动，而这些劳动竟然都是义务的，这与笔者心中发达地区的教师形象完全不同。所有这些，使笔者原本积极的心态变得更为乐观、上进，这种积极上进的心态必将有益于今后的工作、学习以及生活的各个方面，想必这也是每一位教师所应具备的心态。

四 今后工作展望

作为全国重点示范院校，武汉船舶职院对培训学习的课程安排还是比较合理的。重点安排了"双元制"职业教育办学模式、现代机电技术理论的学习,以及机电实训室内各种技能操作的培训。在各类知识的学习中,笔者都努力做到最好,力争掌握更多的技能。

  这一次充实的经历,不仅是专业知识的扩充、教学理念的提升,更是一次心灵的洗涤,为笔者下一步的生活和工作指引了方向,树立了信心;为今后的专业建设、教学改革和专业教学内容安排起到了很好的指导作用。要想成为一名优秀的骨干教师,就要以此次培训为契机,把终身学习理念、创新理念、能力本位教育理念等一系列新理念带回到工作中,在自己的工作岗位踏踏实实地付诸实践,尽责尽力;努力提高自身素质、理论水平、教育科研能力等,以推动中职教育教学更好发展。培训虽已结束,但是,在培训班养成的认真求学、勇于思考、团结互助等良好学习习惯已经深植于工作和学习之中,促使笔者更积极地投身于职教事业之中,尽力让每一位学生成人、成才,为推动我们的职教进一步发展而努力,为推动恩施州机电产业快速发展而奋斗!

准确把握财务管理与监督职能 积极探索服务高职教育新途径

恩施职业技术学院计财处 朱平洪

摘 要：面对目前高职教育大发展、大创新的新形势，在财务管理方面探索并处理好管理与服务的关系十分必要。因此，必须正确理解并把握管理与服务的内涵；规范财务收支，强化财务管理；认真落实监督机制，保证资金规范、安全、高效运作；不断提升财务管理能力和专业化水平，为学院发展提供接地气的高效服务。

关键词：财务管理 服务 监督 高职教育

面对目前高职教育大发展、大创新的新形势，在财务管理方面探索并处理好管理与服务的关系十分必要。财务部门是恩施职业技术学院的综合管理职能部门，也是学院对内、对外的服务部门。财务工作涉及面广，基本覆盖了恩施职业技术学院所有师生员工；财务工作敏感度高，直接关系到师生员工的切身利益。因此，财务管理与服务工作水平的高低，直接关系到学院教学科研秩序的正常运行和发展，关系到办学效益和市场竞争力的提升，关系到节约型和谐校园的成功构建。处理好财务管理监督与服务的关系具有十分重要的意义。

如今，恩施职业技术学院财务管理与服务职能之间的矛盾正随着中央和省州相关管理制度的出台而加剧。不处理好二者的关系，不仅会影响财务部门的正常运行，也会影响学院整体的社会形象。这就在客观上要求我们在加强财务管理的基础上，还必须树立科学的管理观念，创新服务思路，进一步提升财务管理与服务水平。

一 正确理解并把握管理与服务的内涵

作为学院的重要职能部门，财务管理是财务部门义不容辞的职责，主要内容有：多渠道筹措资金以增加事业经费收入、对资金运作进行管理以保证合法合理和有效使用、对资金使用情况进行分析反馈等。具体而言，就是要做好年初资金预算管理、年中资金规范使用管理以及年末财务分析管理。日常工作中应收尽收，但绝不乱收一分钱；能支则支，把每一分钱花在学院建设与发展的关键环节上。

学院财务部门作为二级单位，也有着重要的服务职能，其服务对象不仅包括上级部门、学校，还包括其他职能部门和教学系（部）乃至全体师生。对于前两者而言，服务的职能是筹措资金、合理使用资金和完成各项财务任务；后两者则是学院财务日常工作主要服务的对象，这种服务主要体现在：一是尽可能多渠道筹集资金，为其教学科研工作提供有力的财务支持；二是合理进行预算管理，高效配置财务资源；三是尽量简化工作流程，为广大师生的资金使用提供方便。

作为管理者，必须要求工作人员严格遵守国家财务法律法规和高校财务管理制度，对于任何可能危及资金安全使用和违反财务规定的资金运作行为都应加以制止，同时对于不合财务规范的报销应坚决抵制和拒绝。作为服务者，财务管理部门及其工作人员应以师生为本，以服务教学科研为宗旨，尽量按照服务对象的要求为其提供服务。财务人员管理与服务的双重角色有时会不可避免地发生矛盾和冲突。但是，管理和服务二者不是对立的，矛盾是可以化解的，这就要求我们财务部门及其工作人员正确认识二者的关系，当矛盾发生时，不能仅站在管理者的角度对服务对象漠视甚至横加批评指责，而是应该充分认识自己的服务职责，以服务为宗旨，耐心为服务对象提供相应的服务直至对方满意。财务人员以服务者的角色虚心听取服务对象对财务工作提出的意见和建议，认真核实和改进管理方式和方法，也有利于进一步提高财务管理水平，更好地为师生服务，充分发挥服务窗口的职能。由此可见，管理与服务二者是相互制约、相互促进的关系，而不是纯粹的对立关系。

二 规范财务收支，强化财务管理

一个部门的财务管理要做到收支合理合规，各项财务活动运行规范是资金安全运行的基本要求，关键在于以下两点。

(一) 加强制度建设，使单位财务管理有据可依

首先，学院的财务制度必须严谨。俗话说"没有规矩，不成方圆"，要加强学院管理，就必须制定严谨的财务管理制度，使学院的财务管理有据可依。财务制度不能同国家及上级机关的文件、财务制度及法规发生冲突，更不能让学院制定的各项制度之间产生冲突。其次，学校财务制度的建立还要契合学校实际。学校制定的财务制度是针对本单位的，是"量体裁衣"，所以这个制度应该是适合本单位当前实际的。最后，学院的财务制度要有可操作性，单位财务制度一旦建立，就是本单位财务管理的"法律"，要做好宣传工作，使单位的每一位职工都知道，在制度面前人人平等，没有特殊群体，没有特殊人，任何人都必须严格遵守制度。

(二) 加强单位资金的预算管理，做到"量入为出"

加强单位资金预算管理，就要做到"量入为出"，也就是单位领导及财务人员对本单位所能支配的资金能够合理、有计划地分配，使有限的资金发挥最大的效益。实际在单位经费核算、拨付过程中，对于财政下达的指标，是有各项制约机制和相关政策规定的，对于下达给本单位的经费是否存在问题，笔者认为，最重要的是合理安排下达到单位的指标资金，制定一个详尽、合理的资金使用计划，这是发挥资金使用效益的重要保证。当然，我们的计划一旦制定就要严格执行，不能随意调整；如果发生重大事项，必须进行调整，则应全盘考虑，保证后续计划的合理。

三 认真落实监督机制，保证资金规范、安全、高效运作

监督机制是财务管理的重要组成部分，如果连单位资金安全、规范运作都不能保证，也就谈不上财务管理了。认真落实财务人员互相监督、对财务人员的必要监督，对单位大额资金安排、重大支出实施集体讨论机制，是保证资金规范、安全运作的重要保证，也是加强单位财务管理的重

要内容。

(一) 把握机会加大对财务相关知识的宣传力度

财务工作具有一定的专业性,学院师生大多数对财务法律法规、财务规章制度等相关知识缺乏深入的了解,因此可能会对财务人员按照相关规定采取的处理方式产生误解。这是管理与服务职能发生冲突的一个重要因素,消除此因素的一个重要途径就是把握每个机会对服务对象进行财务相关知识的宣传,以达成双方互相理解。宣传的方式主要有:(1)利用恩施职业技术学院年度预算公布的时机,通过与部门联系沟通,宣传相关财务法规,尤其是新政策。(2)利用网站进行宣传。将相关财务信息、财务部门设置、财务报销流程等有关方便服务对象报销的资料放置在学院网站OA系统中,有利于服务对象浏览、阅读。(3)平时工作之际,耐心为服务对象解答财务问题,宣传相关知识。

做好宣传工作,不仅提高了财务工作服务效率,更规范了资金运作,无形之中改善了财务管理与服务之间的关系。

(二) 配合学院审计部门,着力强化日常监督

(1)强化财务管理职责,实现科学化的监督管理。学院财务管理必须加强监督和管理,重点落实相关会计信息的核算和管理,保证相关会计资料的真实性和有效性。这就要求相关的财务管理继续抓好各个环节的财务管理工作,主动接受各级部门的会计监督,认真听取有关意见,及时进行沟通,对单位的各项支出进行更为有效的核算、监督和管理,在进行会计核算管理的过程中实现有效的监督。

(2)在统一管理的基础上实现相互协作和监督。在学院的运营和管理过程中,需要实行相对统一的财经政策和管理制度,这样一来,学院的日常会计核算才能够有效的开展和进行。在这方面,可以由学院财务主管部门来统一制定和颁布政策,各个部门之间也需要不断加强配合,不能出现互不干预的现象,而要在协作的基础上实现有效的监督。而且,院内各职能处室在制定内部的相关财经制度时,要做好各方面的准备,例如需要符合学院以及国家规定的相关财经管理制度,并且需要报给主管部门进行相应的审批,以确

保学院经济秩序正常而且健康有序。除此之外，加强会计核算还需要专业化的人才支持，只有业务能力较强、具备一定专业素质和技能的人，才能够有效开展核算和进行监督。所以，相关的财务管理部门需要在人才的培养上予以充分的重视，不断提高他们的业务素质和能力。

（3）建立有效的规章制度，完善单位内部控制制度。加强财务监督就要制定和完善相关的内部控制制度，从而确保财产物资的安全。对于学院财务管理部门而言，就需要进行很好的财务信息统计和反馈，相关负责人一定要积极履行自身职责，根据核算管理的需要进行有效的管理。在学院的各项财务信息收集过程中，一定要保证信息的真实性和有效性，即能够科学全面地反映本单位的相关情况。对于学院财务会计管理来说，新形势下的财务会计管理工作一定要结合变革和发展的需要来积极开展相关管理工作，不断完善相关的内部监督和管理制度，如财务预决算制度、收支管理制度、开支标准制度、财务分析和财务监督检查制度、财产管理制度等，这些制度都需要学院各管理部门进行有效的完善并严格执行，从而保证整个财务运行的良性发展。当然也要做好财务的流通和管理工作，按照规章制度的规定要求，有条不紊地进行。

四 提升财务管理能力和专业化水平，为学院高职教育发展提供良好的服务

如何加强学院财务管理部门的财务管理和监督能力，一个很重要的途径就是工作人员要加强学习，不断提升自己的专业化知识以及技能水平，以便及时发现财务管理中存在的问题。相关部门要组织好本单位的财务会计管理和学习工作，正确认识自身财务管理的水平，进而做出有效的评估，对于存在的缺陷和问题都需要积极解决。具体而言，就是要在学校财务管理部门的发展过程中深入学习并掌握相关的财经政策法规和财务管理知识，进而增强财务管理意识。为更好地服务高等职业教育，要做好以下三个方面的工作。

（一）树立服务意识，恪守职业道德

意识就是灵魂，服务意识扎根头脑，就能在财务人员中形成本能、习

惯和思维定式，就能使其关注服务对象的需要，在工作中自觉做出服务行为，提供高质量的服务。组织工作人员学习岗位职责和工作规范，让大家充分认识到服务是应尽的职责和义务，以服务为宗旨，提高服务效率。

(二) 提高业务技能，创新服务方式

组织财务人员集中学习，不断完善和改进工作方法，使大家体会到服务既是一项工作，也是一门艺术，不同的服务方式收到的效果是不一样的。僵硬的、机械化的工作方式一般是令人生畏和厌烦的；灵活的、人性化的服务却能缩短彼此之间的心灵距离，是一种令人愉悦的服务技能。财务工作从内容上看具有烦琐、枯燥、重复的性质，会计法规要求财务工作必须坚持一定的原则，但是财务人员可以在坚持原则的基础上，创新灵活服务的新途径。

(三) 资金预算上，切实做到在保民生的基础上保重点支出

对于学院来讲，重点工作就是职业教育教学，我们应优先安排充足的资金给予保障，同时努力配合各部门采取有力措施做好增收工作，以便筹集更多资金保障教育教学这项重点工作。

学院财务工作虽然不是单位的主要工作，却是学院的一项重要工作，如果单位不能搞好财务管理工作，不能合理、规范、安全地使用资金，不能充分发挥资金的使用效益，甚至不能及时发现并解决教育经费管理及使用过程中出现的安全隐患，必然会影响我们的职业教育教学工作。所以，我们必须加强学院财务管理，保证教育经费合理、规范、安全运作，充分发挥资金的使用效益，为恩施职业技术学院的职业教育教学工作的良好发展提供必要的保证。

互联网视域下职业技术教育的现状及发展建议

恩施职业技术学院科技处 熊佳红

摘 要：互联网的普及和应用，对整个社会、经济、文化、政治、教育等各个方面都产生了深远的影响，给职业技术教育传统教育模式带来了挑战，同时也为职业技术教育的发展提供了一个新的平台。基于此，针对互联网对职业技术教育发展的影响，以及职业技术教育在互联网时代发展的阻碍因素分析，我们提出了相应的发展建议，以期促进职业技术教育的良性发展。

关键词：网络时代 职业技术教育 发展趋势

近年来，高等职业技术教育的发展取得了令人瞩目的成绩，但随着科学技术的发展和教育思想观念的转变，职业技术教育也面临着新的发展机遇，这就促使人们开始将互联网等现代化技术运用于职业教育领域，这对职业教育教学模式、教育过程、教学方法将会产生深远的影响。职业教育工作者必须在观念和方式上寻求新的突破，掌握、运用互联网技术，才能有效推动职业技术教育与科技时代的相融发展。

一 互联网对职业技术教育的影响

互联网作为一个先进的科技信息平台，可以为学习者提供一个个性化的交互式学习平台，可以使职业院校的教师树立新的文化观念，选择新的教学管理模式。在从传统社会向现代社会转变的过程中，职业技术教育始终发挥着至关重要的作用。伴随着全球经济的飞速发展，人们的文化观念和生活方式发生了相应变化，对职业技术教育的需求更加多样化，随着国家对职业技术教育的重视，在职业技术教育发展完善的过程中，互联网必然会提供有利于职业教育发展尤其是贫困地区职业技术教育发展的条件，也会使职业教育显现出终身化的趋势。同时，互联网也更有利于职业技术教育的个性发展。

（一）互联网为武陵贫困地区的职业技术教育发展提供了条件

互联网作为教育资源共享平台，能够有效促进教育公平的实现，为促进武陵贫困地区职业技术教育发展提供了技术条件。近年来，国家大力提倡教育公平，教育是民族振兴的基石，教育公平是社会公平的重要基础。教育资源属于稀缺资源，要努力推进教育公平的实现，就必须在武陵贫困地区大力发展职业技术教育事业。在互联网信息平台中，汇集了世界各地先进图书馆、研究所、学校的大量信息资源，网络教育的发展，可以将职业技术教育从学校扩展到任何信息技术所能够覆盖的地区，突破时空限制，这对于武陵贫困地区职业技术教育的发展而言，是一个新的机遇。

（二）互联网有利于实现终身化教育

互联网有利于职业技术教育终身化的实现，可以帮助学生更好地使用快速发展的职业技术。随着国家经济由劳动密集型向知识和技术密集型转变，对于从业人员的素质要求也发生了相应变化，这也对武陵地区职业技术教育提出了新的发展要求。要在这样一个变化着的世界中不断进步和发展，就必须不断学习，而仅仅依靠在学校学习期间所获取的知识显然是难以适应经济社会发展要求的，必须转变一次性学校学习的教育理念，树立终身学习理念。在互联网信息平台中，可以根据自身实际和工作需要，有计划、有目的地进行学习，而这种学习和学校学习有较大不同，它可以帮助人们树立学习终身化的理念，促使人们把学习视为日常工作生活的一种常态。

（三）互联网有利于职业技术教育个性化发展

传统的职业技术教育大多是围绕着教科书、课堂、教师展开的，职业院校的教师面对众多学生进行授课，在有限的时间里难以和每个学生都进行互动交流，更别说对学生采取有针对性的个性化学习指导，个性化学习目标难以在传统职业技术教育模式下实现。但是，互联网却为职业技术教育提供了一个新的平台，学生可以利用 BBS、E‐mail、网络学习、网络讲座等相关信息技术进行课程学习，并且可以在网络课堂中，在不影响其他人学习的情况下随时发表自己的见解。通过这种互动交流方式，学生在学习过程中和教师实现了有效沟通，教师也可以有针对性地采用个性化辅导的方式来指导学生进行学习。

二　互联网时代职业技术教育的现状

互联网正在引发人类历史上的一场革命，这场革命速度之快、影响之大、范围之广是人们有目共睹的。随着互联网时代的来临，网络教育成为人们关注的问题，与传统的职业技术教育相比，互联网时代职业技术教育的发展正面临着新的问题。

（一）互联网时代职业技术教育教学网络建设资金投入不足

目前，由于各个地区经济社会发展不平衡，武陵地区职业技术教育发展的网络设备基础资金存在投入不足的问题，网络职业技术教学的普及面临着较大的资金压力。职业技术教育要想从以传统的知识信息传播方式为依托转向以网络技术为依托，就必须要加大人才培养力度和相应网络软件的开发及应用力度，而这对于武陵地区而言，意味着一大笔资金的投入。虽然国家对于网络职业技术教育信息化工程高度重视，但是对于武陵贫困地区而言，教育经费投入长期处于严重不足的状态，而职业技术教育经费投入在教育经费总投入中所占比例更小，甚至在一段时期内处于下滑趋势。因此，要填补职业技术教育网络建设的巨大资金缺口还存在较大难度。

（二）互联网时代职业技术教育教学资源质量亟须提升

目前，职业技术教育的教学资源基本上还处于初级管理阶段，注重数量而忽视教育质量，各职业院校的网站内容单调，缺少变革和创新，自主学习型课件较少，基本上还是以将文字教案电子化为主要形式。一般情况下，高质量的网络教育资源主要是那些具有可选择性的教学课件和网络教育课程，以及丰富的网络教学辅导资源，如虚拟实验室或数字图书馆。教学资源尤其是武陵贫困地区的教学资源质量偏低，也可能是受到宽带的限制，为了满足不同层次的需要，网络教学资源制作者在对教案、教材、图片、录像等内容进行数字化的过程中，基本上都采用了较低的视频标准，造成远程学习资源在声音和图像方面质量较差，甚至出现文字看不清楚的问题。因此，提高职业技术教育教学软件质量是网络职业技术教育资源建设的重点和关键。

三 互联网时代职业技术教育的发展建议

科技信息技术发展势不可当，在互联网时代这个大环境下，谋求职业教育发展的多个策略，意味着职业技术教育必将发生翻天覆地的变化。

（一）加大网络职业技术教育发展的政策引导力度

为促使网络职业技术教育发展，为教学网络建设提供充足经费，促使网络职业技术教育在武陵贫困地区的普及，要不断发挥社会和政府的双重引导力量。各级政府在对网络职业技术教育发展进行引导的时候，要结合本地区发展实际，在推动网络职业技术教育发展方面要分阶段实施，围绕社会需求重点突破，发达地区要与武陵贫困落后地区的职业技术院校建立良好的伙伴关系，共享职业技术教育资源，和谐发展。要能够在网络职业技术教育办学方向方面进行重点把握，使网络职业技术教育紧紧围绕市场需求，吸引更多发达地区的企业参与到职业技术教育发展事业中来，拓宽网络职业技术教育办学经费来源渠道。武陵贫困地区的职业技术教育要依托当地产业、企业、行业优势，对社会资源进行统筹，要形成办学主体多元化的格局。

（二）加强对网络职业技术教育的技术支持

要提高网络职业技术教育教学资源的质量，重点在加强相关技术支持，关键在软件建设。第一，网络职业技术教育软件建设工作要能够和教育理论以及网络自身特点相互结合，特别是要做好网络职业技术教育的基础理论研究，明确教学资源改进方向；第二，网络职业技术教育教学软件的开发作为一项系统性工程，需要各个行业进行技术支持，特别是要注重加强对武陵贫困地区教师的培训，在培训过程中，不仅要让教师接受全新的网络教育理念，还要让他们充分掌握网络信息技术的基础技能，使教师能够参与或者独自完成网上教学资源设计，为武陵贫困地区的职业技术教育发展提供高素质的师资支持。

（三）加强对网络职业技术教育质量的监管

为了有效提高网络职业技术教育的社会信任度，需要加强对网络职业技术教育质量的监管。在网络职业技术教育教学过程中，其参与者不仅仅是教师和学生，还有面授组织人员、系统维护人员、课程开发人员、课程设计人员，由于参与群体较为广泛，某个独立的质量管理部门或者人员难以完成质量控制和质量考核，应当全面引入网络职业技术教育质量管理体系，对教学过程进行全程监控，把所有参与教学的部门和人员都纳入到网络职业技术教育质量监管体系中，在工作中，按照教学质量标准和要求，不断提高网络职业技术教育质量。

加强学院后勤精细化管理的思考

恩施职业技术学院后勤处　周厚胜

摘　要：后勤工作是学校管理工作的重要组成部门分，是学校教育教学工作得以顺利进行的基础，是保证学校安全与稳定的重要环节。因此，后勤人员必须增强精细化管理意识，加强学习、提高能力，乐于奉献、服务育人，勤俭节约、大公无私，认真研究开源节流工作，心胸开阔、顾全大局；下功夫创新工作管理办法，做到人本管理、人性化服务、规范化操作，优化工作方法；后勤工作要念好"勤、细、实"三字经，确保一个"安"字。

关键词：高职院校　后勤管理　精细化

后勤工作是学校管理工作的重要组成部分，是学校教育教学工作得以顺利进行的基础，是保证学校安全与稳定的重要环节。后勤工作和教育教学工作的关系如同车之两轮，只有两个车轮协同动作，车子才能正常运转。后勤工作是为学院的建设和发展服务的，是后勤人员应尽的职责，服务意识是后勤人员必备的品质。当前在恩施职业技术学院加快高职发展的进程中，对于作为保障系统的后勤，我们唯有规范管理、精细化管理，努力做到"师生困我帮，师生求我办，师生需我做"，使服务与需求同步、员工与顾客呼应。让学生置身于一个明净、温馨的环境中，从而提升学院美誉度、吸引力。

一　增强意识，提高素质，实施精细化管理

（一）加强学习、提高能力

后勤人员应在工作实践中不断加强学习，吸收新事物，总结新经验，

提高自身能力。一是冲障能力：能冲破工作障碍，不推诿、不扯皮；二是意志能力：对工作充满激情，能适应较大工作压力，不怕苦、不怕累；三是精细能力：对工作有计划，追求完美，不迁就、不降低标准；四是信赖能力：工作沉稳，办事公道，富有人情味，不鲁莽、不随意伤人；五是协作能力：团队意识强，善于沟通交流、换位思考，不主观、不专横；六是应变创新能力：头脑清醒，能判断是非，勇于创新，不盲目、不保守。

（二）乐于奉献、服务育人

后勤为教职工服务，为学生负责。这一工作性质决定了后勤人员要甘当幕后角色，做无名英雄。这就需要后勤人员要以奉献为乐；以为他人创造良好的工作、生活、学习环境为乐；以出色的工作业绩、一流的服务质量为乐。把职工群众、学生满意作为自己工作的第一追求，倡导员工以学校为家，把师生视为家人、把工作视为家事。力争把后勤员工打造为"不上讲台的老师"。后勤员工从生活上关心爱护学生，以自身勤勤恳恳工作的模范行为、任劳任怨的奉献精神赢得学生的肯定，以爱岗敬业的职业精神赢得尊重。

（三）勤俭节约、大公无私

后勤人员应认真研究开源节流工作。注意精打细算，充分发挥资金、设备、场地等一切资源的效益是后勤管理人员的必修课，讲究经济效益，是学校后勤工作的根本任务。同时后勤人员手中管理、调控着一定的资源，怎样摆正个人与集体、公与私、小家与大家的关系是衡量后勤工作人员职业道德的一把最好的尺子。我们的后勤工作人员在享受和奉献上要有"安得广厦千万间，大庇天下寒士俱欢颜……吾庐独破受冻死亦足"的境界。

（四）心胸开阔、顾全大局

后勤工作比较琐碎，不容易出成果。有些工作还可能费力不讨好，有些工作又要根据具体情况灵活处理，甚至会有代人受过，被别人误解等情况，这就需要后勤管理人员心胸开阔，把目光放在学院发展上，把心思用在工作上，把快乐享受寄托在学院兴旺上，顾全大局。默默无闻地发挥个人的作用，成为学院机器良性运转、永不生锈的螺丝钉。

二 创新工作管理，在精细化上下功夫

（一）人本管理，人性化服务

坚持以人为本。一方面是要把人的利益作为一切工作的出发点和落脚点；另一方面要最大限度地发挥人的潜能，促进人的全面发展。给学院职工、学生"家"的温暖。要使职工、学生感受到学院对自己的尊重和信任，从而产生极大的责任感、认同感和归属感，自觉以校为家，以强烈的责任心和奉献精神投入到学院工作中。关怀到位了，人心自然相向。要注意加强内部联系，接近学院教职工、学生间的关系，及时掌握他们的个人情况、家庭情况、工作学习情况，鼓励和倡导交心谈心，加强沟通，及时化解一些个人思想问题和矛盾。牢固树立为职工、学生服务的思想，排解他们烦心的事，办好他们急需的事，把家的温暖送到职工、学生的心坎儿上。

（二）健全制度，规范化操作

后勤系统犹如一台完整的计算机，如果说管理体制是硬件，那么运行机制就是软件，也是整个系统的灵魂。如何做好后勤工作，在运行机制的完善和创新工作中，关键要在以下几方面下功夫：一是要转变观念，不能仅在"零修"和"大修"上下功夫，更要在日常使用的过程中加强各种设施的保养和检查上下功夫；二是要全面实施目标管理，以细节服务为起点，在工作目标、人员配置、资源配置、具体化相应措施等方面下功夫；三是量化工作评价机制，对攻难点、求亮点的工作，注意量化分数比重，在发挥指挥棒作用上下功夫；四是在后勤队伍建设过程中，在技能培训、人才共享方面下功夫；五是勇于探索，集思广益，在开源节流以及资源综合利用方面下功夫。

三　优化工作方法，从精细化管理做起

（一）后勤工作要突出一个"勤"字

学院后勤服务涉及面广，后勤人员要树立服务意识，做到吃苦耐劳、有求必应、恪尽职守、热情服务，让师生员工满意。后勤工作质量的提高体现在"勤"上，学院服务工作中所有部门的事都是重要的，哪一个部门耽误了都会影响教学工作，所以后勤人员要在"勤"字上认认真真地做文章，做学院各部门工作强有力的后盾。同时后勤人员每天要起早贪黑，经常利用休息时间加班干活，平时做到嘴勤、手勤、腿勤，为师生员工排忧解难，以"及时、高效、热忱、周到"为标准全力做好后勤工作。例如维修这项工作，要体现人性化的管理，做到维修的时间及时，速度要快：第一时间马上赶到，为了给师生员工提供最便利的服务，所有报修必须当日结束，难以当日结束的，后勤人员应及时解释，并承诺期限，这样师生员工才能真心肯定后勤的工作。

（二）后勤工作要突出一个"细"字

后勤服务工作具有"一多""二广""三复杂"的特点，因此，在安排工作时，要尽可能把问题考虑细一些，后勤涉及的人、财、物相当多，在采买过程中，要精打细算，同商家讨价还价，坚持同质比价、同价比优、同优比服务的原则，工作中厉行节约，为学院节约每一分钱，自觉争当勤俭节约的先锋，当好学院的"管家婆"。后勤人员应努力做到并经常教育师生不浪费一滴水、不浪费一度电、不浪费一张纸，制止铺张浪费行为。

（三）后勤工作要突出一个"实"字

后勤工作必须务实，因为它在学院运行过程中起重要作用，后勤工作实不实，直接影响工作绩效。在后勤服务中，要关注每一名师生，他们是服务对象，要关注他们的感受，关注他们的需要，倾听他们的声音，抓不

落实的事，查不落实的人。"办好实事一桩，胜过空讲道理一筐"，不求形式上的轰轰烈烈，只求实打实。

（四）后勤工作要确保一个"安"字

通过全方位管理、严格责任制，确保学院设施设备和师生员工财产安全。因为安全无小事，事事大如天，它是后勤工作的重中之重。后勤工作要建立责任目标，分工负责，谁的问题谁负责，平时要对设施设备勤检查、勤督促、勤整改，亲自动手干，无论严寒酷暑都毫无怨言，以高度负责的精神，确保学院设施设备不发生安全责任事故。

总之，学院后勤工作是教育工作的重要组成部分，在新的历史条件下，这项工作又被赋予了新的内涵、新的使命，并对后勤人员提出了更高、更新的要求。在学院党委、行政的正确领导下，通过广大教职员工的开拓创新、扎实工作，后勤工作一定能呈现出一个崭新的局面，一定能为学院教育事业的和谐发展做出更大贡献。

二
思想政治教育研究

关于宣传思想文化工作服务学院建设的思考与建议

恩施职业技术学院党委宣传部 文大贵

摘 要：高职院校宣传思想文化工作具有思想凝聚、理论武装、舆论引导、文化渗透等功能，它在学院改革建设与发展中的地位和作用也越来越凸显。在新媒体时代，我们面临诸多新的困惑与挑战，本文试图通过对学院宣传思想文化工作现状的深度思考与分析，找出解决问题的途径和办法，共同推动高职院校宣传思想文化工作方式的改革与创新。

关键词：高职院校 宣传思想工作 文化传承 路径探索

随着社会大变革、大发展时代的到来，特别是在多种思想文化交流、交融、交锋，社会意识多元、多样、多变的情况下，各种新鲜事物、新兴媒体不断涌现，信息传播速度加快，各种思想观点相互碰撞，思想意识形态异常活跃，如何适应新常态，迎接新挑战，牢牢把握党对高校思想意识形态的领导权、管理权和话语权，为学院改革建设与发展唱响主旋律、传播正能量，这是高职院校宣传思想文化工作必须深入思考并着力研究解决的一个十分重要的课题。

一 学院宣传思想文化工作目前面临的主要问题与挑战

（一）宣传思想文化工作的认识程度有待进一步深化提高

宣传思想文化工作是学院最重要的意识形态，是对内发声、对外宣传的喉舌，是统一思想、凝聚共识、鼓舞士气、营造良好氛围和强大气场、共同应对困难和挑战、全力推进学院改革建设与发展的制胜法宝。尤其是在新兴媒体快速发展的新常态下，宣传思想文化工作对学院主流舆论的导向作用和对广大教职工核心价值观的引领作用，都是不容低估的，也是其他任何部门工作所无法替代的。但从现状来看，全院上下各个层级对宣传思想文化工作重要性的认识还有待进一步深化提高，对宣传工作的重视程度还有待进一步加强，要真正克服"说起来重要，做起来次要，忙起来忽略"的现象。

（二）宣传思想文化工作的运行机制有待进一步健全完善

一是宣传思想文化工作相互沟通与协调配合的运行机制不够健全，遇事临时动议的多，事前精心谋划的少，随意性大，各自为政，没有形成宣传工作的整体合力，宣传效果大打折扣；二是宣传思想文化工作的制度、考核办法和奖惩激励措施不够完善，没有层层传导工作目标任务和压力，影响了一部分宣传工作骨干主观能动性的发挥。

（三）宣传思想文化工作的手段方式有待进一步创新拓展

随着互联网、手机等现代媒体的广泛应用，网络已经成为广大师生获取信息的主要渠道。网络的快速发展为高职院校进一步丰富宣传思想工作的方式方法、增强宣传教育效果提供了新的机遇。目前，学院虽然重视了对院报、学报、文化杂志、校园广播台、宣传橱窗等传统媒体和校园网站等主流媒体的广泛应用，但对微博、微信、QQ群等新兴媒体的开发应用落后于时代的要求，传统方法不管用，新方法不会用，许多新情况、新任务都因"网"而生、因"网"而兴、因"网"而增。因此，如何开发应用好新兴媒体，创新网络思想教育，规范网络传播秩序，营造健康文明网络环境，形成网络舆论引导新格局，抢占新媒体话语制高点，就成为高职院校宣传思想工作亟待解决的紧要问题。

（四）宣传思想文化工作的队伍结构有待进一步改善优化

目前，学院宣传思想文化工作的队伍结构存在一些问题：一是从事宣传工作的专职工作人员年龄结构老化，内生激情与活力不强，发展后劲不足；二是缺少哲学、政治学专业教育背景，理论功底扎实，工作经验丰富，一专多能的专业人员；三是随着互联网时代的到来和学院的转型发展，赋予宣传部门的工作职能和使命逐渐扩展，宣传思想工作面临的工作压力越来越大；四是宣传思想工作者要想真正成为素质过硬、业务精湛的行家里手，必须要有明确的职业规划和崇高的职业追求，并要经过系统的业务培训和长期工作实践的摔打磨炼，但目前尚未出台任何鼓励专职人员长期从事高校宣传思想文化工作的政策，个人的专业发展空间有限，客观上影响了工作激情的发挥。

二 解决学院宣传思想文化工作主要问题的基本对策和建议

（一）加强理论武装，提高思想认识

要做好学院宣传思想文化工作，思想认识是行动的先导。清醒的政治头脑，坚定的政治立场又源于强大的思想理论武装。自上而下都必须进一步深化对加强学院意识形态工作重要性和紧迫性的认识，进一步强化各级党组织对宣传思想工作特别是意识形态工作的政治责任和领导责任，建立健全党委统一领导、党政工团齐抓共管、党委宣传部门牵头协调、有关部门和教学系部共同参与的宣传工作机制，把宣传思想工作纳入工作目标责任制，与重点工作一同布置安排、一同督办落实。

（二）建立激励机制，改善工作条件

坚持上下联动、共同参与、分工负责、相互配合，整体策划、分步实施的原则，有序推进各项工作。建立健全宣传思想文化工作目标考核体系与优秀通讯员、优秀网管员、优秀网评员、宣传工作先进单位和先进工作者的评选表彰机制，把宣传思想文化工作的落实效果作为部门领导班子和各层级干部年度考核的重要依据。将宣传思想文化工作项目经费和工作经费列入统一预算，保证经费支持，院属各单位要为宣传思想工作的开展主动提供保障服务，为专兼职宣传思想文化工作者创造良好的工作条件。

（三）优化队伍结构，形成宣传合力

学院党委应从宣传部门岗位的工作性质、特点和要求出发，对宣传干

部和进入宣传队伍的骨干严格选拔、考核、培训，着力打造一支政治可靠、素质优良、作风过硬、敬业爱岗的宣传思想工作队伍。对他们在政治上加强引导、专业上着力培养、工作上大力支持、生活上主动关心，充分调动、保护他们的工作积极性、主动性和创造性。作为一名宣传思想文化工作者，必须时刻保持清醒的政治头脑、敏锐的政治嗅觉，及时跟进对重点时段、重点环节、重点项目和重大活动的宣传工作，并恪守新闻宣传工作的真实性，贴近教育教学一线，贴近学院实际，贴近教师、学生的学习、工作和生活。同时还要加强对宣传报道的规范管理，形成强大的宣传合力。

（四）加强主阵地建设，发挥主渠道作用

切实推动中国特色社会主义理论体系和习近平总书记重要讲话"三进"工作，全面深化思想政治理论课程建设改革，充分挖掘哲学社会科学课程的思想政治教育资源，将社会主义核心价值观融入教学课程、社会实践、校园文化、班主任工作和学院管理工作，切实加强思政课主阵地建设，充分发挥主渠道育人作用，着力向学生传授正确的认识论和科学的方法论，开设学生真心喜爱、终身受益的思想政治理论课。

（五）重视新媒体应用，加强网络舆情监管

在加强对学报、院报、文化杂志、广播台、宣传橱窗、门户网站、二级网站、专题网站等阵地建设的统一策划、技术服务、导向把关、经费投入和质量监管的同时，还应积极探索新媒体的开发与应用，加快推进校园数字化、信息化建设进程，培养一批导向正确、技术精通、影响力广的网络名师参与学院网站或栏目、学生主题教育网站和网络互动社区的建设，逐步推进辅导员（班主任）博客、思想政治理论课教师博客、院务微博、校园微信公众账号等网络新媒体的建设，发挥新媒体在网络思想政治教育、招生宣传和学院外宣中的重要作用。完善网络管理体制与机制。对网络宣传内容、宣传质量、涉院敏感信息和网上舆情监控，要明确监管主体，细化监管责任，院属行政后勤单位主要负责人、教学系部总支书应是本单位新闻发布和信息管理的第一责任人，各单位应当明确指定一名政治素质高、办事能力强、热心网络服务的同志，负责本单位的网管、网评和网宣工作。发现一般舆情，涉事单位应当及时报告监管责任部门；发现重大舆情，必须在第一时间报告分管领导和学院主要领导，第一时间启动应急预案，第一时间明确责任人，第一时间启动协调机制，第一时间做出回应，共同做好舆情监控与处置工作。

（六）注重正面典型宣传，加强主流舆论引导

为使宣传思想文化工作更好地服务于学院的改革建设与发展，必须进一步加大对教学、科研、管理、服务一线典型人物、典型事件、典型活动和典型经验、办学成就、科研成果、创业明星的宣传力度，提高主流舆论的引导能力和水平，为学院改革发展凝聚正能量。同时还应当积极争取院外媒体的支持与合作，努力提高外媒报道和外宣成果的数量与质量。

（七）推进校园文化建设，提高宣传工作渗透力

积极推进民族文化、企业文化、特色文化进校园工程，传承创新活动文化、寝室文化、节庆文化、管理文化和专业文化，深入推进物质文化和制度文化建设，总结提炼精神文化建设成果，通过院内外宣传媒体对学院办学理念、院歌、院训、院徽，以及职业技术学院精神等无形资产进行传承与弘扬，重视加强校园道路、楼宇、景观文化的设计开发与建设工作。

（八）加强精神文明建设，巩固深化宣传思想成果

建立健全精神文明创建的领导体制和运行机制。落实一把手亲自抓、分管领导重点抓、班子成员配合抓、部门领导具体抓的创建工作领导责任制。把巩固、提高、延伸作为创建工作的基本思路，做到整个创建工作有规划、有目标、有举措、有检查、有评比、有奖励，让师生员工人人参与，人人创建，人人奉献，人人享受文明成果，使文明创建工作真正落到实处，步入常态化，不断巩固深化宣传思想文化建设成果。

牢记育人使命　　为学生健康成长导航

恩施职业技术学院思政课部　卢　鑫

摘　要：思政课部助推高职教育的发力点在哪里？思政课部应主动作为不断提升大学生思想品德素养、职业道德素质和创新实践能力的驱动器。如何引导当代大学生健康成长？本文对思政课部在课程建设的思路、目标和措施等方面进行了一些有益探索。本文从企业真正所需人才中"德"的要求和高职教育提高人才培养质量中"德"的需要出发，进一步明确了在培养高素质技能型人才中，思政课教师肩负着培养培育学生优秀品德的历史使命。

关键词：育人　成长　导航

"德者才之帅也"、厚德载物、德高望重、"国无德不兴，人无德不立"、立德树人、以德为先等名言警句，鲜明地体现了德在人成长中的地位和作用。培育学生具有优秀品德，引导学生可持续健康成长，无疑是思政课教师传道的第一要务。思政课部在学院"高职教育发展论坛"中，始终不能忘记高职院校培养高素质技术技能型人才的第一目标，要为学生在思想上给予教导、生活上给予引导、学习上给予指导、处事上给予开导、问题上给予疏导，提振精气神，传播正能量。

一　关于高素质技术技能型人才中德的思考

我国正从"中国制造"走向"中国创造"，迫切需要全面提升人力资源的整体素质，急需大量高素质应用型、技术技能型人才。市场经济对人才的需求犹如金字塔：1个科学家、9个工程师、100个高技能人才。世界发展历程也表明，发达国家人才需求结构比例一般为：拔尖人才占5%，研发人才占30%，生产管理服务一线专业技术技能型人才占65%。经济越发展，社会越进步，越需要高素质技能型人才和高质量职业教育作为支撑。

(一) 企业真正所需人才中的"德"

高素质技术技能型人才是指综合能力很强、技术能力较高的技术人员，高素质强调人才的综合能力，是时代进步永远不可或缺的部分，技术技能强调工作能力，要求能解决实际工作中一些高水平的难题。在我国现阶段，人们常把决策管理层劳动者称为"白领"，把操作执行层劳动者称为"蓝领"，高素质技术技能型人才是介于决策管理层和操作执行层之间的劳动者，被称为"银领"，其应具备以下五方面能力：有必要的理论知识；有丰富的实践经验；有较强的动手操作能力并能够解决生产实际操作难题；有创新能力；有良好的职业道德。

人们通常把"高素质人才"理解为高学历、高技能、高能力的人才，但在企业眼里，被企业真正需要、能在岗位上充分发挥潜力的人才，才是"高素质人才"。那些工作能力强，但品德有问题，计较个人得失、性格有缺陷难以合作共事、对自身角色认知不清、狂妄自大等的人，都不是企业真正需要的人才，因此判断一个人是否是"高素质人才"，不唯学历，不唯能力，关键看其是否具有良好德性，是否能成为公司核心岗位上最称职、最合适的员工。高素质人才有六项标准：身体、知识、能力、思维方式、观念、精神品格。

2015年暑期笔者到孝感看望顶岗实习学生，与顶乘四方文化传播（上海）有限公司汪教明总经理交谈，他说出了企业最看重员工人品的一番话，至今难忘。他说："一个人的德性非常重要，德性好专业能力差点不要紧，可以通过短期培训很快适应岗位工作；我公司最看不起斤斤计较、贪生怕死、不敢担当、不愿学习这四种人。"他还解释了"师者，传道授业解惑也"的意思，老师是先传道，传怎样做人的道理，其次才是教专业技能，最后学生有了疑难问题后，给他解答并指明方向。

(二) 高职教育提高人才培养质量中的"德"

高职院校的核心竞争力主要是人才培养质量。提高人才培养质量，必须切实加强素质教育，坚持育人为本、德育为先，把社会主义核心价值体系融入人才培养全过程，提高学生道德文明素质和职业素养。《国家中长期教育改革和发展规划纲要（2010－2020年）》明确指出："职业教育要面向人人、面向社会，着力培养学生的职业道德、职业技能和就业创业能力。……不断满足经济社会对高素质劳动者和技能型人才的需要。"

做人的黄金戒律告诉我们：以德为先。古往今来，许多具有优秀品德的人都会受到人们的尊敬和推崇。社会需要优良品德，对于每一个组织，对于每一名员工，好品德都是成功的强大推动力。德和才的关系中，德为导向，才是基础；德靠才来发挥，才靠德来统率。正所谓："有德有才是正品，有德无才是次品，无德有才是废品，无德无才是毒品。"在职场中，品德比能力更重要，所以职场用人原则是：有德有才提拔重用，有德无才培养使用，有才无德限制使用，无德无才坚决不用。闻名世界的实业家马歇尔·菲尔德曾经说过："对于一个初出茅庐的年轻人而言，做人的首要品质是诚实、勤奋、敬业和正直。这些品质比什么都重要，它们是任何时代都不能缺少的。一个人如果没有这些品质，必定一事无成。"习总书记在天津考察时跟大学生交流，问大学生是智商重要还是情商重要，大学生村干部说，智商和情商都重要。习总书记认真地对他们说，做实际工作，智商没有情商重要。

思政课教学是立德树人的主阵地。思政课教师不仅是传授知识的经师，更是学生健康成长的人师，只有多关注学生的政治立场、理想信念、思想观念、思维方式、价值取向、道德修炼、行为养成、法治维权、精神品格、心理疾患、生活习惯等，把社会主义核心价值观和现代企业优秀文化理念融入人才培养全过程，培育出的学生才能心中有党、肩上有责、手里有法、脚下有路，才是中国特色社会主义事业的合格建设者和可靠接班人。

二 思政课部助推恩施职业技术学院高职教育发展的实际行动

现阶段思政课部发展高职教育的发力点在哪里？思政课部教学工作的特殊性和党的意识形态阵地建设的重要性决定了高职教育不能通过新开专业扩大招生规模，而是要回归本位，主动作为，搞好思政课教学，即不断提升学生思想品德素养、职业道德素质和创新实践能力。

（一）基本思路

课程建设的基本思路：高大上，即高举中国特色社会主义旗帜，大力推进思政课对接职业人核心品德的教学改革，上好每一堂课。

工作要求的基本思路：正能量，即用正确的思想引领学生、用能动的原理建设团队、用量化的标准考核绩效。

（二）总体目标

课程建设的总体目标：把思政课设计为大学生真心喜欢、终身受益、毕生难忘的课程；思想政治教育的基本目标：守土尽责、联动润育、创新驱动，即种好大学生思想政治教育主渠道的"责任田"，共建素质养成、学风建设、技能培养、就业教育、实践育人等德育资源的"生态园"，创新"互联网+"、红色教育、校企校地合作育人的"新天地"。

（三）几点措施：七个"第一"

立德树人第一课程：着力培养学生树立唯物辩证、与时俱进、求实创新、科学发展的世界观，树立自尊自爱、勤奋图强、艰苦奋斗、感恩社会的人生观，树立爱国敬业、诚信友善、合作共赢、和谐相处的价值观，树立遵章守纪、勤俭节约、敢于担当、善做善成的道德观，树立公平正义、知法守法、法律至上、明辨是非的法治观。引导学生严以修身、严于律己、严谨求学、严格要求，为人要真、处世要实、养成有规、言有所戒。

服务学生第一宗旨：学生既是教育对象，更是服务对象。思政课教师授课班级多，每学期直接接触的学生多则超过500人，少则近200人，他们的教学水平和服务态度会直接影响到学生的思想和心灵，作为思政课教师，要真正体现出为人师表的风范，对学生要有爱心、诚心、耐心、细心、良心，以爱心抚慰他们的心灵，以诚心赢得他们的信任，以耐心期待他们的进步，以细心化解他们的困惑，以良心换来他们的敬重。

理想信念第一教育：理想信念是人精神世界的核心，是人精神上的"钙"，人缺钙就会得"软骨病"，人缺理想信念，就不能担当重任。思政课教师不能忘记自己肩负着培养什么样的人和怎样培养人的重任,即方向和方法的问题。要有明确坚定的政治方向,方向比努力更重要,方向错了,全盘皆输。所以坚定大学生树立马克思主义的科学信仰、中国特色社会主义的共同理想、实现中华民族伟大复兴的信念,坚守大学生厚德强技的精神追求,来不得半点含糊。意大利政治哲学家马基雅维利说:"造就最强大国家的首要条件不在于造枪炮,而在于能够造就其国民的坚定信仰。"

守住阵地第一职责:当前我国意识形态领域的斗争尖锐复杂,西方国家和平演变战略愈演愈烈,2013年习近平总书记在全国宣传思想工作会议上强调指出,意识形态工作是党的一项极端重要的工作,事关党的前途命运,事关国家长治久安,事关民族凝聚力和向心力。思政课教学是加强大学生思想政治教育的主渠道,党中央一直高度重视思政课教学,最近教育部出台的《高等学校思政课建设标准》明确要求:高校一把手每学期至少讲授一次思政课,分管领导每学期到堂听课两次以上。可见,用中国特色社会主义最新理论成果武装大学生头脑,牢牢把握意识形态领域的主动权,守住主阵地,是思政课教师义不容辞的责任。

自主学习第一要求:在共同培养目标下,针对学生在专业、性格、志趣、能力、原有基础等方面的差异性,不断激发学生的自我探索和持续的学习动力,使学生扬长避短,获得可持续发展。2005年"钱学森之问"启示我们,"现在中国没有完全发展起来,一个重要原因是没有一所大学能够按照培养科学技术发明创造人才的模式去办学,没有自己独特的创新的东西,老是'冒'不出杰出人才"。当今时代,技术领域最典型的集成创新者乔布斯的成功,电子商务领域的创新者马云的成功,正是依靠自主学习这一核心品质。

理论成果第一主线:对当代中国怎么看?我们怎么办?中国从何处来?向何处去?这些无疑是当代大学生关心的问题。思政课教学要贯彻马克思主义中国化理论成果这一主线,不断推进中国特色社会主义最新理论成果进教材、进教室、进大学生头脑,不断增强大学生的中国特色社会主义道路自信、中国特色社会主义理论自信和中国特色社会主义制度自信,为实现中国梦培养出高素质人才。

载体创新第一保障：新媒体时代的大学生思想政治教育面临着前所未有的挑战，大学生思想政治教育无论内容、载体还是理念，都必须加速创新。在载体创新上，思政课教师要学会运用社交网站、博客、手机报、微博、微信等数字平台，以大学生喜闻乐见的方式传递思想政治教育理念，将思想政治教育由平面走向立体、由静态转为动态，实现多方位、立体化、全天候教育新模式，通过"线上""线下"的互动，不断增强教育的凝聚力、吸引力和影响力。

浅论社会学视角下的高校思政有效教学

恩施职业技术学院思政课部　蒲再明

摘　要：高校思想政治教育有效教学是思想政治教育工作的重要组成部分，而社会学研究的基本问题是人与社会的关系问题，高校思想政治教育工作的开展、载体的选择与运用离不开社会这个大背景，以社会学的视角研究高校思想政治教育的载体建设，为这一研究开辟了新视角，推进了高校思想政治教育载体建设的研究。本文立足社会学视角，从分析影响高校思想政治教育（以下简称"思政"）有效教学的社会因素入手，提出优化策略，以期为当前高校思政有效教学措施优化抛砖引玉。

关键词：社会学　高校思政教学　有效教学　教学实践

教育作为一个大问题，备受社会关注。尤其是在高校教学阶段，面对一个个尚未成型且具有独特个性的学生，如何充分挖掘他们的潜能，做到因材施教、人尽其才，就成为高校思政教学面临的重要课题。可以说，随着素质教育观逐渐深入人心，高校思想政治教育有效教学同样在与时俱进，但就目前的实际情况而言，大多高校思想政治教育有效教学仅仅停留在一种感性认知阶段，缺乏对学生学习积极性的调动等问题普遍存在，距离素质教育的要求仍然存在相当的距离。针对此种情形，为了优化高校思想政治教育有效教学，满足学生多元化的学习需求，使学生获得有个性的发展，全面提高学生综合素养，积极探索优化高校思想政治教育有效教学的方式和途径，为素质教育的实施夯实基础，意义重大，影响深远。

一　高校思想政治教育有效教学的现状及存在问题

随着时代的发展变化，高校作为集结了来自全国各地学生的学习载体，不同地区的文化和价值观念在校园中交融，多文化共生，学生价值观念差异较大，这对高校思想政治教育工作提出了更高要求。大学生是高校思想政治教育工作的主要对象，也是高校思想政治教育载体建设的活力所在。社会学视域的特点在于反思性，从社会学视角来分析高校思想政治教育载体建设所面临的现实问题，是为了更好地解决问题并最终找出解决问题的方法，推进高校思想政治教育载体建设，保障高校思想政治教育工作的实效性和长效性。

（一）大学生的主体地位有待加强

目前，高校在开展思想政治教育的过程中仍然把学生简单看作教育对象，不能充分发挥大学生的主动性和创造性，导致相当一部分学生对高校思想政治教育工作产生抵触情绪，这就削弱了高校思想政治教育工作的效果。高校思想政治教育工作者的知识结构略显狭窄，新兴教学技术如网络技术、多媒体技术在应用方面还略显薄弱，很少有人能够将多学科的知识和新兴教学技术综合应用到高校思想政治教育工作中，这就影响了高校思想政治教育理论和工作方法的创新。高校仍然将课堂教学作为对大学生开展思想政治教育的主要载体，而不能综合运用校园文化、大众传媒、校园活动等多种载体形式，高校思想政治教育载体无法形成合力，这就影响了高校思想政治教育的实效性和长效性。

（二）课堂教学亟待改进

课程设置上，目前高校思想政治教育课程设置的突出问题是知识信息量小，教学内容陈旧、重复。知识信息量小就不能满足大学生的求知欲，从而使大学生无法充分理解高校思想政治教育工作者的良苦用心，了解高校思想政治教育的要求和目标；教学内容的不断推陈出新是教育发展过程的永恒法则，任何教学内容都要根据形势发展和情况变化而有所变化，及时把反映现实变化的新理论和新观点纳入教材，只有这样才能保持高校思想政治教育工作的活力。教学方式上，仍然采用"灌输式"教学，老师和学生的课堂互动很少，由于教学方式单一陈旧，教学过程索然无味，高校思想政治教育理论课的"到课率"和课堂"抬头率"不高，最终影响高校思想政治教育工作的效果。

（三）正确引导大学生人际交往

良好的人际交往是实现事业成功和生活幸福的重要保证，也是实现个人社会化的重要途径。从理论上讲，人际交往就是人与人之间的思想互动与行为互动的有机结合。学会正确处理人际关系，建立和谐的人际交往是大学生社会化的一个重要环节。现代大学校园中，大学生们虽然过的是集体生活，但不少学生因为不会处理人际关系，无法建立所需的人际交往关系而陷入孤单与苦闷之中，或者搞得人际关系很紧张。一方面，由于高校扩招，社会流动性增强，高校集结了来自天南海北的学生，不同地区的文化和价值观念在校园中交融，生活习惯、生活方式和语言环境的变换可能给学生的人际交往带来不利影响；另一方面，电脑、互联网络在高校中的使用越来越广泛，不少大学生沉湎于网络虚拟世界，更愿意在虚拟数字世界中与网友互动而忽略了现实的人际交往，出现不少"宅男""宅女"。

二 影响高校思想政治教育有效教学的社会因素

（一）社会的意识形态

经济基础决定上层建筑，教育作为一种社会现象，实施者是人，实施的对象还是人，因而不可避免地与所处社会的上层建筑有着密切的关系。社会政治制度决定着教育的领导权、教育制度和教育政策，社会意识形态制约着教育的社会价值，决定了教育的目的和部分教学内容。纵观我国的教育发展史，1904年张百熙在《重订学堂章程折》明确指出："至于立学宗旨，无论何等学堂，均以忠孝为本，以中国经史之学为基。"强调了伦理道德对教育的约束作用。到了"中华民国"时期，"三民主义"成为必修科目。如今，《中国革命史》《马克思主义基本原理》《辩证唯物论与历史唯物论》则成为高校思想政治教育公共课程的主要教材。尽管同样是思想道德教育课程，但在不同的政治制度、不同的意识形态下，课程设置选择必然不同。当前，在高校阶段，由于面临着专业课程学习的压力，对于高校思想政治教育内容的选择，不同地区、不同学校虽然存在差异，但大多仍然是以帮助学生树立正确的人生观、世界观为宗旨。

（二）经济社会发展水平

教育发展与社会经济发展紧密相关，直接影响着一个地区、一个国家的科技发展水平。相应地，课程设置也应与时俱进，适应经济社会发展的需要进行调整变化，以培养符合社会经济发展所需的人才。在当前高校思想政治教育有效教学时期，首先，由于学生正处在一个厚积薄发的阶段，为给学生进入更高阶段的教育或步入社会积累更多的知识储备，高校思想政治教育有效教学必须按照社会对人才知识结构和能力水平的不同要求，不断地调整和设置相应的课程，正确处理好基础与专业、观念与思想的关系，以达到预期的培养目标，满足社会对人才的需求。其次，社会经济的发展和科学技术的进步，让知识更新换代的速度不断加快，能够源源不断地为高校思想政治教育有效教学提供新内容。但受时间限制，课堂教学不可能在有限的时间里传递趋于无限的知识，为解决这一矛盾，就要求高校思想政治教育有效教学不仅要在方法上有所创新，更重要的是要在质量上有所提高，既要吐故纳新，保持大学课程的前沿性，更要在浩瀚的知识中寻求那些最基本的、具有广泛迁移价值的基础知识、基本原理，并使之结构化，努力让高校思想政治教育有效教学符合学生实际，切合学生发展。

（三）教育思想观念发展变化

受不同的教育思想和教育观念的影响，教育目的也存在差异，这就导致教育工作者对于作为实现教育目的重要手段的课程产生不同的认识和理解，体现出不同的课程观。科学主义课程观主张要教给学生科学的结构、科学的基本观念、科学的关键概念和科学的研究方法，而依照存在主义课程观的思想，高校思想政治教育有效教学的关键不是传授知识，而是必须符合人的需要。纵观我国的教育史，课程设置从通才教育向专才教育发展，又从专才教育向通才教育回归，体现了教育思想观念发展变化的轨迹，体现了时代的发展进步。随着近来素质教育理念的树立，高校思想政治教育有效教学也在不断变化，正朝着加强人文教育和素质培养的方向努力，提倡在专业教育中渗透人文精神的教育思想，纷纷增设思想政治教育课程。

（四）历史文化传统

历史文化传统作为民族文化的重要遗存，对教育价值、教育目的有着直接影响，对包括各层次的高校思政教育都有着举足轻重的意义，直接或间接地制约着高校思想政治教育有效教学。有学者认为，历史文化对教育内容的直接影响是多方面的，因为其不仅可能是教学内容的直接来源，其形成的价值观更可能导致对教学内容的选择带有某种倾向性。不同时代的文化知识形态有不同的内容，高校思想政治教育有效教学的内容同样会随着时代的发展而更新。因此，从这一点来说，高校思想政治教育有效教学必然也会因历史文化传统的发展而不断增减和调整。

三　浅论社会学视角下的高校思政有效教学策略

高校思想政治教育课程是高校对学生进行思想政治教育的传统载体，也是最基本、最重要的载体，是高校教师通过思想政治教育理论课程教学与学生进行互动而实施的思想政治教育活动。思想政治理论课是高校思想政治教育的主渠道，是高校最常用的思想政治教育载体，是每一个大学生的必修课程。运用高校思想政治教育课程这一载体开展思想政治教育工作，是对学生进行理论灌输的重要手段，因此应重视高校思想政治教育课程载体建设，从社会学视角推进高校思想政治教育课程载体建设，树立人性化的高校思想政治教育意识，意义重大，影响深远。

（一）在高校思政有效教学中确立学生的课堂教学主体地位

传统的高校思想政治理论课教学，盛行以教师为中心、主体，以应试教育的说教、灌输的方式对大学生进行道德知识的传授，忽视大学生的情感，无视大学生的思想需要。这样的教学容易导致思想政治理论教育苍白无力，实效性低，培养的大学生出现"知而不行"的现象，甚至产生逆反心理。在教学过程中，教育者过分强调自身的主体性，就会抹杀大学生的主体性，忽视大学生鲜活的生命活动、生命体验，没有观念的碰撞、没有情感的冲击和意志的磨砺，就不可能解决大学生理论认识和思想深处的疑惑，也就更不可能将思政教育内容内化为大学生的道德观念、外化为大学生的行为活动。高校思想政治理论课的教育过程不仅是主体对客体施教的过程，同时也是使大学生接受教育、进行自我教育的过程。大学生是否接受或在多大程度上接受教育内容，是否可以将思想政治要求转变为自己的行为和习惯，都取决于大学生的主体性。因此，高校思想政治理论课教育者应该改变这种固定教学模式，也即教学内容、教学方法及组织安排应根据大学生的具体情况，灵活设置教学备案、授课方式及作业布置。在教学内容上，教育者要尊重和培养大学生的主体性，顾及大学生的兴趣、能力、需要等特点，结合学生的实际需求选择适合的教学内容。教师依据学生学习效果，安排并调整教学进度，使教学速度或进度与大学生的实际相符合。在教学方式上，从传统的讲授式教学到案例式教学、从理论灌输到认知理解分析、从专题讨论到社会实践，使大学生在思想政治理论课丰富多彩的教学活动中感受到自己被关注、被重视，而不再只是一名单纯的受教者，一个客体。结合大学生实际，凸显高校思想政治理论课的生活化，使大学生的衣食住行、学习和劳动等，都为一套潜移默化的体系所支配。高校思想政治理论课教育应贴近大学生生活，从生活中挖掘生动事例、吸取新鲜事物、展示美好前景，激励大学生同心协力，奋发图强，让高校思想政治理论课充满生活色彩。

（二）让高校思政教学贴近大学生的社会生活

高校思想政治理论课有效教学要做到事半功倍，要以大学生的所想、所思、所感为出发点和落脚点，了解大学生的个性、兴趣、爱好、认知结构、思想水平、思维方式和习惯，分析他们的人生观、价值观、世界观的形成状况，解决他们知识学习过程中的困惑。理应以高校思想政治理论课的教学为载体，创造一个安定团结、和谐发展的生态环境。以良好的校园文化环境感染学生，高校思想政治理论课教育应该坚持寓教于乐，根据高校实际情况，有效挖掘校园资源，有力抵制低俗文化、庸俗文化的干扰，加强校园文化建设。传统的说教与大学生思想认识不兼容，缺少鲜活、生动、贴切的事例，高校应利用校园文化和优秀校友的成长案例及大学生身边的事例展开思想政治理论课教育。同时，建立和完善校园文化建设检查评估制度，把校园文化建设纳入高校思想政治理论课教学评估体系。高校从学校发展和人才培养的战略高度，充分认识校园文化隐性的教育作用，充分认识校园文化建设的意义。一是以健康的校园人文环境激励学生。更新完善高校校史、建设好校史陈列室，运用高科技生动形象地展示高校办学历程，激励大学生继承和弘扬学校优良传统；通过牢记校训、学唱校歌、使用校标、佩戴校徽等方式激励大学生热爱学习；宣扬优秀校友的经历和感悟、创业历程，激励大学生励志报效祖国。二是以完善的校内文化设施教育学生。建设好图书馆、教学场所，优化学习环境，满足大学生成才的需要；举办好大学生运动会、文艺晚会，满足大学生的文化活动需求。三是以良好的校园景观熏陶学生。加强校园规划和建设，使校园的山、水、园、林达到审美和思想政治教育功能的和谐统一。用优美的校园景观激发大学生热爱母校，陶冶大学生关爱自然、关爱社会的情操。在公共场所布置具有内涵的书画、摄影、雕塑等文学作品，营造浓厚的人文景观氛围，增强大学生对校园文化环境的认同感。同时，组织大学生积极投入文明校园建设，积极开展树校园新风的活动，积极开展健康向上的文体娱乐活动，广泛开展课外学术科技活动，将参加校园活动作为大学生思想政治理论课的一部分。

（三）在高校思政有效教学中强化现代信息技术运用

充分利用媒体网络资源，打造思想政治教育的网络平台。随着改革开放的脚步，社会现代化科技高速发展，社会向信息化、网络化方向发展的速度加快，网络文化对大学生的思想影响非常大。应加强校报、校刊、校内广播、校园网、宣传橱窗等的建设，发挥宣传舆论阵地对大学生的影响力。大学生接触最多的要数校园网络，首先，加强校园BBS管理，绝不给错误的观点和言论提供传播渠道，抵制各种有害文化和腐朽生活方式对大学生的侵蚀。其次，对信息进行筛选和辨别。由于网络思想政治教育的特殊性，思想政治理论课教师要运用丰富的理论知识对原始信息中的虚假信息、拼凑信息、夸张信息、模糊信息进行判断和鉴别。再次，建立"红色"网站，构建有鲜明马克思主义观念的"红色"网站，在校园网的主页设置网址链接。让思想政治教育工作者把自己对时事新闻、国家大事及国际关系等的理解和分析发表在网页里，使主流文化实现网络传播。最后，开设思想政治理论课网络课程，网络课程主要是为了增进师生之间的互动，让教育者能及时引导并解决大学生的思想困惑。

对恩施职业技术学院教师师德重塑的思考

恩施职业技术学院经济管理系　秦　亦

摘　要：近年来，我国高校教师师德缺失、教师队伍素质不高等现象频发，引发了广泛的关注和思考。教师师德出现问题，将直接影响学生发展，甚至关系到职业教育的发展，所以亟须对教师队伍师德重塑提高认识，从问题入手，进行梳理，分析产生这些现象的原因，进而针对具体原因分析重塑师德的方法途径。本文结合恩施职业技术学院实际，对教师队伍的思想建设提出合理有效的建议，推进高等职业教育发展。

关键词：教师　师德　重塑

师德即教师职业道德。高校是学校教育体系中的最高层次，因而对于高校教师的职业道德有着更高的要求。师德是高校教师在从事教学、科研、社会服务等职业活动过程中所形成和遵循的，与高校教师的职业特点相适应的各种道德规范以及由此产生的道德观念、道德情感和道德品质之总和。师德是教师何以为教师的根本，不仅仅是教师的个人职业品德，更关乎教育教学的实践工作，甚至是国家教育事业的发展和兴衰。具体到恩施职业技术学院，在职业教育过程中呈现的实际状况包括：学生文化思想整体素质不高、上课纪律意识不强、学习态度不端正、师生矛盾较大等。针对这样的现状，衡量教师师德水平的高低显得更加重要。师者，予以美好，示以希望。教师是帮助学生成长发展的重要参与者。然而现实情况是，面对教学管理问题、行政教学冲突、工作和生活矛盾，部分教师选择消极应对态度，工作热情不高，这正是师德有所缺失的体现，需要引起关注。因此，师德重塑的问题就显得尤为重要，具有实际意义。

一 我国高校教师师德缺失现象分析

（一）教学方面

个别教师"身在其位，不谋其事"。高校教师的第一要务是做好一名教师，教书育人是其首要职责，然而当前的许多高校教师思想信念动摇，不再视"教师"这一职业为自己的事业，简单将其作为一种谋生的手段，并且不去认真钻研教学方式、方法和教学手段，学生受重视程度下滑，教学质量降低。有相当一部分高校教师不注重知识的更新，对现有的教学状况得过且过，甚至是将主要精力投放到自己的第二职业或者科研方面，更多地强调个人主义，注重索取和回报，而不注重集体、学生利益，缺少奉献精神。

（二）科研方面

近些年来，高校学术造假事件频发，引起了大众的广泛关注。例如，部分高校教师为了发表论文，肆意抄袭、夸大研究成果、任意添加作者等行为屡见不鲜。即便是有意认真钻研科研，往往还需要过分关注人际交往，没有人际关系就得不到课题，将纯粹的学术研究变得不再纯粹，掺杂了许多本该不存在的利益牵扯。上述问题在恩施职业技术学院教师科研、评级中也存在。

（三）师生关系方面

学生高中毕业后进入高校学习，无论是生活上还是学习上，对老师的需求都变得更为复杂，学生需要的是更为深刻的指导和帮助。然而，现在部分教师在教书育人方面做得很不够，首先，有些教师在教学中只顾完成教学任务，不管学生课堂纪律、不管学生到底有没有学到知识；其次，部分教师无视学生在生活和心理上的需求，没能及时关注学生的思想发展状况。

（四）人际关系方面

高校教师师德缺失现象还表现在教师与教师的人际关系上，一些教师以自我为中心，与其他教师的正常的人际交往、教育教学、协作团队、科研等方面不能形成良好的交往方式，更没有互帮互助，总是发生一些相互诋毁，侵占他人成果的行为。在日常性的工作上，也是尽量逃避责任，借口推脱，加剧了教师之间的矛盾，不利于正常工作的开展，对整个教师队伍形成消极的影响。

二 我国高校教师师德缺失的原因分析

综合上述我国高校教师师德缺失的现象分析，可推断产生种种师德缺失现象的原因复杂，从教师个人职业道德修养不足到高校教师考核评价不合理，以及管理体制问题等方面均有涉及。

（一）高校教师个人师德修养缺失

影响高校教师师德建设最直接的因素来自高校教师自身。教师的个人职业道德修养属于"自律"环节，如果教师本身不看重师自身德建设，忽视思想道德水平的提升，自律环节缺失，必然造成道德行为的失范。而造成教师本人师德水平不足的原因有：第一，部分高校教师比较注重教学科研能力的提高，忽视了道德修养的提高，其道德水平远低于其业务水平；第二，有一些高校教师由于自身知识结构存在缺失，在人文道德修养方面没能得到重视；第三，部分高校教师受到现今社会的不良风气影响，不能正确地看待师德修养的重要性，选择性忽视这部分的建设提高，产生了不正确的思想行为。

（二）高校教师考核评价不合理

当今大部分高校在对教师建立考核评价体系的时候，并没有将师德规范作为一项考核项目纳入考核体系中。这就意味着不对教师个人提出较高的道德要求，道德修养高低与否完全取决于个人的想法，缺少有效的监督手段。与此同时，在我国的高校教师职称评定和业绩考核中，现有的考核评定依据主要集中在科研水平、教学打分、工作年限等方面，这些考核依据从侧面鼓励高校教师在科研上投入更多精力，甚至是急功近利，为取得科研成果不择手段，同时在教学上不敢要求学生，甚至一味地"讨好"学生，但求学生教学评价打高分等。种种不完善的考核评价体系对高校教师在客观上产生了误导。

（三）高校管理体制存在问题

高校管理体制作为考核评价体系的延伸，在教师师德缺失的问题上同样存在不可推卸的责任。在高校管理，尤其是针对高校教师的管理上，许多高校的基本态度是重实用、轻培训，重科学素质、轻人文素养，重业务能力、轻职业道德修养，因而许多教师存在师德缺失的问题。首先，由于师德得不到应有关注，进而导致教师自身的不重视；其次，高校管理对教师师德缺失产生的问题和后果没能做到及时处理，客观上产生负面效应；最后，高校管理滞后，教师在经济上没有得到足够的保障，促使部分教师发展第二职业，甚至是将重心放在第二职业上，而忽视了教师的本职工作，影响教学。

（四）社会发展的负面影响

社会主义市场经济的高速发展，带动了整个国家的进步与发展，但随之而来的负面影响对当今高校教师也产生了一定的作用。市场经济的发展侧面鼓励追求利益最大化，如果没有正确的指引和监管，个人主义、拜金主义便会滋生。高校教师在这样的社会大环境下，不可避免地容易产生极端的利己思想，一切向"钱"看，一切为利益出发，严重影响了部分高校教师的价值观和道德观，撼动了教师职业道德根基。

三 我国高校教师师德重建的重要途径

从上述原因分析中可以总结出，我国高校教师师德缺失现象产生的主要原因有自身的主观因素，同时伴随着方方面面的客观因素。在思考重建高校教师师德的途径时，应对这些因素加以综合、全面的考虑。

（一）提高思想觉悟，重视师德建设

高校应将重建高校教师师德的问题摆到重要位置，从领导层抓起，对

各个层级的领导、教师进行宣传教育,围绕现在产生的师德缺失现象进行分析探讨,并进行个人的深度评价,形成从整体到个人的全面思考,让每个高校教师都重新认识自我,重视师德建设。

(二) 建立更为有效的考核评价体系

既然高校教师师德修养如此重要,是评价教师教育教学的重要内容,那么师德修养就应该作为考核教师的一项重要指标纳入现在的考核评价体系,例如设置一些辅导学生的课时指标、学生或同行的师德评价指标,同时改善现有的科研和教学冲突矛盾的指标设置,使考核更加完善、更加科学,可以正确指导教师自觉提高师德修养,提高个人素质。这样做,一方面,确立了正确的政策指向,鼓励高校教师在教学、科研、师生关系和人际关系等方面做出更好的成绩;另一方面,可以更好地兼顾业务和素质两者的关系,改善现有的一些利益冲突。

(三) 建立健全的监督机制

好的制度没有有效的监督,一定不能有效的实施。因此,在重建高校教师师德的过程中,必须建立健全的监督机制。监督机制可以从三个方面入手:社会监督,公开透明化高校教师的管理体系,让社会大众与舆论可以进行实时监督,保持通畅的反馈途径,一切阳光化,所谓的阴影也就不复存在;高校监督,高校针对实际制定实施的考核体系,形成有效的内部监督机制,对教师的师德情况有全面的了解,定期走访、重点谈话、加强教育,表彰先进,使高校教师师德建设可以长远保持;自我监督,高校教师思想素质本身已经较高,具有自我监督的基本素质,应该发挥自我监督的能力,对自身的思想素质和师德重建有更好的内部调控,不断完善自我。

浅析职业院校学生管理方法

共青团恩施职业技术学院　　唐燕妮

摘　要：随着职业教育的发展，职业院校的学生越来越多，对于职业院校学生的管理需要引起我们的高度重视。对学生的管理工作是一项长期、艰苦的工作，任重而道远，本文根据学生的特点及现状简要分析了职业院校学生的管理方法。

关键词：职业院校　学生管理　方法探索

在当前形势下，随着职业教育的发展，职业院校的在校生数量越来越多，很多老师抱怨现在的职校学生越来越难管理。这类学生学习成绩不理想，课堂秩序比较差，学习积极性不高，迟到、早退、旷课、上课睡觉、上课玩手机、抽烟、语言粗鲁等现象比较严重，有的学生甚至打架斗殴，经常与任课教师发生争执和肢体冲突。笔者结合自己与学生交流的经验，在此和大家探讨下职业院校学生管理的方法。

一　对症下药，从维护学生的自尊心着手

自尊心是尊重自己、维护自己的人格尊严，不容许别人侮辱和歧视的心理状态。苏联著名教育学家苏霍姆林斯基曾有感于学生自尊心的伤害而告诫广大教育工作者，对待学生的自尊心要像对待一朵玫瑰花上颤动欲坠的露珠一样小心。职业院校的学生特别是中职的学生不同于普通院校学生，文化基础总体比较薄弱，有相当大一部分是在与高中或大学无缘的情况下，无奈选择进入职业院校。他们当中的很大一部分学生从小到大都是家长、教师批评的对象，也是常被同龄人嘲笑讥讽的对象。作为社会中的弱势群体，他们在同龄人中自感抬不起头来，具有较强的自卑心理，有一

种失落感。因为学习基础差，不受人重视，心理很受伤，故他们常以招摇的个性、过激的行为、怪异的服饰等引起别人对他们的重视。总之，这类学生是外在性格张扬，内在性格孤僻，总体性格脆弱。结合这类学生的心理特征，我们不要因为他们学习成绩相对差而对他们冷眼相待，这类学生语言和数理逻辑可能比较差，但是在视觉空间、人际关系或艺术上往往有所长，不能用挑剔的眼光看待学生、训斥学生，这样只会适得其反，使管理工作寸步难行。要相信和尊重每一位学生，以发展的眼光看待学生，对所有学生一视同仁，拿着放大镜去发现学生的优点和长处，以宽容心对待学生的错误。剑伤肉体，话伤灵魂。在批评学生时选择合适的时机和场所，措辞一定要委婉，并且不能点名道姓。在表扬学生时尽量满足学生的虚荣心，做到多鼓励、多支持、少批评、少斥责、少打击，使他们尽可能处于愉悦的心境中，以形成良好的个性品质和行为习惯。要让他们意识到职业教育的前景，逐渐积累信心。只有不伤害学生的自尊心，学生才有羞耻心、争胜心，再利用其独有的向师性，让学生乐意接受我们的教育，改正缺点，才是最成功的教育和最高明的管理办法。

二　依法管理，切实保障学生应该享有的权利

要使学生敬佩你、信任你，必须竭尽所能保障学生的权利，为学生谋取利益。职业院校学生大多数有强烈的自卑感，最怕别人瞧不起，最恨长时间遭遇冷落和不公平的对待，有一种典型的"不患贫穷但患不均"的心理。如果只关注成绩好的学生，而忽略了成绩差的学生，他们就会自暴自弃，更有甚者对同学和老师产生憎恨，在心灵上仇视社会。为了解开学生的心结，使学生喜欢老师，喜欢学习，必须通过公开、公正的民主形式，使学生能够平等地参与到管理过程中来，使他们的各项权利得到保障，合理的诉求和合法权益得到保护，主体地位得到落实，从而激励他们以最大的热情投入到生活和学习中。

具体而言，笔者认为要做好以下三个方面的工作：一是要尊重学生民主参与的合法权利。凡是关系学生切身利益的重大事项，例如奖学金和助学金的评选、班干部的选举、党员的评定、学生课外活动的举行，都要请

学生参与讨论，广泛听取意见，民主集中，做到学生心服口服。二是搭建学院领导、学生管理工作者、班主任与学生沟通联系的畅通的信息平台。没有沟通的平台，学生的民主参与权利就是一句空话。所以应采取定期召开学生代表座谈会、建立QQ群、通过实名或者匿名等信息沟通方式，及时听取和了解学生对教学、管理、生活等方面的意见。尽量满足学生合理的利益需求，一定要想方设法进行疏通，而不是根本不理会。三是要更新育人理念，把学生当作平等权利主体来对待，坚持依法治校、依法管理、依法育人。

三 关心学生，倾听学生心灵深处的渴望

倾听学生心声是学生高效管理的有效途径。现代教育管理大师华莱士曾指出，管理者最应该注意避免出现的是沟通和距离的问题。不善沟通就会影响和谐。在学校管理中，大多数学生管理者在工作中出现的错误都是不善沟通造成的。苏格拉底曾说过，上帝给每个人一张嘴巴，两只耳朵，就是让你多听少说。这个世界上最得人缘的人，不是会说话的人，而是懂得倾听的人。

职业院校的学生一般为16~20岁，很多是第一次离开家庭和父母，在外地独立生活和求学，都有一种孤独的心理。不能简单、粗暴地对待学生工作，要深入学生中，和学生亲切交流，用心倾听来自学生心灵深处的声音，站在学生的立场和角度去思考问题，只有了解每个学生的特点，才能引导他们成为有个性、有志向、有智慧的完整人。苏霍姆林斯基说过，不了解学生，不了解他的智力发展，他的思想、兴趣、爱好、才能、禀赋、倾向，就谈不上教育。如果学生生活在信任中，他便会学会尊重；如果学生生活在怀疑中，他便会自贱。那些外表看似叛逆、倔强的孩子，一旦对教师敞开心扉，总是转变最快的那些。

四 大爱无疆，用爱心拯救处于迷途中的学生

冰心说，有了爱便有了一切，热爱是化解矛盾的最好药方。有一句古

话这样说道:"爱人者,兼其屋上之乌。"老师对学生的爱,会被学生内化为对教师的爱,进而把这种爱迁移到我们所做的工作上。正所谓亲其师信其道而乐其道,爱在教育中具有巨大的能动作用。我们要树立这样一个理念:疼爱自己的孩子是本能,而热爱别人的孩子是神圣。职业院校的学生多数缺少师长之爱、同学之爱、家庭之爱以及社会之爱,在和他们打交道时,不能因为其文化基础稍微差些而轻视他们,更不能因为他们有一些不良的个人习惯而鄙视他们,要从心里接受这些学生,热爱这些学生。必须积极构建尊重人、爱护人、理解人、关心人,乃至塑造人的和谐环境,并从方便、体贴、适合人的需要的角度思考学生管理,一切要求都要从学生的特点或实际出发,体现人性、尊重人权,不能超越学生的发展阶段,不能忽视学生的需要。只有在管理中处处体现以学生为本,急学生之急,办学生之盼,把好事办实,把实事办好,才能形成和谐的力量,才能培育新型的师生关系,从而获得学生衷心的拥护和爱戴。

职业院校学生管理是一项长期、艰苦的工作,任重而道远。世上无难事,只怕有心人,我们无数的教育工作者都切实做到接受职业院校学生,热爱职业院校学生,维护职业院校学生的尊严,保障职业院校学生的权利,我们的职业院校管理水平定会上一个新台阶。

三

专业建设、课程教学改革与评价研究

对高职经管类专业建设的思考

——以恩施职业技术学院为例

恩施职业技术学院经济管理系 曾 稳

摘 要：专业建设是高职院校教学系（部）的中心工作，专业建设在时间、空间、对象三个维度上面临坚守与变革两种态度的选择、校内与校外两个领域的拓展、教师与学生两个群体的激励。坚守的是特色、品牌与优势，变革的是措施、方法与手段。专业建设既要苦练内功，又要巧借外力，整合校内外人、财、物资源"内外兼修"，充分调动教师与学生双方的积极性。

关键词：专业建设 态度 领域 群体

在高职教育事业发展中，对教学系（部）而言，专业建设是纲，是"牛鼻子"。教育、教学、管理乃至服务工作都要服从专业建设这一中心工作。招生、实训、实习和就业工作也要靠专业建设来贯穿。校企合作、工学交替、产教融合、科学研究、技术推广、服务社会、传承文明等众多事项同样要靠专业建设这个拳头来凝聚。对此，笔者尝试从时间、空间、对象三个维度谈谈专业建设上坚守与变革两种态度的选择、校内与校外两个领域的拓展、教师与学生两个群体的激励。以下结合恩施职业技术学院经济管理系专业建设的实际谈谈我们的一些思考，讨教于高职教育界同行。

一、专业建设的两种态度：坚守与变革

专业建设与其他任何工作一样在时间上都有一个如何面对历史、怎样面对现实与未来的问题，这实际上是两种态度的选择，即是坚守还是变

革。各个专业的冷热兴衰与产业升级、经济走势、政策环境、社会发展、文化变迁不无关联。有的专业办学历史悠久，有好传统、好口碑、好基础，如恩施职业技术学院的会计专业，其师资队伍整体素质上具有一定优势：老、中、青三结合的年龄结构比较合理；注册会计师、会计师、资产评估师、审计师+副教授（讲师）的"双师素质"队伍已经形成；"湖北名师引领骨干教师指导新进教师"的传帮带培育措施已经产生良好效果；技能训练上"以赛促教、以赛促学、以赛促管"成绩明显，2012~2015年连续4年在湖北省高职会计专业技能竞赛中取得了团体二、三等奖的好成绩；总结出"行业标准、四轮训练、三阶目标、递进培养"的会计专业人才培养模式。会计专业近三年毕业生的"双证率"在95%以上，就业率在98%以上，用人单位满意度高，社会影响好。这样的专业，我们应该在原有基础之上越办越好，提炼特色，形成品牌。借学院重视、省教育厅特色专业建设项目力推，我们有信心守住阵地、扩大优势，并以此为基础拓宽专业影响，办好财务管理等相近专业，根据区域经济社会发展需求开办相关联的新专业，培育有办学活力、有社会吸引力、有岗位适应力的专业群。这是一种守住阵地、坚持特色、巩固质量、提升影响、办出品牌的发展思路。

与此不同，另外一些专业是随着经济社会发展的新潮流而开设的，根基不稳、市场认可度有限。教学团队在数量、素质等各方面还有所欠缺的专业，我们应该采取"弱则思变"的态度。变革之前先要分析办得不够好的原因。有的可能是人才培养目标定位不准，有的可能是专业技能训练与岗位要求不匹配。例如，恩施职业技术学院开办了15年的电子商务专业，时间不短，但效果不够理想。4年前，通过引入合作单位共建专业，办学规模上稍有起色，但与电子商务网络经济火爆发展的现实状况还是极不匹配。此类专业唯一出路就在一个"变"字。如何应用人单位需求而变，错同类学校定位而动成为我们下一步工作的重点。新路在哪里，出路就在哪里。抓紧行业发展的新机会先人一步，主动出击、寻找突破口。受移动互联网背景下物联网对现代商务的影响而产生的人才新需求可能成为这一专业焕发生机的转折点。跨境电子商务在"一带一路"战略构筑的时代背景下也可能成为一个重要方向。围绕恩施州建设武陵山物流中心的目标，在电子商务专业基础上拓建物流管理专业符合州域经济发展需要。在"十三五"恩施州精准脱贫、竞进小康背景下,在全国大力发展农村电子商务的政策引导下,电子商务专业在区域经济发展中的特殊使命决定了专业的特殊机遇和重要地位。电子商务专业群建设要走好未来之路,就必须在贴近地方、走出国门、精确定位这些方向上进行改变与革新,走出新路子,抓住新机遇,应对新挑战。

二、专业建设的两个领域:校内与校外

专业建设工作从空间上看可分为校内与校外两个领域。校内因素包括:学校重视、学院整体规划等政策环境;专业带头人引领的教学团队建设;校内实训条件、课程建设经费投入等。校外因素包括:国家、省、州各级职业教育政策的落实、争取;行业、企业对专业建设的支持、配合;学生校外实训、实习基地的建设与功能发挥;教师校外实践锻炼的举措、实效;家长、社会对某一行业、专业的认识与评价及诸多政治、经济、文化、教育、社会因素。

专业建设中必须树立校内力量是建设主体,责无旁贷的观念。不能坐等外围环境与条件的突变,只可主动服务企业、推动行业,在产业发展中争取有所为,有所为才能得到更多的支持与帮助。恩施职业技术学院会计专业骨干教师承担了全州财政、税务系统的大量干部培训工作,学院作为全州财会人员培养、培训优秀基地得到社会及行业主管部门的认可,恩施州政府拨出专款优化实训条件也就成为顺理成章的事。反之,市场营销专业人才需求方面,用人单位需求急切,却因为学生人数有限,经常让满怀希望而来的企业失望而去。这种情况如果频繁出现,再多的合作协议也只是张张空文,难有实效。

扩大专业人才需求的调查面,增加人才需求调查的频度,深度分析、科学预测、精准定位,构建校内外专家共同组成的专业建设指导委员会,有效开展人才培养方案论证是发挥校外资源重要功能的关键工作。毕业生中的就业榜样、创业典型、有影响力的校友是拉近校内外距离的关键人物。例如,市场营销专业的一位毕业生通过努力很快成长为初步成功的小

老板，其家乡的一批学生受到触动专程冲着这一专业而来。专业建设既要充分发挥内部资源的作用，又要充分发挥外部人脉资源、物质资源的功效。既要"请进来"：请企业家、行业管理者、优秀校友走进校园、走进课堂、走进教材、走进学生；又要"走出去"：教师走出去，走进工厂、走进岗位、走进市场，学生走出去，走进实践基地、走进公司、走进生产经营服务第一线。认识产品，熟悉工艺，弄清流程。总之，发挥校内、校外两个积极性，按校中厂、厂中校的高远目标来激活内外资源，让师生"内外兼修"。在政校企行的大平台上贯通内外、结合理论与实践，真正实现产教融合、无缝链接。

三　专业建设的两个群体：教师与学生

专业建设的主体是教师，教学活动的主导在教师，其中教师是一个广义的概念，不仅包括教学名师这样的专业带头人，还包括一大批具备"双师素质"的骨干教师，甚至于老中青相结合、传帮带相延续的整个教学团队。不仅包括专业教学团队，还应该包括校内思政教育、公共文化方面参与综合素质培养，参与服务育人、管理育人的全体教师。恩施职业技术学院近些年实施的"有效教学、实效育人、高效服务""三效工程"正体现了全员育人的理念。公共课部数学课老师对会计专业学生授课时量身定制教学内容，普通话课老师为市场营销专业学生开设营销语言技巧课程，都是很有说服力的例证。学院刚刚实施的政治辅导员制度定会在专业人才培养中产生很多优秀的典型。另外，还有校外实训、实习指导教师也是专业建设中不可或缺的一支队伍。恩施职业技术学院会计专业的几任"楚天技能名师"就是其中的突出贡献者。

近日，教育部刚刚发布《职业学校教师企业实践规定（试行）》。该规定要求职业学校（包括高职院校）专业课教师要根据专业特点，每5年必须累计不少于6个月到企业或生产服务一线实践的时间，没有企业工作经历的新任教师应先实践再上岗。专业教师走出校园、融入行业、走进企业、贴近岗位、跨界锻炼学习提高。校内教师走出去，校外专家请进来，这样一支内外结合、专兼配合的教师队伍，将是专业建设的中坚力量。

学生是专业建设不可缺少的参与者，更是受益者。办学当以学生为本。培养出一大批优秀毕业生，服务地方经济建设才是专业建设的根本目标。就高职教育学生培养而言，专业技能是其就业核心竞争力；工作态度、职业道德是决定其未来职业生涯发展的关键；个人情商、综合素养是影响其人生道路的根本。职业教育对学生的评价标准与基础教育不同，也应该有别于精英教育。精益求精的职业品德的修炼，良好习惯的养成，诚信务实、乐于服务、感恩社会、阳光心态的形成都是高职教育专业人才培养要规划实现的目标。泰戈尔说："播种行为，收获习惯；播种习惯，收获性格；播种性格，收获命运。"恩施职业技术学院长期坚持的"文明修身，学风建设"两项工程对于提高学生综合素质产生了良好效果。

在高职学生的成人、成长、成才、成功的发展之路上，教师要改变学生认为职业教育低人一等的自卑，要特别注重培养学生的自信。2015年5月的第二周是我国首届"职业教育活动周"，其主题是"支撑中国制造，成就出彩人生"。这一活动的开展，其目的是要在全社会弘扬劳动光荣、技能宝贵、创造伟大的时代风尚，形成"崇尚一技之长、不唯学历凭能力"的良好氛围。高职教育工作者要站在这一高度来提高学生的自信，提高学生的专业技能，指引学生的人生航向。

总之，坚守与变革是相对的，坚守的是特色、品牌与优势，变革的是措施、方法与手段。专业建设既要苦练内功，又要巧借外力，整合校内外人、财、物资源，创造软硬件条件，开放办学，合作共赢，以"拿来主义"为我所用。延聘"外脑"，寻求外援，"内外兼修"。充分调动教师与学生双方的积极性，培育一支"双师"结构、专兼结合的师资队伍，让学生学得一技之长，初步养成职业素养，形成阳光自信的良好心态、培育吃苦耐劳的可贵品质，耕耘职业教育的春天。

会计教学 高职教育与恩施经济发展

恩施职业技术学院经济管理系 李双权

摘 要： 经济越发展，会计越重要。随着恩施州经济的快速发展，尤其是硒产业的飞速发展，需要更多更优秀的适合恩施州经济特点的会计人才，怎样培养出一批走出学校就能承担起为恩施州经济发展服务的高素质技能人才就显得尤为重要。这让作为教师的我们不得不思考，在我们的课堂教学中要如何通过不同的教学方法和教学案例，在传授一般的会计专业知识的同时，让同学们能够对恩施的经济发展形成清晰的认识，接触到各种产业发展中涉及的会计专业知识并熟练运用，同时愿意为当地的经济发展做出贡献。

关键词： 高职教育 会计教学 区域经济 融合发展

随着恩施经济的飞速发展，会计显得尤为重要，恩施州对会计的需求也越来越大。因此，越来越多的人开始学习并研究会计，在高等职业教育中，学习会计的人数所占比例也越来越大。从近几年的招生状况来看，会计财务管理专业的学生人数还在稳步上升。而对于普遍的高职学生而言，他们是基础教育的失败者，缺乏自信。在学习上他们主要有以下特点：基础薄弱，缺乏学习兴趣，学习目标不明确而且没有什么进取心，没有良好的学习习惯和学习方法，学习自制力差，以及学习无压力不努力。对于会计这个学科来说，既要求学生具备专业理论知识，也要求学生掌握实务技能。会计这一行业随着经济的发展也在不断地进步发展，这就要求学生与时俱进，时刻关注社会的经济发展动向，理解掌握最新的会计准则，并据以实施。这就需要培养学生对会计学科的浓厚兴趣，让学生自觉地学习，并能举一反三，根据会计准则的变化更新自己的会计知识，这样学生才不至于在激烈的社会竞争中被淘汰。恩施当地硒产业的大力发展，要求学生在掌握会计理论知识之外,还需要根据不同行业产业的发展需要更新变通会计专业技能。因此,对于高职教育的研究对高职学校会计教学的提升尤为重要,有助于学校向恩施州输送更多的有知识、有技能的会计人才。那么,到底怎样才能培养出一批刚走出学校就能承担起为恩施州经济发展服务的高素质技能人才呢?

一 会计与高职教学——会计教学方法的改变

目前的会计教学方法主要就是一些传统的教学理念在会计教学过程中的运用实施,并没有与恩施州的经济发展结合起来,因此,笔者尝试分析研究出一些既能够结合恩施州产业发展,又能够培养学生多方面会计素养的常见的教学方法。

(一) 注重师生合作

首先,能注重师生合作,最重要的就是要能激发学生的学习兴趣,对职业院校的学生来说更是如此,只有学生有浓厚的学习兴趣,师生才能有良好的互动,互相促进,一起进步。其次,教学讨论、补救教学法也是促进师生合作,提升教学效率的良方。通过对学生的了解,很多学生选择会计这个专业并不是出于自己的兴趣,而是家长的意愿,他们自己本人对会计与当地发展并没有清晰的认识,这时候通过老师的适当引导,很可能会让他们对恩施当地的经济发展感兴趣,对会计这门技能感兴趣。

(1) 激发兴趣法。激发兴趣法,简单说来就是激发学生的学习兴趣。会计是一门实用性很强的学科。在会计核算过程中,会计人员需要根据国家的会计准则来进行会计科目的设置、会计处理等。因此,就会计本身而言,这是一项比较乏味的而且灵活性不高的工作。怎样才能激发学生学习会计的兴趣,使会计教学生动活泼呢?一堂课能够高效顺利进行下去,能够让学生高度配合,关键是要能够吸引学生的注意力,那么最重要的就是激发学生的学习兴趣。会计老师在组织教学过程中,应该注重激发学生的学习兴趣。一般来说,在内容引入的时候就要抓住学生的注意力,激发学生的求知欲。在会计教学中,做到这一点无疑也很重要。比如说,对刚接触会计的学生来说，他们对会计还一无所知，能否抓住学生的注意力，激发学生的学习兴趣，是学生能否学好会计的基本前提。在这种情况下，一般可以通过让学生了解学习会计的好处来激发学生的学习兴趣。教师可以通过一个贴近生活的例子来让学生了解学习会计的好处。例如，学生离开父母进入学校之后，家长总共给一个月400元的生活费，要吃饭，要买日常用品，要娱乐，要聚会，怎样计划各项开支才能使自己生活不至于拮据呢？同样，在各企业单位，也需要把收入开支等都记录好、算清楚，借鉴已有的会计资料，才能知道利润是多少，以后应该怎样开支才能获取最大的利润。一般来说，在内容引入的过程中，采用设问或者疑问的方式比较容易激发学生的学习兴趣。在内容讲解过程中，对于高职学生来说，运用贴近生活实际的实例来进行讲解比较容易激发他们的学习兴趣，他们也比较容易理解。在内容总结的过程中，一般采取引导学生自己总结的方式比较容易激发学生的学习兴趣。需要注意的是，教师不能为了激发学生的兴趣而忽略掉主要内容。笔者曾经听过这样一堂课，为了引入应收账款，老师举了一个"傻子瓜子"的例子，但是他花了大量的篇幅去讲年广久如何创业，而不讲在企业的经营过程中与其他企业的资金往来。这些内容虽然很能吸引学生的注意力，但往往让学生抓不住重点，毕竟这是一堂会计专业课而不是励志班会。同样是引入应收账款，另一个老师就举例说，假设A同学开了一家硒产品加工公司，B同学开了一家硒产品销售公司，B找到A说，想购买A的公司生产的硒成品，但是又没有钱，A经过对B的信用、还款能力等进行评估后，同意把产品赊销给B，那么B所属公司因购买这批产品而未来要付给A所属公司的这笔钱就是一笔应收账款。在整个引入的过程中，随时提问学生，与学生保持良好的沟通交流。这样的引入就相对简洁明了，既对新知识做了一个铺垫，还能吸引学生的注意力，激发学生的学习兴趣。所以，在教学的过程中不能因为想让课堂变得生动有趣而忽略了讲课的重点。

（2）讨论法。讨论法是学生在教师的指导下为解决某个问题而进行探讨、辨明是非真伪以获取知识的方法。在整个讨论的过程中，教师的指导和学生的参与互动决定着讨论是否有效。因此，师生合作在讨论法中尤为重要。会计有很多定义、分类等，都是"死知识"，就这样讲起来是比较死板而且无趣的。为了达到良好的师生互动,加强学生的理解,很多时候,老师会让学生进行讨论。中职学生其实很富有想象力,他们曾经是不受老师关注的孩子,有的比较没有自信不大敢于发表意见,有的破罐子破摔,胡言乱语,但是他们都渴望得到别人的认可,尤其是老师的认可。因此,只要能激发他们的想象力,关注他们的想法,他们很乐于与老师互动,学习记忆起来也比较轻松。

在实践讨论教学的过程中,作为老师,需要注意以下几个方面:不要讲解、不要模糊不清、不要有任何偏向、不要害怕沉默及不要误解沉默。不要讲解,就是说在讨论之前老师尽量不要讲解,让学生有足够的发散思维的空间。不要模糊不清,一方面是指讨论的主题要明确,老师要让学生明确讨论的问题是什么;另一方面是指老师自己要能明确学生最终讨论出的结果的是非对错,老师不能对讨论结果不做解释。对于会计来说,更要求精准,切忌粗心大意。不要有任何偏向,一方面是说在讨论之前,老师不能用自己的观点来限制学生的讨论,在讨论的过程中也不能说谁的观点正确,谁的观点不正确;另一方面是说在讨论后,要公平对待每一个讨论结果,尊重每个学生的意见,才能激发学生下次的积极配合。不要害怕沉默,是指如果在讨论过程中,学生沉默不发表意见,在这种情况下,老师不用害怕担心。讨论本来就是一个思考再表达出来的过程,沉默不代表没有思考,不代表没有观点,尤其对于没有什么自信的高职学生来说,他们犹豫不定是很正常的。不要误解沉默,其实就是说,在讨论的过程中,如果学生沉默,老师不能随便就根据自己的臆想而妄下结论,否则讨论根本就不能很好地服务于师生合作,只能是浪费时间。

在会计教学过程中,很多时候运用讨论法都能很好地提升学生学习的兴趣,起到活跃课堂、提升教学效率的作用。而且,在组织讨论的过程中,把学生分组,然后分组讨论,进行结果比较并结合奖励机制,会给学生积极配合参与提供很好的动因。值得注意的是,老师也要积极参与到讨论的过程中,聆听学生的讨论,适时恰当地给予启发,让学生不至于偏离讨论点。在讨论结束后,老师要注意评价整个讨论,对讨论结果根据具体情况进行分析讲解。比如说,在学习原材料的分类时,让学生分组讨论,举出一个课本上没有的原材料,并指出属于哪一类。这时候老师就要针对学生的每一个讨论结果进行讲解分析，不然，学生就不知道自己的结论到底是否正确，不利于教学。但是，如果讨论的问题是会计专业中的贴现，如老师提问企业资金短缺，手中有未到期的商业汇票，企业应该怎样融资。那么对于讨论结果，就应着重于把商业汇票转让出去，再加以引导，转让给金融机构（一般为银行），这种行为就叫贴现。由此可见，在处理讨论过程和讨论结果时，要根据实际教学情况来具体决定。

（3）补救教学法。补救教学法，是指在教学过程中出现了错误或者漏讲了某些知识时，采取的一些补救措施。俗话说，人无完人。在教学过程中，谁也不能保证不出现差错。关键是在面对这些差错时，老师应该如何应对。在处理各种教学差错时，要注意区分是知识性的错误还是普通的没有讲清楚、漏讲等。对于高职学生来说，第一印象是很重要的，而且他们也不一定时时刻刻保持着集中的精神听课，很可能断章取义，而会计是一门相当严谨的科目。所以，作为老师，我们要不断提升自己的知识素养，避免知识性的错误发生，万一发生了，也应当及时采取措施补救。比如说，在讲现金折扣的时候，对于2/10，1/20，n/30，有个老师这样解释，在10天之内付款，给欠款人2%的折扣，20天之内付款给1%的折扣，30天之内付款就没有折扣，还原款。对于这样的错误，最好的方法就是在最短的时间内及时修正错误，并且通过课后作业的情况来检查学生是否出现理解偏差。在作业的讲解过程中，反复强调正确的理解，纠正学生的错误理解。

对于一般的教学中的小误差，只需要在适当的时候提出来，引起学生的注意就行了。因为，如果本来只是很小的地方出现差错了，老师却反复、刻意地强调的话，会让学生怀疑老师的知识素养，不利于师生合作，不利于教学活动的高效率进行。比如说，有个老师在讲应收票据的到期日的计算的时候，漏掉了强调月末对月末这个特殊情况。但是在习题中出现了，很多学生都做错了。老师在讲解习题的过程中强调一下，再补充说明这是对月对日的特殊情况，并要求学生做题时要考虑到这点就行了。

（二）实践是检验真理的唯一标准

在教学过程中，师生合作是进行高效率教学的前提。在具体会计教学过程中，教师还要注重学生的实践。毕竟高职学生是马上就要踏入社会的人了，但他们思维的角度还不够广。只有提升自身的实践经验，才能在未来的竞争中脱颖而出。而且，在实践过程中，能够把理论课程中的东西运用起来，有助于学生以后加强理论学习，因为他们终于能认识到理论知识不是没有用的，学好理论知识对自己以后的就业和工作有帮助。在理论教学过程中，运用案例教学法，有利于学生对理论知识的理解与掌握，并且能为实践做铺垫。在具体的实践过程中，运用实训教学法，可以让学生对实际的运用有具体的亲身体验。

（1）案例教学法。案例教学法，是指以案例为基础的教学方法。会计教学过程中，对于经济业务的会计处理，运用案例进行分析讲解是最有效的。但需要注意的是，要注意案例选择，案例的难度要适中，要有利于巩固复习学习的知识。其实，案例教学法在会计教学中的运用很普遍，尤其是在经济业务的会计处理过程中。在这里，要特别说明的一点是，对专业术语的讲解等也可以运用案例分析来帮助学生记忆，有助于学生更好地理解。比如说，在讲应收账款的确认的时候，可以运用这样的例子，在当当网上购物，采用货到付款的方式，我们在收到货款时应付的钱是含有运费的，而对于销售商来说，运输公司帮忙运输货物，是要给运费的。这样就有利于帮助学生理解应收账款包含代垫的运费。

在使用案例教学法的过程中，要根据教学对象的基本情况来决定选择案例。一般对于中职学生来说，选择的案例要有针对性。中职学生的知识范围有限，东西越多，他们越混乱，越不易掌握，针对性强的案例才有利于高效率的教学。比如说，在讲经济业务的类型的时候，每种类型举一个例子，就比某一种类型举两个例子，另一种类型不举例子达到的教学效果好。而且，在使用案例帮助学生理解的时候，最好使用贴近生活的例子，这样理解起来比较容易。离生活太远的东西，太没有真实感，学生们不易接受，也不易将其转化为自己的知识。比如说，在讲预收账款的时候，运用学生到网吧上网，在网管处预先存10元钱来举例就比运用××公司向××公司销售商品预先收取一部分钱好理解。

在学生对细微的知识点都详细了解之后，就可以用一个连贯的关于硒产品加工的公司的日常经济业务的处理的例子，让学生既对一个公司的常规运作有一个大致的把握，又能变通地去应对各种变化。这对培养有助于恩施州发展的高素质会计人才是非常有利的。

（2）实训教学法。实训教学法，是指让学生们运用一定的资料，自己亲身体验，把理论运用于实际。一般实训教学法在会计电算化、基础会计的学习中比较实用。比如说，在基础会计课程讲解了相关的经济业务处理后，给学生一些相关的经济业务，以及相关会计凭证，让学生模拟登账、过账、记账等过程，亲身体验会计处理的流程，并得出正确的结果。在这个过程中，既可以检验学生在学习理论知识中的一些漏洞，也可以提高学生的动手能力，发现理论知识在实际运用过程中需要注意的问题。而在会计电算化的教学过程中，让学生自己动手完成一套从建账到日常账务的处理，再到期末结账的账务处理，学生就会对会计电算化软件比较熟悉，明确会计账务的计算机处理方法。在这个过程中，学生就会发现一些平时跟着老师做的时候没有发现的问题。比如说，不指定会计科目就不能对银行存款和现金的出纳签字等。只有发现了问题，学生才会去想为什么出现这种情况。对于中职学生来说，他们能跟着老师一步一步重复就很不错了。所以，只能让学生们在自己动手的过程中去发现问题，然后自己解决或者在老师的帮助下解决问题，这样学生们的记忆才会深刻，避免下次再出现同样的问题。

在会计教学过程中，有很多知识都需要学生在实际动手过程中去体验，去运用。尤其对于高职学生来说，理论的知识对于他们来说太枯燥了，他们更喜欢自己动手尝试，在尝试的过程中，教师对其加以引导，更有助于他们掌握所学知识，运用所学知识。不过，中职学生可能不同于循规蹈矩的学生，所以在实训过程中，教师要注意引导学生进行每一步操作，要随时注意提醒学生避免其犯错。在学校，实训的时间有限，教师要尽量做到在最短的时间内，让学生高效率地完成实训所应该达到的效果。教师可以采用分组合作，各组之间就最终结果进行评比，辅以奖惩办法，既能让学生在整个实训过程中树立竞争意识，又能提升学生完成实训的效率。

同时，要有针对性地选择实训资料，我们可以选择适合恩施州发展的商业企业和生产企业的常见经济业务来进行实训，根据岗位不同分工，建设相关的实训室，如虚拟社会商业环境的 VBSE 实训。必要的时候，我们可以自己设计和编制相应的实训资料，力争为恩施州的经济发展做出更优质的服务。

(三) 情境—情感

在生活中我们会发现，不管做什么，投入了情感去做一件事比被逼无奈不得不做某件事的效率要高得多。而会计这门学科，相对比较单调重复，烦琐乏味，它不像语文一样比较容易感染人，也不像数学一样有明显的逻辑。尤其是对于高职学生来说，他们的自控力不够，也没有那么强烈的责任感，如果他们不想学的话，也不会逼着自己去学。因此，让学生们将情感投入到教学过程中就尤为重要了，当然，投入的情感不能是厌恶的情绪。而情境教学法和角色扮演的方法就比较适合中职学生，也有利于学生们投入情感到教学过程中，从而提高教学效率。

(1) 情境教学法。情境教学法的关键就是创造一个有助于学习的情境。创造适合的情境是成功教学的关键。通常可以采取以下途径：生活展现情境、实物演示情境、图像再现情境、音乐渲染情境、表演体会情境以及语言描述情境。会计教学中，在学习账务处理的过程中，带学生们实际参观企业会计的实际过程；讲会计凭证的填写时，向学生们展示真实的会计凭证；讲错账更正方法时，给学生们播放视频等都是创设情境的好方法。在会计教学创设情境的过程中，教师需要注意以下几点：情境尽量贴近生活实际，便于学生入境；情境针对性明显，对于学生解决问题有很明确的帮助；情境尽量真实，便于学生接受。而这些情境，都可以和我们恩施当地的社会商业环境联系起来。

创设了一个好的情境之后，需要注意的就是如何利用这个情境达到最好的教学效果，即让学生投入到情境中去。比如说，在讲到商业折扣的时候，就硒博会的硒产品打折宣传广告来进行讲解，既能让学生们了解硒产品又能吸引学生注意力，从而使其快速投入学习，提高教学效率。

(2) 角色扮演法。在语文、英语等学科的教学中，角色扮演法已经屡见不鲜了，但是在高职会计的教学过程中，这种方法还不多见。不过，这种教学方法无疑能够提高学生的参与度和配合度，从而提高教学效率。这种教学方法显然容易让学生集中注意力，投入情感。比如说，在讲解原材料收发业务流程的时候，把全班同学分组，分设 8 个角色：供应商（两个）、采购员、运输员、质检员、仓管员、会计及领料员。在采购过程中，一方面，采购员根据采购计划对供应商进行评估之后选择供应商，供应商把销售发票和货运单据交给采购员，采购员又把销售发票和货运单据交给会计形成原始凭证。另一方面，供应商发出材料给运输员，运输员把材料运回采购公司，交给质检员进行质量检测，质量检测合格之后交给仓管员，仓管员检测数量，数量合格之后入库，然后把材料验收入库单交给会计形成原始凭证。整个材料采购过程到此就完成了，细心的同学就会发现材料验收入库单和销售发票、货运单据并不是同时交给会计的，那么在这里，教师就可以把外购原材料的几种情况提出来，引导学生思考这几种情况下的账务处理是否一样等，这就有利于后面的账务处理的讲解学习。而采购一旦发生，相应地，财务部门就应该根据付款计划向对方公司办理支付结算，如此就又把前面学习的支付结算的几种方式结合在一起了，有利于学生复习学过的知识，巩固掌握。入库后，到使用材料时，领料员就向仓管员提供材料出库单，仓管员审核后发出原材料。其实，对于学习会计的高职学生来说，他们中的大部分毕业后可能一时当不了会计，但是多让他们了解整个企业的工作流程，可以帮助他们不管以后进入什么岗位都能很快适应。对于自己经历过的事，我们往往记忆清晰，因此，角色扮演是一个可以很快让学生入情入境的好方法。

在使用角色扮演教学法的过程中，教师要注意化繁为简。就拿上面的角色扮演来说，对于原材料收发的流程最好是用流程图来展现，学生一目了然，教师讲解起来也比较容易，思路清晰。而且，我们知道实际的业务流程不是三两句话就说得清的，也不是简单的课堂时间就演示得完整的。因此，教师在设计角色扮演的过程中要注意有重有轻。还有，每个学生都是一样的，在设计角色的过程中，要保证每个学生都能参与到整个教学过程中来，不能厚此薄彼。这样，学生就能入情入境，在学习中领悟，在领悟后提高，教学效率就自然提高了。

（四）教、学、做合一

教，教师的职责。学，学生的本职。做，教学过程中教师教学，学生学习。教、学、做合一也就是要求教师和学生高度配合,对教师、对学生都提出了相对比较高的要求。作为教师,需要具备相关的专业知识素养,而作为中职的会计教师,除了要具备专业知识素养之外,还需要一定的专业技能素养。毕竟,职业教育的目的就是培养一批有素质、有技能的,具有实践经验、能力和职业资格的人才,那么教师的职业技能水平高低就直接影响到学生的技能培养。比如说,在学习点钞的过程中,教师点钞的速度很快,学生会由衷的佩服,就产生了前进的动力,毕竟有教师的成效摆在那儿,学生会主动提高自己的技能水平。如果教师自己都做不好,学生就不能心服口服,因为只停留在理论层面是教不好学生的。所以,现在的高职学校对"双师型"的教师需求比较大。而对于学生来说,在学习会计知识的过程中,要主动寻找机会去实践,学校也应当多提供学生实践的机会。学生要不断提高自己的技能水平,考会计从业资格证等,高职学生在学历上面没有优势,就只能从专业技能上面下功夫,这样才能在激烈的竞争中脱颖而出。

总的来讲,很多教学方法都是适合高职会计教学的,关键看会计教师在实际会计教学中如何去运用它们,让它们为提高教学效率而服务。在学生专业知识提升的同时,有意识地培养学生对当地经济发展的关注。当然,能够为会计高职教育和恩施州经济发展服务的教学方法还有很多,还需要我们在教学的过程中不断地去探索、发现和尝试。

二 会计高职教育与恩施州域经济发展——融合

对于会计这个职业,必须要有相应的从业资格证书,因此在教学的过程中,避免不了的要课程、考证相结合,这样才能培养一批能够从事会计工作的人才。但是随着社会经济状况越来越复杂,很多知识需要我们去变通才能适应发展的需求,那么让学生能快速上岗、成长起来的必要条件就是要和实践相结合,把最具代表性的恩施州硒产业的发展作为素材融入日常的会计教学中,让学生在面对没有接触过的事物时不至于不知所措,既能把专业知识与恩施当地经济发展结合运用,也可以适应经济社会发展,举一反三,提高专业对口就业率。

同时，我们除了在教学素材的选择上可以选择最具代表性的硒产品加工企业之外，还可以在素材拓展方面，开展关于介绍硒产品的相关课程，对于外地学生，他们在了解硒产品的好处之后讲给家人，也相当于给产品做广告。

总而言之，要把会计高职教育与恩施州经济发展结合起来不是一蹴而就的，需要教师在会计教学中不断地去尝试、去总结。会计教学方法有很多，到底什么教学方法更适合，什么样的素材更有效，需要会计教师在实际运用中去探索，灵活根据教学内容、教学目标选择最适合提高教学效率的教学方法。

加强课程开发与建设　提升课程育人质量

恩施职业技术学院教育教学督导室　廖红菊

摘　要：随着现代职业教育体系的建立与完善，高职教育要发挥处于中等职业教育与本科职业教育之间"承上启下"的作用，必须准确定位，由"规模型"转为"质量型"，加强内涵建设，提升办学水平和质量。专业建设是学院内涵建设的核心，而课程建设是专业建设的落脚点，加强课程建设与开发，提升课程育人质量，在学院培养人才中至关重要。

关键词：课程的地位与作用　课程要素　途径　课堂质量

一　课程在高职专业人才培养中的地位与作用

高职课程体系中，课程分为文化公共课程、专业基础课程、专业核心课程和专业拓展课程（选修）四类。通过四类课程的教育教学，实现高素质、高技能人才的培养。

文化公共课程在专业人才培养中具有基础性、素质性和专业性作用。基础性体现在让学生具备一定的文化公共素质，为专业课程的学习打下基础，为学业上的继续深造奠定基础，有利于学生的终身发展；素质性体现在增强学生的数学、语文等学科能力，完善品质、人格和修养，提升人文、数学、身心和职业素质，促进学生全面和谐可持续发展；专业性体现在文化公共课的教育教学要充分反映职业教育的特点，教育教学中要尽可能地围绕专业需要，注重文化公共课程在专业上的应用，做到职业教育与终身教育、课程教育教学与职业精神对接。

专业基础课程的任务是让学生具备专业基础知识，为学习专业核心课程打下基础，有利于学生的专业学习以及毕业后适应社会发展与科学技术发展的需要。专业基础课程教育教学中要加强课程内容与职业标准、学历证书与职业资格证书的对接。

专业核心课程的主要任务是增强学生专业知识，培养学生的专业技能和岗位职业能力，培养学生的职业就业能力，为学生在专业上的学习深造和就业奠定基础。专业核心课程的教育教学中要加强教学过程与生产过程、职业教育与终身教育的对接。

专业拓展课程是学生选修课程，主要目的是拓展学生的专业能力，强化服务学生的发展。

二 高等职业教育课程建设的要素

高职课程建设的要素包括教师、学生、教学内容及载体、教学环境条件、课程教学方式与教学手段、实验实训条件、课堂教育教学和课程质量监控与效果评价等。

（一）教师是强校之本

百年大计，教育为本；教育大计，教师为本。优良的师资队伍是课程建设、提高教学质量的根本保障。教师是课程的研究者、计划者、实践者和建设者。通过校内外培训、到企业实践锻炼、"传帮带"、组织教学技能比赛等，促进青年教师成长，培养校内教学名师，聘请行业或企业专家，建设结构合理、教育观念先进、责任感强、学术水平较高、相对稳定的"双师型"师资队伍。

（二）学生是主体

学生既是教育的对象，又是学习的主体，是知识的建构者和实践者，是课程教学质量评价的主体。"学生的起点就是教师的出发点"，从"一切为了学生"到"一切问问学生"。课前了解和分析"学情"，课中关注和调节"学情"，课后反思"学情"，充分调动学生的学习积极性，注重学生自主学习能力的培养，促进学生全面和谐发展。

(三) 教学环境是保证

教学环境是课程教育教学得以开展的外部环境，是保证课程教育教学正常进行的基本条件，对课程教学质量具有支撑作用。教学环境既包括以校园环境、教室环境、实训室（基地）环境为主要内容的硬环境，也包括以教风、学风、考风、班风、系风、校风为主要内容的软环境。在硬环境的建设中，为满足专业课程教育教学的需要，加强教学做一体化教室、实训室、校外实践基地的建设；针对高等职业院校学生实际，要加强以"教风、学风、考风"为主的软环境建设。

(四) 教材是核心

教材是课程的核心内容，要充分体现专业性和职业性，注重课程内容与职业标准的对接。教材主要包括课程标准或教育教学计划、教科书、单元教育教学设计方案及参考资料等。课程标准或教育教学计划是实施课程教育教学的重要依据，它是教研室或课程负责人主要依据相关专业人才培养方案而拟定并在课程教育教学改革与实践中不断完善的，指导教师实施课程教育教学的纲领性文件；教科书和单元教育教学设计方案是教材和课程体系改革的集中体现，是课程教育教学的基本依据；参考资料是完成课程教育教学任务的重要辅助。

(五) 方法与手段是桥梁

课程教学方法与教学手段是课程教育教学实施的方式方法。教师要树立正确的课程观、教学观、学生观，以学生为本，不断探索，选择适合学生的教育教学方法，因材施教。教育教学方法和手段的选择，必须符合课程、内容和学生实际，强调"学中做，做中学"。既要注重知识和技能的形成，又要注重课程的育人作用；既要体现高等性，又要突出职业性。

(六) 实训条件是保障

实训设备及场所是课程实践教学实施的重要保障。高职教育中知识与能力并重，学生的专业能力主要是通过实训、实践培养而形成的。培养高技能人才，必须抓好实训、实践环节的教育教学。

（七）课堂是主阵地

课程教育教学是第一课堂，第一课堂是实施课程设计的主阵地，是实现专业人才培养方案的支架。但高职学生是一个较为特殊的群体，主要表现在学习兴趣不够浓、学习动力不足、学习方法不当、学习习惯不良等方面，要对症施教。课堂中做到教学目标、教学方法、教学进度与学习目标、学习方法、接受程度相吻合，在师生互动中营造轻松愉快的学习氛围，以激发兴趣，突出重点，突破难点，增强学习能力，形成知识和技能，达成教育教学目标。校园文化活动和社会实践分别是第二课堂和第三课堂，它们是第一课堂的延伸和补充，重在培养学生的人文素质和职业素养。

（八）监控与评价是措施

课程质量监控与效果评价包括教师的教和学生的学的质量评价，评价主体多维，主要有教师、学生、专家和用人单位。课程质量监控的主要目的，是对课程的课堂教育教学及课程建设状况进行检查和评价，有效促进教师课堂教育教学水平、教学环节设计水平的提升，提高课程教育教学质量；以考试考核为基本形式的学习质量监控与评价既是检查学生的学习效果、督促学生学习的基本措施，也是教师教学效果的重要衡量标准。其中，对学生学习效果的评价还要注重知识与能力形成过程、态度与情感的评价。

三 课程建设与开发的途径

课程建设是高职内涵建设的关键性因素，是课程教育教学质量的根本保障。

（一）建立合格课程标准

要求所有开设课程必合格，所有教师必独立或参与建成一门合格课程，将"课程合格"作为课程准入的条件，作为教师中级及以上职称评聘的必备条件之一。合格课程标准中应包括相关专业人才培养方案（由专业带头人提供）、课程标准或课程整体教育教学设计、课程各单元教育教学设计等要素。课程标准或课程整体教育教学设计中应准确阐述本门课程在相关专业人才培养中的地位和作用，课程教育教学目标，课程整体教学设计的理念、依据，教材教参使用情况，课程建设的计划与目标，教学内容与学时分配，教育教学方法与教育教学手段，教学考核与评价，教学效果，教学特色与创新等方面。单元教育教学设计因课程类型和内容的不同其要求有所不同，但课题或任务、教学目标、教学过程设计、突出重点、突破难点、教学方法与手段、目标考核检测方法、学生练习等基本要素是必备的。

（二）建立精品课程申报与验收标准

要求每个专业至少建成两门及以上院级精品课程，可纳入教研室、专业带头人和教师的评优（或晋级）加分条件。建立课程负责人制度，组建课程建设团队，在合格课程的基础上，加快建成一批精品课程，实现优质课程教学资源的共建与共享，打造优质课程品牌。

（三）支持和鼓励创建省级、国家级精品课程

建立激励机制，借省级、国家级名牌专业、教改专业之势，努力建成一批省级、国家级精品课程，打造课程品牌。

（四）加强教学研究，开发校本课程资源

高职院校科学研究的重点是教学研究，让"教学出题目，科研做文章，成果进课堂"。教学课题研究源于课程教育教学需要，课程教育教学为课题提供研究素材，教学课题研究促进课程教育教学改革，教学课题成果充实和丰富课程教育教学。组建课程建设团队，加强教学研究，让课题与课程、教研与教学相辅相成，相得益彰，开发校本课程资源。

（五）开发"产业"特色课程

从一定层面来讲，"高职教育就是区域经济发展的教育，其可持续性

是对区域经济社会的适应、促进和引领，其使命在于通过人才培养、社会服务，促进区域经济社会发展"。做好专业与产业的对接，围绕恩施州烟草、茶叶、畜牧、清洁能源、生态文化旅游和信息六大产业，优化专业设置，开设与地方产业结合紧密的如硒产品生产与加工等特色专业。在特色专业中开设硒产品的生产、加工、储藏与销售等特色课程，专兼职教师、行业专家共同开发烟草、茶叶、马铃薯、牲畜等富硒产品的生产、加工、储藏、销售等特色教材，丰富优化教学资源。

（六）提炼课程特色

加强教学研究，组织召开提升课程教育教学质量经验交流会，总结、挖掘、交流、示范、推广课程教育教学成功经验，提炼课程特色，有效提升课程教育教学质量。

（七）开展教学比武，增强教师课程建设能力

在教师中开展"说课程""课堂教育教学""课程设计"等教学技能比赛，增强教师教学基本功，提高教师课程建设能力，有效促进课程建设。

四 科学管理提升课程教育教学质量

育人质量是学院的生命线，课程教育教学是决定学院育人质量的关键因素，课程教育教学质量是课程建设的终极目标。而课堂教育教学是实施课程教育教学的主阵地，课堂教育教学质量是课程教育教学质量的决定性因素，加强课堂教育教学管理是提高课程教育教学质量的根本保障。

（一）完善教学检查制度

完善期初、期中、期末教学检查制度，实行教研室普查，系部、教务处和督导室抽查制度。督促教师课前准备充分，保证课程教育教学的计划性，课后有教学反思，不断充实和丰富教育教学资源，改善教育教学方法。让"三期"教学常规检查落到实处，收到实效。

（二）加强教育教学巡视

系部、教务处、督导室、学院值班组要不定期地巡视课堂教学情况，及时了解、发现、妥善处理教学中需要解决的问题与不足，维护正常的教育教学秩序。

（三）完善课堂教学标准

课程教育教学的价值在于促进学生成长。根据课堂教育教学实际，教学标准中应注重是否因材施教，是否对学生学法有要求有指导、学生参与度如何等关键性因素。系部、督导室和学院值班组要经常深入课堂听课，根据课堂教学标准进行评价。

（四）发挥教学评价的作用

完善学生、同行、专家的多维评价机制和评价标准，发挥教学评价的导向、诊断、调节和激励作用。科学合理的评价标准具有导向作用，通过评价，找出课程教育教学中的问题与不足，分析原因所在，提出解决、调节或改善的方法，指出师生努力的方向；通过评价，分析找出并充分肯定成功之处，激励和推动师生继续努力。

课程建设是学院内涵建设的重中之重，要将课程建设规划纳入专业建设发展规划之中，学院要建立课程建设制度，规范和提高课程建设质量，提升课程教育教学质量，提高高职教育人才培养质量。

电子商务专业校企合作模式探究

恩施职业技术学院经管系　黄　睿

摘　要：校企合作是我国职业教育发展的大趋势，也是职业教育改革的方向。但目前我国大部分院校的校企合作还停留在形式上，没有实现两者的有机融合。本文就电子商务专业建设校企合作模式如何实现院校和企业的有机融合进行了探究。

关键词：电子商务　校企合作模式

校企合作是学校与企业建立的一种合作模式，它以市场需求为导向，以提高学生的综合能力和就业竞争力为重点，合理利用职业院校与企业不同的环境及资源，将企业与院校的资源有机融合，培养适应社会发展需要的高级应用型人才。校企合作是我国职业教育发展的大趋势，也是职业教育改革的方向。但目前我国大部分院校的校企合作还停留在形式上，没有实现两者的有机融合。本文就电子商务专业建设校企合作模式如何实现院校和企业的有机融合进行了探究。

一　传统校企合作的模式

（一）"工学交替式"培养模式

该模式是校企双方在长期合作过程中逐步形成的一种人才培养模式。因为经费有限，不可能每个学校都建立完备的校内学生实践基地，而企业又迫切需要相关人才，所以校企双方订立协议，把企业作为学生的实习基地，学生在校接受理论知识与初步的技能培养，更高一级的技能培养则由企业来承担。这种合作模式的局限性是学生在企业的安全及教育无法保障，企业更多的是将学生当成普通工人来用，无暇顾及学生的安全及教育问题。

（二）"订单式"合作培养模式

该模式是由用人单位提出"订单"，由学校按照用人单位提出的要求、数量进行培养。教学计划由校企双方共同制订，根据岗位知识结构、能力结构和素质要求确定培养方案，构建理论和实践教学体系。这种培养模式的局限性表现在企业投入到院校教学计划及教学体系建设的时间、精力有限，很多情况都是由院校代办，因而这种合作模式也停留在形式上。

（三）"校企互动式"培养模式

该模式是企业主动为学校培训教师，参与企业技术革新，参与企业的项目，教师在培训中掌握了前沿技术与知识，能很好地与社会及市场需求接轨，这种模式解决了师资的问题，教师通过企业培训，了解了市场前沿技术，再回到学校教学就显得得心应手。这种培养模式的局限性表现在企业的主动性不够，对教师的培训显得极为被动。

（四）"校企联合式"合作培养模式

该模式是由学校与用人单位共同办班的一种办学形式。在这种培养模式下，企业与学校成了办学的伙伴，双方共同出资、共同建设。学校得到了企业办学经费及师资支持的同时，企业则得到了符合自身人才规格需求的未来的高素质技能人才，校企双方成了利益共同体。这种培养模式的局限性表现在企业与院校的目的不同，企业的目的是尽快赚取利润，院校的目的是尽量培养更多的人才。另外，院校合作的单个企业对人才的需求量也不够。

二 电子商务专业校企合作遇到的困境

（一）职业院校与电子商务企业目的不对等

在经济高速发展的今天，电子商务企业以追求显著的经济效益为首要目的，而对于技能型人才，虽然也有需求，但由于财力、物力、人力的限制往往重聘用、轻培养。传统的校企合作模式对于企业来说，由于无法带来明显的经济效益，因此其内部驱动力显得尤为不足。企业一方面极其渴求人才，另一方面又不愿花过多的财力及人力投入培养。对于职业院校来说，其目的主要是培养人才，解决就业。但就目前传统的校企合作模式来看，职业院校对于校企合作也是不满意的。一方面，企业的动力不足，表现冷漠；另一方面，企业对学生的安全及培养不够重视，近些年由企业的疏忽导致的实习学生生命财产及健康受到威胁的事件屡见不鲜。

（二）电子商务单个企业对学生需求量不足

对于职业院校来说，其核心目的之一是解决就业，而电子商务企业与院校合作，自身能消化的就业人数有限，电子商务企业岗位并不像很多生产型企业对于毕业生的需求是批量的，这就导致电子商务专业学生实习或就业都存在供大于求的矛盾。

（三）校企合作培养的人才与社会实际需求脱轨

目前，大部分校企合作模式仅停留在形式上，在电子商务课程设置及课程体系构建上并没有完全结合社会及企业的需求，一方面企业急需电子商务应用型人才，另一方面院校电子商务专业学生找不到合适的工作。

三 职业院校新型校企合作模式探究

基于以上分析，职业院校与电子商务企业之间的出发点及实现目的不同，导致上述问题出现。职业院校的基本需求表现为提高学生的技能、解决学生就业，同时不增加学生成本，不增加院校师资负担；电子商务企业的基本需求表现为需要即时上岗的电子商务专业应用型人才，并且不增加企业的物力、财力、人力负担。为调和两者之间的矛盾，我们探索出一种新型校企合作模式，即三方校企合作模式。

三方校企合作模式是指由专门的一家企业以双方的需求为出发点，在满足双方需求的同时实现自身的利益。三方校企合作模式的优势表现在以下几点。

第一，作为中间方的企业以双方的需求为出发点，如此既能满足院校的需求，又能满足企业的诉求。该企业作为中间方将双方的利益整合，一方面为众多电子商务企业和院校提供桥梁，满足院校的需求，包括学生实习实践、教师培训、学生就业；另一方面又能为电子商务企业提供优秀的电子商务人才，满足电子商务企业对人才的需求。

第二，作为中间方，该企业有充分的人力、物力、财力投入，一方面紧密联系电子商务企业，了解其岗位需求、岗位设置、人才标准、人才缺口以及发展方向；另一方面可以将其掌握的信息与院校课程体系相结合设置相关的专业及核心课程，并开展一系列的师资培训、师资注入、线上线下辅导、学生跟踪等工作，为职业院校电子商务专业提供更好的服务，保证院校在电子商务专业建设的执行与实施。

可见，三方校企合作模式有效地整合了企业与职业院校的资源，有效解决了双方的利益冲突点，作为中间方的企业将有着不同需求及目的的企业与院校很好地联系起来，成为联结两者的纽带。

四　三方校企合作模式案例

厦门优优汇联信息科技有限公司是三方校企合作模式的代表，一方面，它以电商实战教学平台为依托，为职业院校电子商务专业提供电子商务教学与实战系统平台，成立学生创业基金，创建了"电商人才成长树"新型电商人才培养模式。为了更好地配合各职业院校电商人才的培养，提供真实工作环境与运营支持，优优汇联还增设校园小邮局、校园O2O电商创业实践基地以及校园电商文化周等增值服务。另一方面，优优汇联还与品牌企业合作，建立深度联系。例如，优优汇联与特步集团合作，承办了"特步杯"全国电子商务实战技能大赛，在扩大影响力的同时为学生提供海量的实习及就业岗位。优优汇联在电子商务教学领域积累了极其丰富的经验，形成了完善的知识体系和科学的方法论系统，现与厦门大学、厦门理工学院、厦门电子职业中专、天津财经大学、威海海洋职业学院等学校进行了深度合作，并深受企业及院校的好评。

为专业课服务　深化公共基础课教学改革

恩施职业技术学院公共课部　何启明

摘　要：清楚地认识公共基础课在新的教育体系中所处的地位和作用，明确公共基础课与专业课之间的关系，找准公共基础课与专业课的结合点，树立公共基础课为专业课服务的理念，是高职院校公共基础课教师所面临的首要问题。因此，公共基础课教师必须改变传统的教学观念，树立公共课为专业课服务的新理念。围绕培养专业兴趣、稳定专业思想、促进专业学习、提升专业技能水平、培养职业能力、增强人才素质方面开展工作，发挥公共基础课对学生职业能力培养的基础性作用，实现提高学生的综合素养、使学生具备可持续发展潜力的公共基础课教学改革目的和专业教学培养目标。

关键词：公共基础课　教学改革　服务专业　目标实现

高等职业教育肩负着培养面向生产、建设、服务和管理第一线需要的高技能人才的使命，学生不仅要掌握从事本专业领域实际工作的专门知识、基本能力和基本技能，还要掌握必备的基础理论知识。在高等职业教育教学中，要处理好基础理论知识与专业知识的关系，既要突出专业人才培养的针对性和应用性，又要让学生具备一定的可持续发展能力，因此，清楚地认识公共基础课在新的教育体系中所处的地位和作用，明确公共基础课与专业课之间的关系，找准公共基础课与专业课的结合点，树立公共基础课为专业课服务的理念，是高职院校公共基础课教师所面临的首要问题。高职公共基础课是高职院校实现高职教育培养目标不可或缺的重要环节，也是高等职业教育课程体系中的重要组成部分，担负着提高学生文化素质和综合职业能力的重任，是促使学生学好专业课的前提和必备条件，也是培养学生的综合素质、创新意识和创业能力，形成良好的道德风范和爱岗敬业品质的重要途径。高职院校是以培养高等技术应用型人才为目标，公共基础课必须成为专业课的基石。因此，发挥公共基础课对学生职业能力培养的基础性作用，能够提升学生的综合素养，使学生具备可持续发展的潜力。然而，由于高职院校公共基础课在教学计划、课程设置和教育模式上沿袭学科教育模式，过分追求基础知识的系统性和完整性，其培养目标、教学方法等没有体现出高职高专院校的课程特色，忽视了对学生职业能力的培养，造成了公共课教学与专业课教学脱节的问题。因此，公共基础课教师必须改变传统的教学观念，树立公共课为专业课服务的新理念。

一 高职院校目前开设公共基础课的现状

（一）高等职业学校的课程结构和模式仍然是以学科型课程体系为主

学科型课程体系即围绕某一专业开设公共基础课、专业基础课、专业课、实习实践课。这种结构注重知识的系统性，但没有充分体现不同专业需求、不同培养目标和不同就业方向的专业在公共课、专业基础课、专业技能课和实习实践课程之间的比例分配差异，无法适应职业岗位群职业能力培养的全面要求，与用人单位的要求有差距。目前，高职院校设置的课程虽然能让学生学到知识和技能，但还不能适应新形势下职业能力培养的要求，应拓宽基础，多方面地培养学生的职业能力。

（二）忽视公共基础课对职业能力培养的作用

公共基础课在教育教学中的功能与专业类课程的功能不一样，它最主要的作用是承担提升学生综合素养方面的任务。高等职业教育毕竟不能等同于职业培训，如果只着眼于短期的利益，必将影响甚至最终阻碍高职教育的健康发展。公共基础课与专业课在高等职业技术教育工作中充当的角色不同，但是不少高职院校存在重专业课、轻公共基础课的现象；目前大多数高职类学校的公共基础课程都是"在夹缝当中求生存",课时严重不足,教学规模过大;公共课师资缺乏,有些高职院校的公共课教师每周的课时在 18 节以上,最多的达到 24 节以上;部分高职院校为了弥补公共基础课教师的师资不足,盲目扩大班级的授课规模,严重影响了公共基础课对职业能力培养作用的发挥。同时,公共基础课课程体系缺乏科学性,仅仅充当了专业课的基础或者补充,公共基础课对职业能力培养的重要性未能得到充分体现。

二 充分认识到公共课教学在职业能力培养中的重要作用

目前,我国高等职业教育中的公共基础课程主要由"两课"、语文、外语、高等数学和计算机等课程组成。公共基础课在高职人才培养中所体现的作用主要有以下几个方面。

(一) 培养专业兴趣,稳定专业思想

刚刚步入高职院校的部分学生存在对所学专业不感兴趣、专业思想不稳定的问题。培养专业兴趣、稳定专业思想不仅仅是学生管理部门的事情,也是公共基础课教师的一项重要工作任务。学生入学第一学期的课程大多数是公共基础课,作为一名公共基础课教师,在讲课过程中应注意培养学生的专业兴趣,稳定学生的专业思想,帮助学生树立专业观念,鼓励学生热爱所学的专业,帮助学生进行职业生涯规划、树立良好的择业观。另外,公共基础课教师在教学中还要培养学生高尚的道德情操、刻苦学习的精神和科学的学习方法,以便学生能更好地学习专业课程。

(二) 促进专业学习,提高专业技能

公共基础课是学习一切自然科学和社会科学的基础,是学习和掌握其他学科知识的必备课程。高职教育虽然重在培养学生的职业技能,但任何一种技能的培养、发展和提高都是要建立在一定的文化基础之上的。作为高层次的职业教育,学生要学习掌握现代化的生产、管理或服务技术,就

必须在已有的高中阶段知识的基础上进一步拓宽基础知识。在现代社会中，产业结构和技术结构变化迅速，职业和岗位也处于不断变化之中，一个人终生只从事一项工作已变得越来越不可能，个人无法预知自己将来从事何种工作，如果只掌握一门相对固定岗位的专业技能，必然会使视野过窄，职业能力受限，难以适应不断变化的就业市场。因此，学好公共基础课，是将来转岗、创业、立业的前提条件。高职教育对于每个学生来说都只是终身学习的一个环节，所以高等职业学院在教学中必须为学生接受更高层次的教育乃至终身学习预留出一定的发展空间，在这方面，公共基础课有着不可替代的作用。

（三）培养职业能力，增强人才素质

高职教育除了要培养学生的专业技能，还须注重学生职业能力的培养。职业能力是指职业角色从事一定岗位工作所需的个体能力，它由知识、理解力和专业技能等诸要素构成，并作为一个有机整体综合地发挥作用，仅具备其中任何一种孤立能力要素都难以完成职业活动。职业能力包括社会适应能力、人际交往能力、动手能力、竞争能力、管理能力、经营能力、开拓创新能力等。而高职院校要培养学生的职业能力，就要精选必需的社会知识、心理学知识，把人文社会学等基础知识和科学理论有效地结合起来。

加强公共基础课的建设还是素质教育、职业道德教育的需要。国际21世纪教育委员会向联合国教科文组织所提交的报告中提出了未来教育发展的"四大支柱"，即学知、学做、学会共同生活、学会发展。2005年11月，国务院前总理温家宝在全国职业教育工作会议上发表重要讲话时明确提出职业教育要认真贯彻党的教育方针，全面实施素质教育。要搞好以敬业和诚信为重点的职业道德教育，学习必要的基础理论知识。在我国现阶段，大学生个人主义倾向严重，缺乏诚信，协作精神差，国家观念和集体观念淡漠，同时他们正处于世界观、人生观形成的关键时期，开设公共基础课程，尤其是人文课，有助于大学生树立民族观念、大局意识等正确的政治思想观念，提升诚信、敬业、团队、勤奋等职业道德水平。

三　积极开展公共基础课为专业课、特色班服务的教学改革

（一）更新公共课教学观念

为贯彻教育部《关于全面提高高等职业教育教学质量的若干意见》的文件精神，按照学校的总体部署，根据学院课程设置的状况，我们认为公共基础课教学要为专业课教学服务、为特色班服务，公共基础课要根据专业课的设置情况进行适当的调整。全体公共基础课教师要从全局出发，树立正确的服务理念，明确公共课与专业课的关系，不断深化课程教学改革。对公共基础课设置改革达成共识：拥护学院教学改革，努力提高教学质量。

（二）改进公共课课程设置

在短短的二三年高职教育时间内，既要完成一定量的公共基础课、基础理论课的教学，又要完成对学生实践技能的培训，任务十分艰巨。要顺利达到高职教育目标，就必须进行合理的课程设置。而高职公共基础课由于涉及面广、学时多，又直接关系到学生素质培养和今后工作的基本能力，因此其课程设置就显得重要而困难。应根据行业、企业和专业系部特色班级需求，推进落实工学结合教学模式的教学改革，调整课程设置。坚持教学以技能为中心，专业课、文化课教学为技能课教学服务，调整教学计划，突出实践教学，提高实践教学比例。教学改革和课程设置应关注行业、企业和特色班的最新发展，根据企业对技能型人才的需求状况和基本要求，结合职业技能鉴定考核大纲，突出本专业领域的新知识、新技术、新流程和新方法，及时调整教学内容和课程设置。在课程的难度和广度方面，遵循"实用为先、够用为度"的原则；在教学内容上，删繁就简，面对实际，讲求实效。职业技术学校的培养目标是培养具有一定工程实际能力的"实用型""应用型"人才。例如语文课，要在传授学生语言文学知识的同时，教给学生终身受用的"做人"的道理，在众多优秀作品中，选择既有艺术性又最能呼唤良知、给人以生命启迪的作品。在文学作品的学习中，除了使学生了解文学知识，感受人事、景物形象外，更要让学生感

悟人生，认识社会，唤起学生的生命意识和社会责任感，使学生在获得审美享受的同时自然而然地陶冶情操、净化灵魂。课堂教学与课外活动相结合（如辩论赛、美学讲座等），将一般培养与职业能力培养结合起来。

（三）改进教学手段、教学方法

公共课教师要与专业带头人积极沟通交流，了解专业培养目标，分析专业所需要的能力结构，详细了解专业教学计划、课程体系，了解该专业学生从事工作所需要的基本文化素质和基本能力素质，充分认识自己所授课程对专业能力和素质培养的作用，寻找基础理论知识与专业知识的结合点。首先，要调整教师、学生在教学中的地位。公共基础课的教学中，要在发挥教师教学主导作用的同时，突出学生的主体作用，鼓励学生大胆探讨，以造就具有鲜明个性和创新精神的人才。其次，要注重教学方法的改革。因材施教，积极实行启发式、讨论式、参与式教学方法，从教材和学生的实际出发，有计划、有步骤地引导学生独立地进行分析和汇总，教给学生获取知识的方法，为学生创造积极思维的条件和思路。再次，要注重教学手段的改革。加强现代教育技术、手段的应用，加快推广计算机辅助教学的使用，实现教学技术和教学手段的现代化是提高教学水平的重要内容。数学、语文、外语三个基础学科因专业和特色班级的不同要开展多样化的教学改革。如机电、建筑工程类专业对数学知识的要求要高一些，数学课就应在"计算机＋数学"上多下功夫；旅游专业对英语口语和韩语口语要求高一些，外语课就应在跨文化交际、口语教学上做文章；有的专业和特色班级需要加强应用文写作和口头表达能力训练，语文课教学就应注重这两项能力的训练，还可安排学生参加普通话等级考试，通过考取资格证书增强就业竞争力。总之，在任何一门公共课教学中，都应始终坚持"工学结合，服务就业，服务专业"的宗旨，以适应社会需求为目标，以培养专业技术能力为重点，设计课程方案，进行教学方法上的改革。

（四）丰富第二课堂，促进学生职业能力的全面发展

第二课堂活动是课堂教学内容的延伸和补充，是一种育人模式的新探索。高职院校应结合各院校的专业特点，有目的地开展第二课堂活动，如

成立数学建模协会，普及数学建模知识，组织学院数学建模比赛；举办应用文写作大赛，开办文学讲座，对学生的文化素养进行潜移默化的培养；开展周末英语角活动，为学生锻炼语言表达能力、交往能力提供平台；学生自发组织的各种社团活动，由学生自己组织、自己管理。这些活动不仅丰富了校园文化生活，而且学生在活动的过程中提高了创新能力、解决问题能力、独立思考能力、参与能力、语言表达能力、团结协作能力和组织、管理、协调等能力。

（五）开展教学研讨和研究

利用教研活动的平台，开展语、数、外三科教学改革研讨，把如何上好特色课作为常态化的教研课题。公共课部所属的三个专业教研室要主动与专业对接、与特色班对接，上好特色班的特色课。

（六）改革成绩评价方法

传统的考试方式以理论考试为主，缺乏对教学效果的多层面的评价，因此考核的结果不能准确地反映教学的实际效果。改革后的成绩评价方法应坚持开卷、闭卷相结合，口试、笔试相结合，还可以有答辩、论文等多种形式；考试题以分析应用型为主，着重考查学生综合运用所学知识解决实际问题的能力，促进学生个性与能力的全面发展。考试的内容、方式要能反映出学生的独立思考能力和理解、分析、解决问题的能力，体现出高职的特色；同时还可以与实际情况相结合，通过真实案例分析，培养理论和实际相结合的能力。

浅谈钳工实训课操作技能的培养

恩施职业技术学院电气与机械工程系　方世兵

摘　要：本文结合20年钳工教学实践经验，从具体的教授方式和教学过程的计划两方面出发，分析论述了对职业院校钳工操作技能的培养。在具体教授方式中要以项目为载体，以任务为驱动，加强基本功、综合技能、心理素质的训练及创新能力的培养。在教学过程的计划上，要着重于教材的编写和学生训练考核。

关键词：钳工实训　综合技能　创新能力　训练考核

钳工实习教学有利于培养技校学生系统的操作能力和创造能力，有利于培养学生的创新意识、创新能力。笔者基于20年来教学实践的经验总结，从教师对学生的具体教授方式和教师对于整个教学过程的计划两个方面出发，探讨了对于钳工操作技能的培养。在对学生的具体教授方式中，采用以项目为载体、以任务为驱动的模式，加强了基本功训练、综合技能训练、心理素质训练和学生创新能力的培养四个方面；在教学过程的计划上，则着重于教材的编写和学生训练考核。

一　基本功训练

基本操作技能是进行产品生产的基础，也是钳工学习专业技能的基础，学生对此必须熟练掌握且能熟练运用。钳工担负着技术革新、改进工具和工艺、提高劳动生产率和产品质量的任务，如没有过硬的基本功是无法承担这一任务的。基本功训练必须做到循序渐进，从易到难，从简单到复杂，严格按照课程要求操作。在进行钳工技能训练时要着重注意以下几项基本功的学习。

（一）尺寸精度的控制

尺寸精度的控制在钳工操作中占有极其重要的地位，尺寸精度是保证产品质量的重要因素，尺寸达不到要求，工件就会成为废品。上课时可以采用举例的方法引导学生，比如说一位工人在加工一批轴类零件时，由于没有考虑到工件会受热胀冷缩的影响发生变形，致使工件尺寸超差了 0.02mm，一大批零件因此成为废品，给单位造成了重大经济损失。学生在加工工件的过程中，如果尺寸超差，还会影响下道工序，所以在进行单项任务训练时，一定要把尺寸控制在公差范围之内。具体操作时要合理选择加工工具，多测量，开始可不考虑加工速度，慢慢把尺寸控制在公差范围内。当学生对尺寸精度有一定控制能力时，再不断提高加工工件的精度等级，促使学生精心操作，认真加工，提高操作技能。

（二）形位公差的控制

平时训练时许多学生只重视尺寸，而忽视形位公差，事实上形位公差如平面度、平行度、垂直度等达不到要求，将会影响到尺寸精度。通过对钳工操作教材以及钳工技术等级考试试题进行分析可以看出，形位公差的要求比较高，特别是对于装配件，形位公差精度更是重要的技术参数。因此，进行项目训练时，学生必须掌握形位公差的控制方法，同时还要兼顾尺寸精度的要求。训练形位公差的控制能力，一定要严格要求，不断提高实习考核的评分标准，从严扣分，要让学生感到取得好成绩很不容易，这样才能培养学生吃苦耐劳的奋斗精神和手脑并用的学习精神。

（三）操作速度的控制

钳工操作训练必须考虑操作速度，没有速度等于没有效率。因此，进行钳工项目任务训练时，工件必须在规定时间内完成，要达到这一要求，平时训练时对工件要进行分解，即钳工工艺安排，如加工一个尺寸需多少时间，锯割、钻孔、锉配等需要多少时间等，要做到心中有数，合理分配加工时间。通过逐步缩短工件的工时定额，促使学生合理操作，不断提高操作的熟练程度。

二 综合技能训练

为使学生毕业后能尽快适应岗位工作，在操作实习时必须注重学生综合技能的训练，目的是使学生综合运用已掌握的单项操作技能，进一步提高和巩固钳工综合技能，使技能和技巧逐步达到熟练程度。为达到这一训练目的，主要采取以下两种方法。

（一）进行综合项目训练

综合项目训练，能反映出一个学生基本功的掌握情况，以及分析、解决问题的能力，对学生专业能力的培养具有关键作用。要以职业为导向、以任务为驱动，合理选择项目。例如，制作六角螺母、凹凸配锉、八角榔头、扩孔、铰孔等，学生在制作过程中不但掌握了相关的工艺知识、零件制作工艺，还熟悉了产品的装配过程。加强综合项目训练是促进理论与实践紧密结合的有效途径。综合训练时实习过程为：布置任务→学生独立操作训练→教师启发性指导→任务完成→分析评价→学生总结经验。

（二）进行多工种训练

在车工实习中，必须强调人身安全和设备安全，在进行设备安全讲解时，就要把车床的基本结构和传动原理给学生交代清楚，让他们知道三箱一体是由部装到总装，最后到安装调试，让学生了解和理解钳工的基本功和综合技能技巧的必然联系。在电焊实习中，要让学生认识到电焊实习在表面上看是物体变大变长的物理变化，实际上是在焊缝处发生的化学冶金反应，使焊缝金属的化学成分和金相组织发生变化。让学生明白焊接后焊缝变硬，不易进行锯销、锉销加工，其原因是高温改变了金属晶格排列，从而引起了金属材料硬度的变化。

三 心理素质训练

一些同学在钳工操作的过程中往往会发生这样或那样的错误，如看错图纸、画错线等,甚至有的同学开始操作时会感到无从下手,这种情况大部分是由于心理素质不稳定引起的,所以在平时训练时要注重心理素质的训练。在实际训练中主要采取以下三种方法:一是模拟考试,限定操作时间,准备好工具、量具、材料后,要求学生在规定时间内把工件加工好,规定时间内不论有没有做好都要把工件交上来,然后讲评,通过反复考试,增加学生的操作经验,使学生心理素质得到提高。二是以点带面,在班内选出几个技能掌握熟练的尖子生,重点指导,利用尖子生帮带其他学生。三是以面带点,对信心不足或进步较小的小部分学生,采用鼓励和重点辅导的方法,以面的提高带动点的提高。

四 学生创新能力的培养

技能训练中要注重培养学生的创新意识。所谓创新意识,是指一个人根据社会和个人发展的需要引起某种创新动机表现出来的创新意识和愿望。要树立学生进行创新活动的信心,克服学生对创新活动的畏难情绪,打破学生对创新的神秘感。笔者在教学中列举了许多优秀毕业生的先进事例,如恩施山泰水电设备制造有限责任公司10人的技术革新小组中,有两人就是恩施职业技术学院的机电专业毕业生,像这样在生产实际中的创新事例,特别能引起学生的共鸣,从而进一步激发了学生进行创新的兴趣和内在动力。

技能训练中要引导学生质疑解析问题"学起于思,思源于疑"。学生求知的思维过程是从问题开始,又在解决问题中得到发展的。在技能训练中要针对学生的心理特点,进行启发和鼓励式的教学,启发学生从提问开始,培养学生善于质疑的精神。在教学中创造机会,让学生多提问,发表不同的见解,要充分发挥教师的引导作用和学生的主体作用,以此培养学生的个性,使学生成为有特点、有个性、有创新能力的人才。

在实习教学中培养操作兴趣及技能技巧。教师除了精心组织教学外,更应注意随时采取措施培养学生的学习兴趣,提高学生的学习积极性、主动性和创造性,发挥他们的最大潜力。操作兴趣及技能技巧是培养创新能力的前提条件,没有兴趣就没有学习的动力。笔者从学生在恩施职业技术学院的第一学年下学期起就开始组建钳工兴趣小组，并且每学期组织一次钳工技能比赛，学生自愿报名，以此来培养他们的操作兴趣，在班内形成一种学技术、比技能的良好风气。钳工操作项目灵活度较高，操作时要用到一定技巧，如工艺尺寸的换算、角度的测量等，因此学生在进行基本训练的同时，要进行技巧训练。还要培养学生分析、解决问题的能力，让学生多进行工艺安排，从安排工艺的过程中发现问题。同时，教师对一些操作技巧进行重点、详细的讲解，并说明为什么要这样做，以开阔学生的思路。

五　技能训练教材的编写和考核

教材是教师和学生之间进行教学活动的蓝本。教材的编写应该以项目为载体，以任务为驱动，把生产现场的新方法、新工艺、新设备、新技术及时加入进来，使教学更贴近实际，克服传统教材重理论、轻实践技能的弊端，将精讲多练的原则体现在教材中。职业院校毕业生多数在生产一线从事技术工作，因此，一体化教材要围绕生产单位的实际做文章，同时，也要和国家的技能等级鉴定标准相配套，既体现技术工人的要求，又体现技术员的素质要求，从而保证学生学到新知识，掌握新技能，达到或超过国家规定的等级标准。还要保证教材在整个教学过程中体现系统性、实用性、可操作性，将理论教学、电化教学、实际技能操作训练融为一体，突出能力目标。

技能训练课不仅要求学生掌握一定的理论知识，更重要的是考核学生掌握技能的程度，包括技术等级标准、动手操作的熟练程度、工艺水平、处理技术问题的能力等，这方面的考核不像单纯理论考试那样容易把握考试尺度，应采用综合评分标准：考勤占10%，实训态度占10%，实际操作考试占60%，实训总结报告占20%。各个技能训练室可根据自己训练的实际情况对成绩组成比例做适当的调整，其中每一项的具体内容应量化并与现场实际操作技能相吻合，为学生毕业后应聘和直接上岗做好准备。

总之，钳工专业技能的训练要以项目为载体，以任务为驱动，加强基本功的训练、综合能力的训练、心理素质的训练，技能与技巧相结合，训练与考核相挂钩。与此同时，注重培养学生的严谨作风和创新能力，使其在校是优秀生，在岗是优秀技工，为企业发展和国家建设输送优秀人才。

企业设计　学校代工　精准培养

——基于恩施职业技术学院数控技术专业特色办学的构想

恩施职业技术学院电气与机械工程系　杨学智

摘　要：恩施职业技术学院的数控技术专业和全国兄弟院校的数控技术专业一样，在这短短的10年中经历了一个由急剧增长期、稳定发展期、快速回落期到小规模维持期的起伏跌宕的办学过程，决定其兴衰的因素不外乎是经济因素、政治因素和社会因素。只有增强信心，采取有效措施，抓住市场机遇，革新办学模式，破解办学困局，才能真正实现恩施职业技术学院数控技术专业特色办学的构想。

关键词：信心　机遇　措施　模式　困局　特色

一　困局

恩施职业技术学院的数控技术专业于2005年正式开设，到2015年刚好10年。10年就一个学院的办学历史而言并不长，但恩施职业技术学院的数控技术专业和全国兄弟院校的数控技术专业一样，在这短短的10年中经历了一个起伏跌宕的办学过程，包括急剧增长期（2005~2006年）、稳定发展期（2007~2008年）、快速回落期（2009~2011年）和小规模维持期（2011年至今）。

是哪些因素决定了数控技术专业办学兴衰周期呢？总体来说是这三个：经济因素、政策因素、社会因素。

恩施职业技术学院数控技术专业在2005年至2008年处于旺盛阶段，原因是：政策上，教育部大力扶持数控及相关专业的办学。经济上，国家在这几年正处于经济高速发展期，我国在这几年逐渐变成世界制造业的中心。社会因素方面有两点：一是恰逢我国1988~1992年人口出生的峰值阶段适龄人口入学期,是最近可能也是最后的一波人口福利高潮;二是数控技术类人才在那个年代的确是稀有人才,相对于其他专业有一定的薪酬上的优势。

在2009年以后,数控技术专业急剧降温,也是这三个因素综合作用的结果。政策上,教育部不再扶持高职教育,数控专业也不再是重点发展的专业;经济上,国家经济增速放缓,出口萎缩,面临内需不足的困境,这一点可以从图1的PMI指数变化看出端倪;社会因素上,适龄学生人数大幅减少,数控类专业技术人员的薪酬不再具有优势。

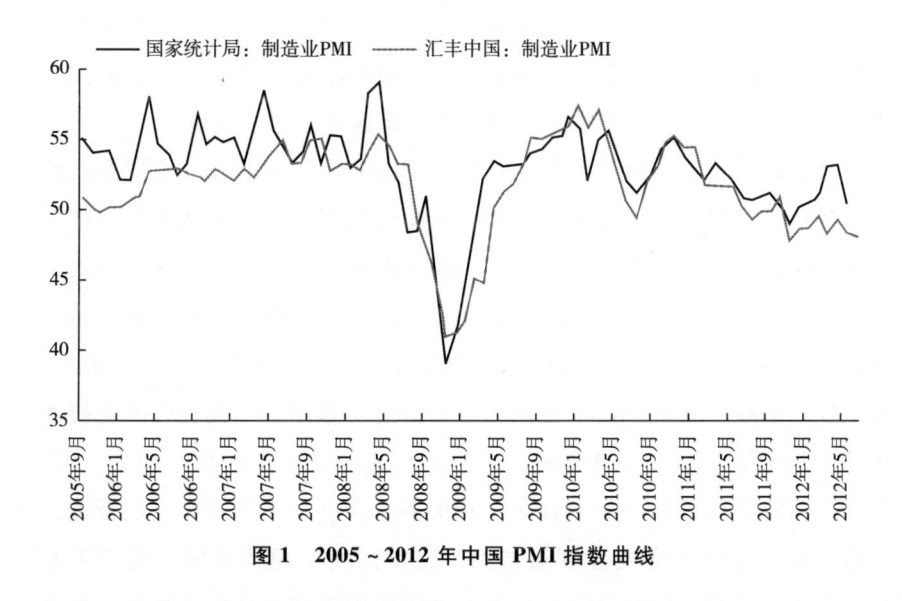

图1　2005~2012年中国PMI指数曲线

恩施职业技术学院的数控专业目前正面临困局:招生规模小、招生层次单一、办学资源单薄、毕业生就业专业对口率低、毕业生就业薪酬无比较优势。更大的担忧在于,造成困局的各个不利环节会相互影响、相互"感染"导致困局恶化、固化、长期化,容易形成毕业生就业质量差反过来影响招生的规模和质量,招生规模质量下降又客观地导致教学效果下降,教学效果下降又导致毕业生就业质量差的恶性死循环。

二　信心

数控技术专业的教师面对数控技术专业目前的不景气状况,不要气馁，要坚信数控技术专业仍然有广阔的发展前景，这不是一句自我壮胆的空话，这是建立在冷静、理智分析基础上的结论。

首先，数控技术专业依托的制造业始终是人类社会的一个重要行业。只要人类存在，那么对物质、产品、设备的需求永远都会存在。人性决定了我们依托的行业永远不会消失，相反，人们对各类产品的数量、质量、档次、品味的需求是不断上升的，因此，我们这个行业会在规模、水平方面不断扩大、提升。

其次，任何行业、任何事物都有兴衰枯荣的周期，数控技术专业自然也有这样的发展规律，许多专业在其办学史上都曾经遭遇目前数控专业的困境，有些专业会第二春，有些专业会逐步缩小规模乃至消亡，但数控技术专业依托的行业决定了它只会有波峰、有低谷，却不会消失。

最后，从宏观方面看，自党的十七大提出加快转变经济发展方式的战略任务以来，我国经济经历了国际金融危机的洗礼，产业结构与经济发展方式中的薄弱环节和内在矛盾日益凸显，产业结构调整已是刻不容缓，也成为加快转变经济发展方式的重要组成部分。加快推进产业结构调整，适应需求结构变化趋势，完善现代产业体系，积极推进传统产业技术改造，加快发展战略性新兴产业，提升"中国智造"水平，全面提升产业技术水平和国际竞争力，将是当前和今后一段时间经济工作的重要任务。因此，政策方面将会扶持和"中国智造"相关的行业。从经济和社会层面看，目前很多企业已经自觉或者被动转型，切实提高了现代技术、先进工艺方法、先进设备企业的技术在企业生产中的使用程度，这些新技术、新设备需要高层次的数控方面的产业工人作为支撑。同时，很多企业主动改善了企业的工作环境、工作条件，提高了员工的薪酬，这使制造业企业对从业人员的吸引力显著增加。在宏观环境无论是预期还是现实都向好的基础上，相信数控技术专业会逐渐走出低谷。

三　机遇

面对宏观层面的诸如政策、经济形势、社会环境这些因素，职业院校应顺势而为。于己有利，趋之；于己有害，避之。我们真正的、具体的专业建设工作，只能立足于学院，依靠学院来切实开展。

目前，恩施职业技术学院数控专业迎来了一个可能是该专业开设以来遇到的最好的发展、转型、升级机遇。这个机遇就是，通过学院领导们卓有成效的工作，数控技术专业（甚至可以扩展到机械大类专业）能够和诸多优秀的对口企业实现真正意义上的校企合作办学。

在此之前，数控技术专业也迫切希望能和有实力的企业实现多维度、深层次的校企合作办学，但由于学院的地理区位劣势等原因，校企合作一直停留在浅层次、单维度的松散合作层面，显然，这样的校企合作很难对教学起到真正的促进作用。

2015年春季学期，东莞长安区的数控、模具协会下的多家企业和学院签订了合作办学协议，这次合作具有诚意足、起点高、面向广、专业精的特点。与这些企业实现真正对接，对数控技术专业的中兴是一个真正的好机遇，抓住这个机遇开展有效工作，数控技术专业就能上规模、出质量、升层次、显特色。

四　革新

数控技术专业将抓住这次大好的机会，对专业建设思路、人才培养模式进行一次大改革，数控技术专业将在这次迄今最大、最剧烈的改革中展示出它的特色来。也就是说，数控技术专业的特色建设不是为了特色而做，它的特色是在这次专业建设改革中自然体现出来的，特色是果而不是因。

数控技术专业的这次改革将本着"主动求变，以生为本，校企一家，共创价值"的原则来开展。

主动求变就是面对不利的局面，不能采取静观其变的态度，而是要顺应潮流、预判未来，主动进行专业建设革新。

以生为本就是在专业建设改革中，始终要以学生为本，使专业建设与改革真正为学生服务，专业改革目的是提高学生的专业知识技能水平、职业素质和就业质量。所有不符合这一目的的改革都是瞎折腾。

校企一家，即专业建设改革的主要措施是真正利用学校、企业合作来共同培养专业学生。校企合作不能是流于表面的肤浅合作，而是真正实现

"打断骨头连着筋",校企一家共谋划、共实施、共协作的深度合作。

共创价值就是在校企合作模式中,大家一起创造价值,特别是大家能各获所需、共享价值。如果做不到这点,校企合作就不是一个能够长期存在的稳固合作。

在"主动求变,以生为本,校企一家,共创价值"原则下实施的改革才是真正的改革、科学的改革、影响深远的改革。

五 措施

在确定了改革的原则后,必须规划、实施切实有效的改革行动才能将改革的蓝图转变为现实。这次改革中主要的具体措施将围绕校企一家联合培养人才的工作展开。

参与校企一家联合培养人才体系的主体共有三方:学生、学校、企业。为了让该体系能真正有效的运转,必须要让学生、学校、企业三方能够各取所需、各展所长、互补所短。学生、学校、企业三方在校企联合办学中的供给与需求关系见图2。

分析供需关系图后,可以看出,数控技术专业人才培养工作改革的目的为:打通供需通道,使三者之间的需求供给能够畅通运行;企业和学校要真正发挥自身优势,切实为对方提供优秀的服务。

作为办学的学校方,为了实现专业建设改革的目标,首先要做好自己的工作,然后通过自己的工作来推进、促成整个校企合作的所有工作。在2015年暑假期间,学院领导、系部领导和部分数控技术专业教师分批、分期到合作企业实地进行了考察、调研和学习。

暑期的先行工作使我们基本理清了专业建设改革的思路:办学的服务对象主体是学生,企业对人才的需求是我们确定人才培养规格、内容、方式、水平的指挥棒。数控技术专业以前最大的问题就是闭门造车,一厢情愿地期望企业来适应自己的人才培养内容与体系,而不是让人才培养工作去适应企业。

在与合作企业进行全面深入的沟通之后,根据企业对人才的需求和数控技术专业人才培养规格的实际情况,应采取的专业人才培养改革措施主

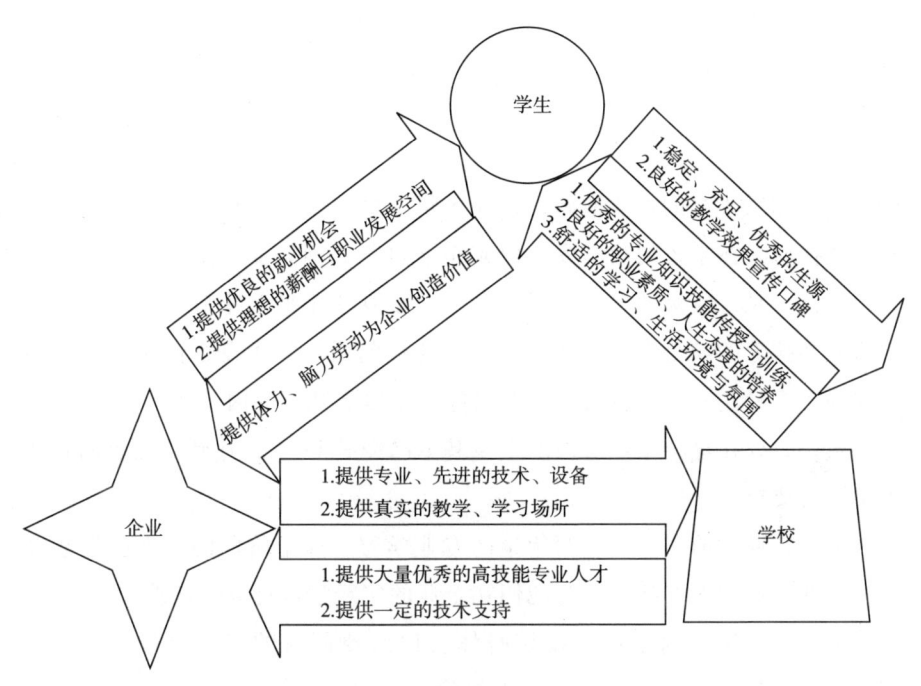

图 2　学生、学校、企业供需关系

要有两个方面：教学内容的改革和教学体系的改革。

（一）教学内容改革

第一，课程调整措施：增加 UG 模具设计技术课程；增加机械制图的学习课时；增加 AUTOCAD 的实训课时；加强公差配合与测量技术教学；增加冲压工艺与模具设计课时；增加冲压工艺与模具设计集中实训环节；取消数控机床课程，取消 CAXA 课程，取消部分其他课程；机械制造技术课程替代数控加工工艺课程。

第二，课程内容调整措施：机械制图和 AUTOCAD 增加第三角视图教学内容，增加采用相对基点标注零件尺寸的教学内容；模具设计与加工课程增加 0.0001 级别高精度设计与加工方法的内容，冲压模具设计的设计软件改为企业常用的 AUTOCAD；机械制造技术强化精密磨削加工环节；公差配合与技术测量强化光学测量与品管规范和流程的内容；《特种加工技术》要训练慢走丝机床的精加工内容。

第三，定期请企业高级技术主管、总监来学校上课，讲授企业所需、所用的内容。

（二）教学体系改革

教学体系改革的主要措施，是在 5 年一贯制或者"3+3"层次的教学班级中把原来在学校的教学完全放到企业进行。到企业实践学习的时间段有两个：一是二年级的暑假和紧接着的整个秋季学期与寒假；二是三年级的寒假和接着的整个春季学期与暑假。这样的话，学生在企业实践学习的时间为 7 个月左右。出台这个改革措施基于以下几个原因。

第一，处在这个学习阶段的学生基本已经满 17 岁，达到了法定的企业用工年龄要求。

第二，通过前两年或者两年半的专业学习，这个阶段的学生已经掌握了一定的专业知识和技能，为他们在企业的实践学习打下了基础。

第三，让学生到企业一线切身体会以后要面对的工作岗位、工作环境、工作任务、工作薪酬，有助于他们确定自己的学习目标和职业规划。如果确实不喜欢该行业，他们还有足够的时间在大专阶段改学其他专业。

第四，企业可以通过这种方式解决部分用工压力，可以通过这种方式培养自己真正需要的学生，还可以培养学生对该企业、该行业的认可度和依赖感。

第五，企业化的管理可以培养学生的职业素质和职业态度，这就弥补了学校培养的薄弱环节。

第六，学生可以通过半工半读的学习方式获得一定的工作报酬，这样会进一步激励学生学习专业、热爱专业。

在这样的教学体系中，企业承担了重要的教学任务，同时，这种实践教学也是企业乐意承担的。如果招生规模回升，每届能开设两个数控技术专业教学班的话，企业就常年都有学生在各个岗位上实践学习。

在学校的教学过程分成了两个阶段。学校教育的第一个阶段，主要教学生文化通识课和行业通用的专业基础课程。第二个阶段，学校要根据企业的要求和参加过企业实践学习的学生反馈，调整教学内容，尽量使教学内容贴合企业的实际需要。换句话说，学生参加企业开展的实践学习时，该学什么、怎么学、学到怎样的程度，完全由企业需求和学生特点来决定，学校教学的第二阶段实际变成了企业夜校性质的岗位能力培训，这个体系不再像以前那样，即企业实践教学是学校教学的补充和延伸，而是相反，即学校专业教学成为企业员工能力培训的补充和延伸。

企业、学校共同培养学生的教学阶段安排见图3。

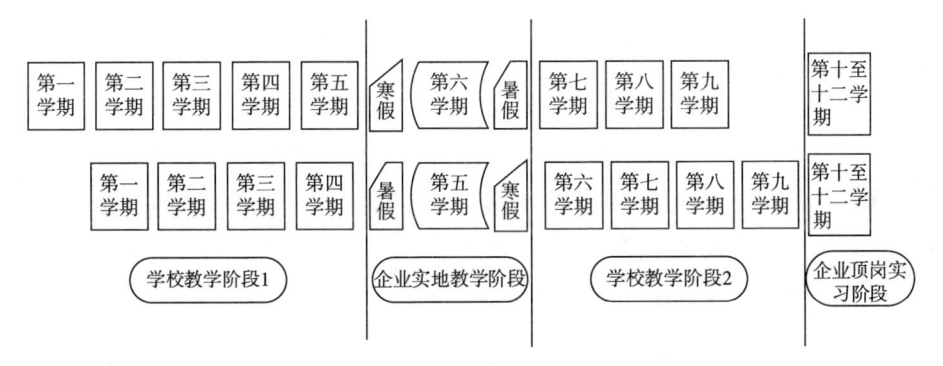

图3 企业、学校共同教学阶段安排图

六 特色

专业的特色不能是为了体现特色而创造特色，这样生拉硬拽出来的"特色"只会是空话、大话。真正的特色应该在专业建设和改革的构想与实践中自然体现出来。

数控技术专业通过专业建设和改革的构想与实践体现出来的特色可以提炼为：企业设计、学校代工，精准培养。

在专业人才培养工作中，学生、学校、企业三者真正成为一损俱损、一荣俱荣的利益共同体。教学内容和教学模式要满足企业对人才的需求，为了能真正体现企业需求，专业办学时不应再闭门造车，要开门办学，干脆把人才培养工作中该教什么、怎么教、教到什么程度这些关键问题交给企业来解决。企业是人才培养工作的"下单方"，企业提供自身真正需要的高级人才的知识、技能、态度的设计蓝图，学校是"接单方"，是一个专业的教育"代工方"，学校按企业的需求和学生的个人诉求精准培养人才，真正满足学生和企业的需要。

专业建设与高职教育发展研究

恩施职业技术学院人文科学系　唐文宪

摘　要：本文论述了专业建设在高职教育建设与发展中的地位和意义，以及专业建设的基本原则，并以恩施职业技术学院人文科学系专业建设为例，探讨了专业建设的主要措施，专业建设是助推高职教育发展的重要手段。

关键词：专业建设　地位　原则　措施

近年来，我国职业教育事业快速发展，培养、培训了大批中高级技能型人才，为提高劳动者素质、推动经济社会发展做出了重要贡献。但同时，当前职业教育还不能完全适应经济社会发展的需要也是一个不争的事实。结构不尽合理，质量有待提高，办学条件薄弱，体制机制不畅，办学理念、专业设置陈旧等，成为制约高职教育发展的瓶颈。认识存在的问题，分析问题的成因，从而发现解决问题的办法，是高职院校发展过程中要重视的问题。笔者拟从专业建设的角度，研讨如何加快高职教育发展的步伐。

一　专业建设在高职院校的地位和意义

所谓专业，是高等学校的一个系里或中等专业学校里的学业门类，是指人类生活生产实践中，用来描述职业生涯某一阶段、某一人群用来谋生或长时期从事的具体业务的作业规范。一所学校的生存和发展，要顾及的因素很多，诸如办学条件、师资资源、运行机制等，而专业建设是高校建设与发展的核心和关键。专业是高校组织结构的基本要素，专业是系部构成的基本单位，系部是高校构成的基本单位，加之服务专业教育的职能机构和后勤保障,以上各要素构成了一所高校完备的组织结构。没有专业,一切都无从谈起。专业是培养人才的基本方式。随着社会分工的细化,职业领域越来越强调专门知识和专业技能,专业教学便是为将来在某一领域从事某种具体业务的学生传授专门的知识,培养专门的技能。专业是学校特色的显著特征。学校的办学特色、综合实力、品牌效应,最显著地体现在专业建设的质量上。所以,专业建设始终是高校的重点工作和首要任务。

二 专业建设应遵循的基本原则

一所学校的专业设置,由历史原因、基础条件、师资资源、社会需求等众多要素共同促成,专业也在不断变化之中。如何保持一所学校的专业活力?笔者认为,专业建设应遵循一些基本原则。

(一) 坚持以社会人才需求为导向

社会需求始终是专业建设的原动力,当地经济社会发展的人才需求,更是高职院校专业设置的首要选择,这是地方高职院校的办学宗旨所决定的。专业的设置,必须以相关社会人才需求调研为前提。通过调研获得翔实的人才需求数据、人才规格要求,据此制定科学的人才培养方案,专业方有生命力。

(二) 专业须有师资和基础条件的坚实支撑

专业的活力和发展后劲,取决于是否具有强大的师资队伍和完善的教学条件,一个具有良好的职业道德、爱岗敬业、基础扎实、教艺精湛的专业教学团队,是专业强大的基本保障,由于高职院校更侧重培养学生的职业技能,故完善的实验实训条件是专业所不可或缺的。

(三) 专业须始终不渝地坚持改革和创新,形成特色

社会需求的不断变化,要求专业不断地改革和创新,培养模式、课程体系、教学方法等都应探索改革和创新,从而形成鲜明的特色。

（四）正确处理数量与质量、当前与长远的关系，重视专业结构布局的科学性和合理性

恩施职业技术学院现有30多个专业，除学前教育、建筑工程、机电工程、会计等专业规模较大，其余专业规模较小，个别专业甚至无人问津。应积极调整和优化现有专业结构，对市场经济需求旺盛的专业要做大，对具有明显特色和优势的专业要做强，加大人力、物力、财力的投入，使之形成特色或品牌，对竞争力不强的专业要改造调整甚至关停。同时，应根据社会需求，积极开办新专业，从而形成合理的专业布局。

三 恩施职业技术学院人文科学系加强专业建设的主要措施

恩施职业技术学院人文科学系是一个以语言文化、教育类专业为主的教学系部，现有汉语、文秘、学前教育三个高职专业，并办有五年一贯制学前教育专业，在校学生1500余人，其中学前教育专业1300余人，是人文科学系的骨干专业。人文科学系经过数年努力，专业办学有了较大的发展，尤其是学前教育专业，是学院乃至恩施州人数最多的专业。在学院办学结构调整、扩大高职办学规模、提升高职办学质量的大环境下，人文科学系如何有所建树，笔者认为，聚焦专业建设，采取有效措施，提升专业办学质量，是教学系部的不二选择。

（一）根据当地社会经济发展需要和部门资源现状，开发新专业，找到办学规模增长点

为切实加强老少边穷岛等边远贫困地区的乡村教师队伍建设，缩小城乡师资水平差距，2015年国务院办公厅下发《关于印发乡村教师支持计划（2015-2020年）的通知》，湖北省人民政府办公厅印发《关于加强全省乡村教师队伍建设实施办法》，要求加大乡村学校师资队伍建设力度。据此，恩施州人大常委会组织人员深入农村中小学，开展农村义务教育阶段教师队伍情况调研。调研显示，恩施州农村中小学不仅总体存在师资短缺状况，在教师补充上还存在招不进、留不住、专业化水平低等问题。恩施

州七届人大常委会第二十三次会议对州人民政府《关于全州农村义务教育阶段教师队伍建设情况的报告》提出了审议意见，强调进一步拓宽师资补充渠道，采取定向委培的方式，协调本地高校、用人单位和培养对象三方，签订合约，采取"指标到县、定点招生、定向培养、合格录用"的方式，有针对性地培养急需教师。这种巨大的社会需求，是恩施职业技术学院规模发展的新增长点。人文科学系设有汉语、学前教育等文化教育类专业，有师范教育的办学经验，有较强的师资队伍和良好的实训条件，因此，开办小学教育专业，为恩施州定向培养农村小学全科教师和艺术教师、幼儿教师，可谓天时地利。抓住机遇，乘势而为，正当其时。

（二）进一步加强师资队伍建设

"双师型"、创新型、高素质的优秀教师，是专业强大的根本保证。师资队伍建设，应从以下方面入手：一是师资配置上要有足量的师资队伍，满足教学需要。以人文科学系为例，学前教育专业有在校生1300余人，专业教师20人，师生比达到1∶65，是国家规定的师生比1∶18的3.5倍，教师周课时平均20节以上，如此高负荷的工作强度，难以保证教学质量。需有计划地引进专业教师，缓解师资总量不足的压力。二是加强师德师风建设。教师担负着教书育人的光荣职责，自身的道德规范和行为准则就显得尤为重要。良好的师德师风，是教学质量的首要保证。要从遵纪守法、爱岗敬业、关爱学生、严谨笃学、勇于创新、淡泊名利等方面，教育和引导教师"学为人师，行为世范"，通过教师自学、集中培训、制度约束、检查考核等方式和手段，切实提高教师的师德素养。三是加强教师的业务能力建设。所谓业务能力，就是解决、处理自己本专业业务的能力。作为教师，其业务能力主要体现在专业知识素养和教学能力两个方面，要具备扎实系统的专业知识和广博的文化素养，以及丰富的教育科学理论知识；具备全面掌握并处理教材的能力、良好的语言表达能力、组织管理能力、教研科研能力、创新能力和学习能力。就人文系而言，近几年引进了不少青年教师，这些教师全部具有本科以上学历，专业知识足以满足教学需要，但普遍缺乏教学经验，教学任务又十分繁重，这就对教学质量和效果产生一定影响。为改善这种状况，可以开展经常性的、有针对性的教研活动，研讨教学中出现的问题，并通过以老带新，新老教师结对子一帮一，外出学习培训、下基层学校实践锻炼等方式，切实而快速地提高教师的教学能力。四是加强教学团队建设。教育部《关于全面提高高等职业教育教学质量的若干意见》（教高〔2006〕16号）中，把建设高水平、专兼结合的专业教学团队，作为提高职业教育质量和提高教师素质的重要内容之一。教学团队是教师基于共同的目标组织起来的群体，旨在通过合作机制，不断深化教育教学改革，促进教学研讨和教学经验交流，加速教师的教育专业发展，最终达到提高教育教学质量的目的。教学团队应以教学工作为主线，以专业建设、课程建设、教学基地建设、教学研究项目等为重点。建设优秀的教学团队，应从专业带头人选拔、骨干教师队伍建设、"双师素质"教师队伍建设、兼职教师队伍建设等方面优化和完善教师团队结构，制定团队建设目标，实行目标责任制管理，制定科学的考核办法。

（三）深化教育教学改革与创新，在特色上下功夫

以高等技术应用型人才为培养目标，按社会需求原则、针对性适应性相结合原则设置专业；按突出应用性、实践性原则重组课程结构，更新教学内容；基础理论课教学以应用为目的，以必需、够用为度；专业课教学加强针对性和实用性。增加技能实训，注意培养学生科学的思维方法和创新精神。注重教学方法的改革，充分发挥学生的积极性和主体作用，追求实效。注重专业特色的培植，开办特色班、开设特色课，如学前教育专业，可根据幼儿教师的职业特点，开设音乐、舞蹈、美术、幼儿园管理等特色班。以幼儿园管理特色班（园长班）为例，其"特"体现在：第一，人才培养定位上，要求既能胜任幼儿教师的一般要求，更要具备管理能力。第二，在人才培养规格上，在态度、知识、能力等方面比一般班级有更高的要求。第三，在课程设置上，在一般专业课程的基础上，围绕幼儿园园长的工作职责，从园长领导能力（政策法规的理解、办园程序的熟悉等）、幼儿园品牌建设（品牌特色创建与维护）、幼儿园课程管理（课程设置与课程优化）、幼儿园人事管理（如何引进人才、留住人才、激励人才）、幼儿园安全管理（如何培养员工的安全防范意识，如何构建科学的安全防范体系）、幼儿园环境创设（选址、设计、装修、维护、整理）、幼

儿园营销（增强营销意识，制定营销体系）、家园共育（与家长的沟通、服务）等方面，开发并设置课程。第四，在教学形式和教学方法上，大胆革新，"走出去"，开展"园长一日"观摩或体验活动，"请进来"，聘请有经验的园长讲座或授课；采用案例教学法、情境教学法、问题教学法、问题讨论课、组织园长技能竞赛、"致园长一封信"撰写与交流等多样化的形式和方法，使学生最大限度地树立园长角色意识，掌握园长的基本技能。开设特色课，如幼儿园经营与管理课程，作为特色课，首先要改革和优化课程内容，摒弃以往偏重理论陈述的传统方式，可以专题教学的形式，将幼儿园经营管理中的现实问题引入，如以幼儿园申办、幼儿园设计与建设、幼儿园教师招聘与管理、幼儿园年检、幼儿园营销、幼儿园卫生安全、幼儿园课程设置、幼儿园环境创设等涉及幼儿园运行的诸多问题作为学习的重点，注重教学内容的实用性；其次是革新教学方法，以情境教学、任务驱动、问题教学、讨论教学作为主要教学方法，增强教学的生动性，调动学生的思维活力；最后是增强考核的灵活性，以现实幼儿园经营管理中的案例、任务、问题、情境设置考题，检验学生分析和解决问题的能力。

（四）加强实践教学，构建专业实践教育体系

与普通高等教育不同，高职院校因办学导向是就业，故致力于培养的是社会所需的高素质、高技能人才，以实践教学为主的技能训练体系建设成为专业人才培养体系中的重要组成部分。所谓实践教学，是一种基于实践的教育活动，通常指教学计划之内的课堂实践教学、技能训练、综合实训、学生见习和实习等教学实践活动，是一种以培养学生综合职业能力为主要目标的教学方式。通过对学生进行基本技能和实践动手能力的训练，培养学生的岗位基本技能素质和实际应用能力。以学前教育专业为例，构建行之有效的实践教学体系：一是要明确实践教学的目标，如训练和培养学生从事幼教工作必须具备的专业技能和综合技能，激发学生热爱幼儿、热爱幼儿教育的情感，培养认真负责、细致耐心的工作态度和团队合作意识等；二是要构建实践教学的内容，包括说、唱、弹、跳、做、画等基本专业技能的训练，以及综合技能训练，如幼儿园环境创设、幼儿游戏的设

计、幼儿教学法训练等；三是制定实践教学的实施路径，包括课程教学、课外训练、集中实训、技能竞赛、见习与实习等。此外，还要创设实践教学的保障条件，重视实践教学的考核评价，构建实践教学的管理体系。

专业建设的内容远不止上述方面，还有诸如人才培养方案制定、产学研结合、实训基地建设、就业创业工作等。笔者认为，高职教育的发展，要解决两个问题，一是规模，二是人才培养质量。规模是基础，质量是关键，质量也是规模的保证。学校的质量，首要是专业的质量，学校的发展，要依托专业实力，重视专业建设，就是助推学院发展。

四
招生与就业研究

加快恩施职业技术学院中高职衔接健康发展的几点思考

恩施职业技术学院审计处　谭耀卿

摘　要：党的十八大以来，职业教育被提到了前所未有的高度，而中职教育与高职教育是两个不同层级的职业教育，两者之间顺畅地实现互通互融，对职业教育发展至关重要，是破解恩施职业技术学院当前面临的高职招生难的有效途径之一。应尽快搭建起中职和高职、本科、研究生衔接的职业教育人才成长"立交桥"。

关键词：职业教育　中高职衔接　发展

2014年6月，国务院召开全国职业教育工作会议，印发了《关于加快发展现代职业教育的决定》，提出以系统培养、多样成才为基本原则，推进中等和高等职业教育紧密衔接；以培养技术技能人才为目标，到2020年形成具有"中国特色、世界水平"的现代职业教育体系。

中职教育与高职教育是两个不同层级的职业教育，两者之间顺畅地实现互通互融，对职业教育发展至关重要，是破解恩施职业技术学院当前面临的高职招生难的有效途径之一。实现中高职教育的有效衔接是构建现代职业教育体系的核心所在。

一　对中高职衔接教育的理解

中等职业教育是高中阶段教育的重要组成部分，重点培养技能型人才，发挥基础性作用；高等职业教育是高等教育的重要组成部分，重点培养高端技能型人才，发挥引领作用。构建现代职业教育体系，增强职业教育支撑产业发展的能力，实现职业教育科学发展，中高职衔接教育是关键。

中高职衔接教育符合建设现代职业教育体系的要求，能够推动中等和高等职业教育协调发展，系统培养适应经济社会发展需要的技能型人才特别是高端技能型人才。它是中等职业教育和高等职业教育这两种不同层次职业教育之间的相互衔接，其所包含的内容十分广泛，既包括外在手段的衔接，也包括内部要素的衔接；其中外在手段主要有招考方式、承办机构、政策法规等，内部要素主要包括培养目标、专业设置、课程内容、教学安排、学制等因素。通过衔接外在手段和内部要素，实现中职教育与高职教育共同合作培养技能型人才。

二　中高职衔接教育的模式

为扩大恩施职业技术学院高职招生规模，学院自2012年起就开办了中高职衔接教育，通过几年的创新发展，现主要形成了以下三种模式。

（一）"五年一贯制"模式

该模式又称"初中起点大专教育"，招收参加中考的应届初中毕业生，学生达到恩施职业技术学院录取分数后，直接进入学院学习。进行一贯制的培养。学制五年，采用分段式教学形式，第一阶段3年，公共课与专业课相辅相成，在提高文化基础知识的同时提升专业技能；第二阶段2年，以专业课为主，主要教授专业理论知识以及培养职业技术能力。

（二）"3+3"中高职衔接模式

招收初中毕业生，达到恩施职业技术学院录取条件后，直接进入学院学习。学制六年，采用分段式培养形式，第一阶段3年，学习结束后参加学院组织的单招考试或湖北省技能高考，取得大专学籍，继续完成第二阶段高职3年的学习。

（三）"3+2"分段培养模式

恩施职业技术学院与恩施州各县市中等职业学校签订联合培养合作协

议，招收初中毕业生。学生在县市中等职业学校中学习两年后，成绩合格，则无须参加普通高考或技能高考，直接到恩施职业技术学院就读大专三年，修业期满，全部课程合格，获全日制普通大专文凭。

上述三种中高职衔接教育模式的建立为恩施职业技术学院高职招生带来了可喜的成绩，让我们找到了扩大高职规模的办法，看到了发展高职教育的前景。但我们同时也应看到，三种模式在招生、教育教学、服务育人、规范管理等方面尚未形成一套较完整、系统、科学的运行管理模式。可以说，三种模式各有利弊。我们既要充满自信，始终坚持转型发展、特色发展，又要明确发展中机遇与挑战并存，主动研判、积极应对发展中存在的"三种风险"（数量型、结构型、水平型）。

三 关于中高职衔接教育发展的思考

（一）规范校园管理，实现中高职学生相对分区管理模式

为加强学校大门安全管理，近年来，恩施职业技术学院投入数万元资金在东大门、北大门建了值班岗亭，安装了智能停车管理系统，大门车辆、人员出入秩序明显改善，实现了"人车分流管理"的新模式。但校园内中高职学生活动范围重叠，中职生因普遍年龄小，需重点加强日常行为养成教育，实行封闭式管理；高职生应按大学生的培养方式，向注重个性化、创新型人才培养目标方向发展。培育目标不同，管理方式不一样，这就给学院管理带来极大的困难，难免会使校园内的高职学生产生学院没有大学氛围之感，中职学生没有体会到未成年人的教育约束。由此学院需尽早实施中高职学生相对分区管理模式，对中职生实行封闭式管理，对高职生实行开放式管理。

（二）加强基础建设，促进学院办学规模扩大

恩施职业技术学院自建院以来，在国家、省、州各级政府及有关部门的大力支持下，历届院领导班子精诚团结，带领全院师生员工艰苦创业、创新发展，千方百计争取资金加强学院基础设施建设和实训基地建设。学

院基础设施和实训条件明显改善，校园环境显著改观。但随着科技化、信息化高速发展，"互联网＋"时代的到来，按照构建现代职业教育体系的要求，学院的基础设施建设尤为迫切。现在校学生规模近万人，可全院仅有四栋学生公寓，最多能容纳3880名学生。绝大部分学生只能入住普通宿舍，而普通宿舍的条件设施又较差，不仅不能与省内同类高职院校相媲美，而且与州内县市中职学校也有较大差距，完全不能满足每年招收的新生及家长的需求。

校园基础设施建设的美化与完善是构建美丽、文化校园，扩大办学规模的基础条件，为此，学校要紧抓发展契机，在不断提升管理、办学层次的基础上，加快基础设施建设步伐，为师生营造出良好的教学与生活氛围。大学校园建设的根本目标，就是为师生员工提供一种舒畅积极、健康向上、快乐学习的生存环境和发展环境。"没有梧桐树，引不来金凤凰"，所以，学院要长远发展，就必须广泛"种植梧桐树"——不断加强基础设施建设，积极改善办学条件，为社会、学生及家长提供满意优质的育人环境。

（三）优化教育资源，提高中高职教育专业设置衔接的契合度

中高职衔接的基础在于专业的对口衔接，其实现与否决定着中高职教育在培养目标、课程体系衔接上能否得以顺利实现。专业设置不仅要根据职业、行业、产业和社会的需求，而且应结合全州县市中等职业学校的实际情况进行设置。中职的专业应更加针对职业，可以按照职业岗位设置，划分更细、知识面更窄；而高职的专业针对的是岗位群，专业划分可以较粗、知识面较宽，高职专业的设置应是中等职业学校专业设置的纵向延伸和横向拓宽。中高职专业衔接宜以专业群的形式进行宽口径衔接，这样可以增强中高职相近专业的相容性和衔接性。

（四）做实课程衔接，推进中高职教育微观衔接与内涵发展

课程衔接是中高职衔接的核心。理论上来讲，高等职业教育应在中等职业教育课程设置的基础上，按照对口专业设置课程，做到"专业有所对口、课程有所对应、内容有所区分、知识与技能由浅入深"。但从现实操

作层面来看，目前各县市中职学校与学院刚签订合作协议，沟通有待进一步深入，且各校多年来均已构建了自己较完备的课程体系，有确定的教学内容与实践安排，因此，在课程结构、文化基础课、专业课内容、实训操作等方面需进一步紧密衔接。

中高职课程的衔接必须以专业对口或专业相近为前提。学院应结合恩施州的"三州战略"、对接六大产业链，积极主动与各县市中职学校联合行业协会、企业、职业教育学者、课程专家共同商定、系统构建中高职课程体系，通过职业岗位分析、工作任务分析与职业能力分析，确定出一般技能人才和高级技能人才的不同培养规格，然后再根据知识、能力、素质要求，结合各校的实际情况确定出中高职不同层次的课程内容。

（五）构建科学体系，搭建现代职业教育发展的"立交桥"

在学制衔接上，职业教育体系无法与普通教育学制的上下衔接相媲美，职业教育的本科层次仍然是一道屏障。学制体系的缺失导致高职高专毕业生无法实现层次上移，使得中高职衔接受到严重阻碍。这种状况既不利于社会对不同人才层次的需求，也不利于学生的长远发展，最终使得职业教育缺乏可持续发展的支撑。

从发达国家的高职教育来看，高级专业技术人才基本上都归属于高等职业教育的范畴。因此，要想构建完善的现代中高职教育科学体系，必须尽快走出学制衔接向本科层次上移的困境，搭建起中职和高职、本科、研究生衔接的职业教育人才成长"立交桥"。

高职学生创业教育的特殊性与有效性讨论

恩施职业技术学院就业处 向大众

摘 要：创业教育已纳入国民教育体系。对高职学生开展创业教育既是提高人才培养质量、促进大学生就业的重要措施，也顺应了高职学生职业发展的内在需求。针对高等职业技术教育的特殊性，探讨高职创业教育的规律，找到适合高职创业教育的有效路径，具有重要的时代意义。

关键词：高职学生 创业教育 特殊性 有效性

创业教育已纳入国民教育体系。自大学生创业教育作为促进就业的重要措施提出，到教育部对本科高校创业教育教学大纲的颁布，创业教育已从要不要对大学生进行创业教育的学者探讨，走向如何对大学生进行创业教育的实践探索阶段。特别是"大众创业，万众创新"这一国家决策的推进，使大学生创业教育的内涵得到进一步拓展和深化，不仅将创业教育作为必修课开设，而且迈入了创业教育与专业技能教育相融合的育人模式探索新阶段。在此背景下，结合高职教育对象特点，从提高高职学生创业教育的有效性视角，探索与高职学生相适应的创业教育路径，对于高职创业教育的持续发展具有重要的现实意义。

一 高职创业教育的特殊性分析

高职创业教育的特殊性源于高职教育所肩负的特殊使命和社会对高职人才的素质要求。高职教育虽然属于高等教育，但在人才的培养目标与要求上，则侧重于提升教育对象的职业技能及运用新技术的水平。同时，又因高职教育属于我国高等教育的重要组成部分，从培养的人才规格上看属于高技能人才，这就决定了高职教育模式有别于中、初级技术性人才培养方式，既要考虑培养高级技能人才对通用基础性技术知识的应用性掌握，又要兼顾高技能人才的创业意识、创新精神与创业能力的培养，这就决定了高职创业教育具有自身的特殊性要求。

（一）教育对象的特殊性

由于高职教育所肩负的历史使命以及高职教育在我国的发展时间短暂，生源对象组成复杂等原因，高职生源结构表现出了多样性特征：一是参加全国统一高考入学的学生；二是社会青年；三是在部分地区实行的诸如"3+2"（三年中专两年高职）、"2+3"（两年中专三年高职）、五年一贯制（初中毕业后进入高职院校读五年）等模式下的学生。这种教学对象的复杂性与特殊性，反映出学生知识积淀不足、自信心不强等问题，为高职创业教育的有效性实现带来一定的困难。如何根据教学对象的特殊性，做好高职学生的创新创业教育，任务艰巨。

（二）教学方式与手段的特殊性

创业教育的直接目标是培养具有创业能力的企业家人才，有别于单纯的高技能人才培养要求，创业教育注重的是学生综合职业素质、创业意识、创业精神与创业能力的培养。在创业教育的实施中除了注重创业知识的应用性以外，更多地在于强化学生自信心的建立，搭建学生能够参与的平台，借助团队载体启发学生自主管理、自我学习、自身修炼。创业教育目标的特殊性决定了创业教育在教学方式与教学手段上有着自身的要求，主要体现在：一是重创业精神的培养；二是市场引导、学生主导、教师指导成为其教学组织的重要教学方式，特别是把学生动手、动脑放到人才培养的突出位置；三是创业典型示范、企业家案例运用等应成为创业教育内容的基本组成部分；四是创业孵化基地功能拓展成为必要，需突破高职院校仅将创业孵化基地建成学生创业体验店的现状，将其功能拓展为创意工作间、素质拓展馆、知识传播屋、成果展示厅、人际交流室、产品制作房等，使其成为全方位适应高职学生"创意、创新、创业"需要的多功能场所。

（三）课程设置上的特殊性

高职创业教育的实施充分表明，社会生产力水平已达到了一个新的高度，大学生的职业生涯定位需要与"互联网＋"、工业4.0、3D打印、大数据运用等时代元素相结合。基于现实背景，创业教育已不是开一门或几门课程，老师课堂讲、学生教室记的整体划一模式，灵活性、开放性、互动性、团队性、自主性应成为创业教育的重要特征。构建以创业精神养成为主线、创业意识培养为主题、创业能力训练为重心的高职学生创业教育思路，应成为高职创业教育课程设置与教学组织的基本价值取向。

二 高职创业教育有效性不足的原因剖析

影响高职创业教育有效性的因素是多方面的，有主观的也有客观的，有体制方面的也有运行机制方面的，既涉及学生对象，也与教师队伍建设、创业教育软硬件投入滞后因素有关，归纳起来主要由以下原因所致。

（一）教学对象的原因

前文已述，高职生源具有明显的特殊性，带来了创业教育的教学标准把握上的困难与教学内容组织上的困难，这就为高职创业教师应该如何搞好针对高职学生创业的教育教学工作提出了严峻挑战。因教学对象的基础有别，对知识的接受与理解能力存在着明显的差异，特别是在创业教育还没有与专业教育相融合的情况下，习惯于课堂讲授的老师们在没有创业实践经验作为支撑的现实面前，创业教育有效性的实现就会大打折扣。

（二）教学计划的原因

受传统教学体制与模式的影响，高职课程设置与课程设计还没有与创业教育的目标以及有创业梦想学生的需要相对接，有创业梦想的学生往往具有个性化的教学需要，但现有的教学体制机制难以保障。一方面受学历教育制度的制约，另一方面受创业梦想的牵挂，在"一心无二用"的情况下，高职学生心中目标难定，职业生涯缺乏规划，严重影响了学生的学习兴趣，创业课老师可能由此产生一种无事找事之感，教师教学组织困难在所难免。

（三）创业教师能力的原因

在高职创业教育教学组织过程中，教师应该扮演着什么样的角色，是以教师为主体还是以学生为主体，这些问题在实践中并没有得到很好的解决，特别是创业教育的特殊性、知识的高度综合性，已完全突破专业课教师个人的知识存量，加上创业知识的开放性，完全打破了传统的教学组织方式，"创意、创新"成为创业教育的核心要素。显然，传统的教育模式无法适应创业教育的需要。一定程度上讲，创业教师的能力、经验、水平直接影响到创业教育的教学质量，因此，创业教师不仅要拥有一颗忠诚创业教育事业的赤子之心，还应注重自身的创业知识素养积累提速。

（四）创业教师激励的原因

创业教育的有效性是能力与激励的函数，即有效性 = F｛能力 × 激励｝，有能力只是取得良好教学效果的基本条件，只有在具备能力的同时，对教师的管理制度设计有利于教师工作积极性、主动性和创造性的调动的前提下，才能够提高创业教育教师劳动的有效性。由于创业教育的劳动计量很难运用简单的课时统计确认，尽管国家鼓励大学生创业的政策措施密集，对于大学生的创业给予强劲动力，但是国家及相关部门没有出台针对创业教师劳动的认定办法与激励措施，这在一定程度上影响了创业教师的主动作为，也很难吸引有创业能力教师的积极参与，从而导致创业老师队伍严重不足和已有教师能力的参差不齐，直接影响了创业教育的教学效果。

（五）创业教育条件的约束

创业性人才的培养，离不开对学生实践动手能力进行必要的培养和对学生进行创新创业思维能力的训练。实践性教学是高职创业教育的重要教学手段或者说主要方式。对高职学生创业动手能力的培养主要有两条途径：一是校内创新创业教育活动开展；二是学生在实际工作部门进行创业项目跟踪训练。但在具体工作中，创新创业教育需要相应投入，这种投入资金来源受限。在社会经济发展的新常态下，资金投入实行预算管理的精准化、精细化与创业活动开展的灵活性、开放性、非确定性相互冲突，导致校内创业教育往往受条件的制约，影响创业教育的效果。

三 增强高职创业教育有效性的对策

针对高职创业教育特殊性与影响高职创业教育有效性的因素分析显示，从总体上看，提高高职创业教育的有效性途径主要在于从优化人才培养的工作体制与学校内部的运行机制入手，以调动教师的工作积极性、主动性和创造性为着力点，以实现对教育对象的综合职业素质培养为落脚点，为学生搭建创意、创新、创业活动平台。

（一）建立一支高素质的创业教育师资队伍

提高高职创业教育的有效性，其关键在于提高创业教育教师的能力及其对工作的热情，这就需要教师个人的投入和学校创业教育教师队伍开发与管理措施的有机结合，而教师的投入热情取决于教师的个人期望。可以说高职创业教育教师能力的培养不是仅仅通过学校拿钱就能够了事的，因其还涉及教师的进取热情及其工作动机，所以从教师心理需求出发，实施有利于教师工作热情的政策导向，建立一支热教、乐教的创业教师队伍是提高创业教育有效性的重要途径。认识到创业教师是一种稀缺资源是关键。只有重视创业教育教师队伍建设，实现教师个人素质提高与教师团队能力优化的有机结合，才能更好地实现高职教育教学目标。

（二）充分调动创业教师的积极性

通过政策导向、媒体宣传、创业典型示范，一种理解大学生创业教育、支持大学生创业教育的氛围正在形成。但其实际运行的结果并不等同于认识，其原因很多，但有一点是可以肯定的，这就是高职创业教育在学校中的地位与其应该起的作用容易受到冲击，加之创业教师劳动具有难定量性，时间界限模糊，教师工作量的考虑仅能认同教师的课堂时间，对于大量的其他劳动时间缺乏认同，导致存在对创业教师劳动的考核评价方式简单化、雷同化，缺乏对创业教师职业劳动评价的针对性，忽视对创业指导教师劳动的创造性、复杂性认识等诸多现象，这就意味着对创业教育的认识还有待深入，需要通过体制上的科学设计，机制上的科学运作以及校内外舆论导向的宣传推动、宏观政策引领等多方力量的共同作用，才能推动创业教育的有效开展。

（三）建立科学的高职创业教育质量评价标准

创业型人才素质具有特殊性，这种特殊性决定了其培养过程与创业教育方式的特殊性。创业人才所需知识打破了学科与专业界限，需要相应教学场景的匹配，相应的创业教育质量评价模式也就与学科式、课堂式教育模式有别。创业案例启发引导，项目选择与载体构建成为创业教育的主要方式，因此，高职创业教育的质量评价应以学生所掌握的创业知识多少与综合职业素质提高的程度为主要考查对象，但这一对象难以用数据衡量，实现由定性结果向定量结果的转化是建立创业教育质量评价标准的难点，而运用创业教育学生对象所占同层次在校生比重与学生创新创业成果数则更为有效，这既是衡量同类学校之间的创业教育质量，也能体现学校对创业教育重视的程度。所以，高职创业教育要求有与其相适应的特有标准，这种标准主要应通过学生创新创业成果来体现。

（四）营造创业教育文化，激发高职学生接受创业教育的热情

高职学生基础不扎实，自信心不足是基本事实，但这并不代表高职学生智力低下，只不过需要对其梦想进行有效激发。高职院校通过各种方式，如创新成果展示、创业典型引领、创业政策宣传等渠道，建立一种积极向上的创业文化，潜移默化地影响在校学生，能够起到激发学生励志成才热情。创业教育能否有效开展并取得实效，最根本在于能否建立与时俱进的创业教育文化。

创业就是创新，创新就不应该有固定模式，因此，创业教育本身也需要创新，需要突破原有的教育理念、育人思路与教学方式，在注重工作实效的基础上，彰显高职院校自身的创业教育特色。

高职院校"生源荒"探析

恩施职业技术学院建筑工程系　李先谷

摘　要：高职院校出现"生源荒"的主要原因包括计划生育政策、高等学校扩招、现有高考招生录取体制、弃考生增加、毕业生上升通道不畅、缺乏办学特色等。"生源荒"影响了高职院校的可持续发展、办学声誉和人才培养质量。只有强化办学特色、创新招生宣传方式、提高生源数量和质量、构建普职体系"立交桥"、坚持普教和成教两条腿走路、开展校企合作等，才能从根本上冲破"生源荒"困境。

关键词："生源荒"　影响　对策

高职院校是职业教育的重要组成部分，加快高职院校办学发展，探索高职院校生源情况，对建立现代职业教育体系，培养高素质劳动者和技术技能人才具有重要作用。高职院校应努力破解"生源荒"，拓宽生源渠道，切实保证高职院校可持续发展。

一　高职院校出现"生源荒"的原因

高职院校出现"生源荒"，原因是多方面的，既有生源减少、招生计划增多、高职教育体系不完善、招生录取批次靠后等外部因素，也有高职院校教育质量不高、专业设置重复、特色不鲜明、管理水平低、缺乏吸引力等内部因素。随着高等教育普及化进程的不断推进，高职院校"生源荒"现象还将继续恶化。

（一）计划生育政策

人口学家认为，目前从小学到大学，出现生源危机的根源在于计划生育政策的影响。我国新生婴儿数下降趋势一直持续到2000年，出生率快速下降必然带来学校生源萎缩，这是一个长期的过程。据预测，高考人数下降趋势将持续到2018年。

（二）高等学校扩招

中国教育在线发布的《2015年高招调查报告》显示，适龄人口的大幅下降和招生规模的大幅上升仍然是影响高校招生的主要原因。2014年，全国高校招生总量已经突破700万，但18岁适龄人口却大幅度下降，这一增一减的"剪刀差"，使得生源矛盾凸显。同时，我国高职院校的数量也出现"只增不减"的现象，不断缩小的生源和不断扩张的学校"反向赛跑"，导致很多高职院校招生计划录不满，普遍出现了"生源荒"现象。

（三）现有高考招生录取体制

由于近几年高考生源逐年下降，本科招生计划逐年增加，客观上使高职院校招生空间被越挤越小。作为高考录取最后一个批次的高职院校，在生源选择范围越挤越小、录取分数已经降到无法再降的背景下，最后的结果必然是没有考生可录，"生源荒"成为必然。

（四）弃考生增加

弃考生指适龄高中毕业生因选择复读、出国、外出打工等放弃参加高考的学生。近年来，随着我国经济不断发展，许多富裕家庭送孩子出国留学，认为出国镀金能增加归国求职的筹码。还有一些家庭及学生由于认为读书无用，片面认为高职毕业生入职工资待遇低，还不如提前工作挣钱。这些因素加剧了高职院校生源危机。

（五）高职教育体系不完善，毕业生上升通道不畅

我国现有高职教育体系不完善影响高职招生。从纵向衔接看，无论是升学制度还是课程体系，都有待完善。我国对"本科层次高职"的内涵和定位至今尚无权威界定，对研究生层次高职的界定更是莫衷一是。高职学生"专升本"只能升入普通本科院校，从此脱离职业教育体系。从横向沟

通看，普通教育与职业教育之间仍然存在较大的流动障碍，尚未形成科学的人才成长"立交桥"。接受高职教育的学生上升通道不畅，实现社会阶层向上流动的通道受阻。因此，考生高考志愿的第一选择必然是普通高校，只有处于"被迫""无奈"时才会选择读高职，这是高职院校"生源荒"的重要原因。

（六）高职院校教育质量欠佳，高职教育缺乏吸引力

我国高职教育由于规模扩张迅速、投入不足、实践教学条件有限等因素，相当一部分高职院校培养的学生质量不高。在办学过程中，不少高职院校对教育教学质量的重要性和紧迫性认识不到位，过分注重规模扩张、硬件建设等外部条件的完善，忽视了教学质量的提升。对于教学质量不高、缺乏吸引力的高职院校，考生是不会选择的，这必然导致生源危机，这是高职院校出现"生源荒"的关键原因。

（七）办学定位不准方向不明，同质现象严重，缺乏特色

我国部分高职院校，办学脱离社会经济发展实际，缺乏特色，办学行为跟风、专业设置雷同，培养的人才质量不高、同质化现象严重，造成了有限高职教育资源的浪费，同时难以形成自己的品牌和特色，难以适应经济社会发展对不同人才的需求，社会认可度不高，考生和家长不认同，必然出现"生源荒"。

二 "生源荒"带来的影响

生源是高职院校发展的动力和源泉，失去了生源这一保障，高职院校发展将无从谈起。所以生源减少对高职院校的影响是全面的、深远的。其影响主要体现在以下几个方面。

（一）影响高职院校的可持续发展

生源是学校发展的基础，生源的减少必然导致办学规模的不稳定，办学收入也会相应减少，这会对高职院校的可持续发展造成很大的负面影响。

（二）影响高职院校办学声誉，易引发恶性循环

高职院校的发展基础薄弱，处于高考录取链条的末端，社会认可度本来就不高，招不到学生所产生的负面影响会进一步降低其社会声誉，从而陷入"招生难—声誉下降—招生更难"的恶性循环。

（三）生源素质下降，人才培养质量难以保证

随着录取分数线的降低，生源质量不断下滑，教师的教学难度、学校的管理难度相应增大，工作积极性受到影响，教风、学风不彰，使人才培养质量难以保证。

（四）招生成本挤占了高职院校宝贵的资源

生源减少使招生成为众多高职院校的重点工作。在惨烈的"生源大战"中，为"抢"生源，很多高职院校投入了大量的人力、物力和财力，从而难以有足够精力和财力推动教育教学改革、实验实训建设，影响了人才培养工作水平提高。

（五）生源减少导致办学条件难以改善

很多地方的高职院校对学费的依赖程度比较高，生源的下降必然导致收入减少，办学条件改善的可能性也大为降低。

三 破解"生源荒"的对策

（一）强化办学特色，提升核心竞争力

首先，特色是高职院校办学的核心竞争力，是高职院校应对生源危机的战略、优势和出路。办学的特色就是要加强特色品牌专业建设，好高职必须有好专业、王牌专业作为支撑，这是增强吸引力，冲破"生源荒"的重要举措。其次，要进一步提升服务能力和水平，主动关注地方发展需要，对接恩施州六大产业链，力争使专业设置、人才培养、科技服务更加

贴近地方经济和行业发展实际，在服务地方经济转型升级和行业、企业技术革新中，发挥重要作用。

（二）创新招生宣传方式，增强招生吸引力

根据有关调查，考生最信赖的宣传方式：第一是面对面交流；第二是家人、同学、朋友的介绍与推荐；第三是官方网站和学校网站的宣传与推广；第四是电视台、报纸等媒体的宣传。针对调查结果，学校应改革招生宣传方式。首先，与各个地区生源多的学校、教育局密切联系，开展招生咨询会，进行答疑解惑，不仅可以有效解答考生和家长想要了解的问题，而且扩大了学校的影响力和知名度。其次，学校应组织高三师生到本校实地考察，用学院硬件设施、办学成果和校园文化软实力吸引考生。再次，学校应充分发挥学生的作用，评选来自各个招生地区、在学校表现优秀的学生代表和成才典型，让这些优秀学生回校作报告，现身说法，使考生更进一步了解学校的发展、专业特色、校园文化等。最后，在校园网站建设上，及时更新网站信息。加强就业和专业特色宣传。在网站上考生能随时了解每个专业的就业方向和发展状况，了解各专业的毕业生在工作岗位上取得的优秀业绩。这些招生宣传方式可以加深考生对学校的了解，增强报考的决心。

（三）坚持统招生源，提高生源数量和质量

在现行高考体制下，普通高中生源仍是高校招生的主要生源。恩施职业技术学院应全力守住本地生源，保证学生高质量就业，以特色办学吸引普通高中考生报考。恩施州中职生源非常丰富，学院应加大中职招生计划数量，让中职学生通过高职学习，真正成为高技能人才，从而使恩施职业技术学院对中职学生具有更强的吸引力。单独招生是非常重要的方式，单独招生生源将会是学校的亮点。要积极筹建恩施州职教集团，落实好"3+2"分段培养的招生新模式。要放宽视野，扩大外省特别是西部地区招生生源。

（四）增强合作意识，构建普职体系"立交桥"

开放办学是高职教育发展的一大趋势。党的十八届三中全会提出"试

行普通高校、高职院校、成人高校之间学分转换"，建立学分积累和转换制度，打通从中职、专科、本科到研究生的上升通道。高职院校要把握趋势，积极走出去，加强与更高层次院校的合作，发挥桥梁作用，构建普职人才培养"立交桥"。通过与技术应用型本科院校建立战略合作关系，在双方学分互通互认的基础上，实现高职与应用型本科院校的联合培养，为学生发展提供更多上升通道，增强高职院校的吸引力。

（五）拓展办学形式，坚持"两条腿走路"

在坚持普专教育的基础上，高职院校应把成人教育作为发展的一极加以重视，把成人教育提高到学院发展的战略高度，实行成教与普教"双轮齐转"的局面。要尝试敞开高职教育大门，面向社会、面向人人，为社区居民、在岗职工、转业军人和失地农民等有学习需求的广大公众提供服务。高职教育应充分体现终身教育理念，为更多的人提供适合自己的学习和发展空间，尽可能满足所有人的教育需求，扩大生源范围，如此才能真正实现普教与成教两条腿走路。

（六）开展校企合作，提高学生职业能力

高职院校培养的学生能力如何、能否被企业接受、是否符合企业用人要求、薪酬水平及升迁路径如何，是学生和家长关心的实际问题。因此，恩施职业技术学院要面向社会，面向市场，了解企业需求，满足社会、企业对高等职业技术教育的需求，坚持服务社会、坚持校企合作，积极与行业企业合作，真正把教、学、做融为一体，强化高职学生职业能力的培养。在开展校企合作的同时，注重学习企业文化，让优秀的企业文化渗透到校园，对学生施以潜移默化的影响。事实证明，唯有服务于企业发展，服务于行业，培养市场需要的实用型人才，高职院校才能办出特色。

（七）加强科学管理，提高办学效益

高职院校应开展内部管理体制改革，突出师生在办学中的主体地位，减少管理层级，精减管理人员，实行扁平化的管理结构，将管理重心从学院层面下移到系（部）层面，提高办事效率，压缩行政成本。破解"生源荒",核心要素是人,主体是广大师生。高职院校内部管理应转变"压服"的权力观念和管理观念,切实向引导和服务师生的观念转变,增强行政管理人员的服务意识,激发教职员工的自主性和创造性,有效提升破解"生源荒"的实力。

总之,"生源荒"对于渴望持续健康发展的高职院校来说,既是一个严峻挑战,也是一次难得的发展机遇。只有面对现实,真抓实干,努力提高教育质量,坚持特色发展,提升管理水平,扩大生源范围,靠质量、特色和品牌吸纳生源,高职院校才能从根本上冲破"生源荒"困境,才能走出一条持续健康发展的阳光之路。

办好继续教育　助力高职招生

恩施职业技术学院继续教育学院　薛维军

摘　要： 继续教育是职业技术教育的延伸和发展，它有别于成人学历教育，是终身学习教育体系的重要组成部分，其对经济建设和社会发展有着不可低估的作用。恩施职业技术学院继续教育具备人才优势、经验优势、硬件优势、区位优势、政策优势。因此，把恩施职业技术学院的继续教育打造成品牌并辐射到武陵山区，学院的办学水平、办学实力必将得到心悦诚服的认可，满意度、吸引力一定能大幅提升。

关键词： 继续教育　品牌效应　高职招生

新常态下，高职院校如何利用自身的优势，对接地方产业发展，更好地为地方经济建设服务是每个从事职业教育的工作者必须思考的问题。学院正面临转型发展的关键时期，高职生源严重不足制约了学院的发展，笔者从继续教育的角度，谈一点对扩大高职招生粗浅的思考。

人们习惯认为继续教育就是成人学历教育，其实这是一个错误的理解。继续教育是一种特殊的教育形式，它是指面向学校教育之后所有社会成员特别是成人的教育活动，是终身学习教育体系的重要组织部分，是对专业技术人员进行知识更新、补充、拓展和能力提高的一种高层次追加教育。继续教育对经济建设和社会发展有着不可低估的作用。

一　继续教育的需求分析

（一）国际环境

从国际环境看，世界经济的迅猛发展和变革是影响继续教育的主要因素。经济发展进程中,高科技含量越大,对社会教育的依赖性就越高,社会需求成为教育发展的强大动力,这其中包括对继续教育的需求和促进,终身学习的教育理念已得到广泛认同,社会对继续教育的需求越来越大。

(二) 国内环境

一是国家教育政策环境。《国家中长期教育改革和发展规划纲要(2010－2020年)》明确指出继续教育是高等教育的三大基本任务之一,是今后若干年高等教育改革与发展的重要目标,并提出了"加快发展继续教育,建立健全继续教育体制机制,构建灵活开放的终身教育体系"的具体要求,推进农民继续教育工程,加快涉农专业、课程和教材建设,创新农学结合模式。利用职业院校资源广泛开展职工教育培训,重视培养军地两用人才。习近平总书记指出,中国将坚定实施科教兴国战略,始终把教育摆在优先发展的战略位置,不断扩大投入,努力发展全民教育、终身教育,建设学习型社会。国家教育政策扶持为继续教育发展提供了强大的支撑。二是国家经济发展环境。世界经济,潮涌中国。新常态下的中国经济面临着巨大的挑战,中国经济从高速增长转为中高速增长,经济结构不断优化升级,经济增长从要素驱动、投资驱动转为创新驱动。产业结构的调整,机器设备的更新,落后生产工艺的淘汰,新产业、新岗位的不断涌现,对人才素质、能力的要求越来越高,劳动者综合技能、职业素养落后凸显,职业技能提升的需求加大。中国经济的发展必将带来巨大的社会市场和需求,继续教育也将进入一个扩张和活跃时期。

(三) 区域经济政策环境

湖北省"两圈一带"战略的设计,鄂西生态文化旅游圈的布局,恩施州"三州"战略的提出,六大产业链政策的出台给恩施州带来快速发展的同时,也给恩施职业技术学院的继续教育带来了良好的发展机遇。

二 恩施职业技术学院继续教育的优势

（一）人才优势

人才资源是经济社会发展的第一资源。恩施职业技术学院经过几次合并，整合了八所学校的资源，办学历史悠久，专业门类齐全，除了人体医学行业没有涉足之外，几乎涵盖了其他所有学科门类，在众多领域均有一批理论功底深厚、实践动手能力强，与恩施州产业经济高度对接的高层次创新型和高技能"双师型"教师队伍，与"三州"战略、六大产业链可以高度对接。

（二）经验优势

恩施职业技术学院建院之后培养了13000多名成人专、本科毕业生，遍及各行各业。特别是连续三年"一村一大"全日制及函授学生的培养，培养了一批带领农民致富的基层领头人；承接了包括财政、税收、金融、种植、养殖、餐饮、酒店、旅游、食药监督等多行业的社会培训8万多人次，积累了丰富的继续教育经验。

（三）硬件优势

学院拥有计算机应用技术、数控技术、生物技术、建筑施工技术四个国家级培训基地，一个硒产品检测中心，10多个挂牌的行业培训基地和校外实训基地。这些硬件条件与恩施州六大产业，与坚持走"特色开发、绿色繁荣"的可持续发展之路吻合贴切，为我们做好继续教育奠定了强有力的硬件基础。

（四）区位优势

学院是恩施州唯一的一所职业类高校，所开设的专业与地方经济建设最贴近，区位优势得天独厚。

（五）政策优势

党和国家始终高度重视继续教育工作，特别是21世纪以来，对继续教育的重视已提升到国家战略的高度,国家宏观政策下,培训项目多,专项资金多,行业领域多;恩施州是湖北省唯一享受西部大开发政策的地区,是湖北省"两圈一带"战略,鄂西生态文化旅游圈的中心之一,是湖北省武陵山少数民族经济社会发展试验区;学院正面临着转型发展,学院党委行政对继续教育高度重视,"扩大继续教育,增强社会服务能力"是学院党委作出的决策之一。办好继续教育既有内在动力又有外部助力。

（六）继续教育自身的优势

继续教育相比传统学历教育有它自己独有的一些优势,主要体现在:学习时间机动、学习方式多样,学习内容实用、学历与技能并重的个性化学习。学生可以灵活掌控学习时间,选择学习的方式,根据需求选择学习内容,实用性强,能更好地激发学生的学习兴趣。继续教育自身的优势是其他传统教育所不具备的。

三　恩施职业技术学院继续教育存在的问题

（一）继续教育的概念模糊,定位欠准,质量不高

目前继续教育学院是学院专门从事继续教育工作的一个机构,绝大多数人心中认为,继续教育就是成人学历教育,服务对象单一,认识有偏差,忽视了继续教育非学历教育的社会功能。由于概念模糊导致重视不够,许多部门把继续教育看成是利用学校教学资源创收的途径,因此,投入不够,管理不到位,质量不高。

（二）开拓意识不强,主动出击不够,行业对接不畅

继续教育工作的市场开拓意识不强,主动出击不够,计划经济下"等、靠、要"的思想严重,对国家继续教育工作的政策研究不够,看不到自身的优势和潜力,对国家产业结构调整,特别是对恩施州区域经济发展趋势,各类人才需求方向研究不够,导致发展势头不强,与行业对接渠

道不通畅。

(三) 社会影响偏小,品牌效应欠缺

由于学院是由八所大、中专学校经过几次合并而成,原学校巨额的无形资产不复存在。虽说经过10多年的打拼学院的社会影响力有所增强,但并没有植入老百姓的心中,社会美誉度、区域影响力较小,对地方经济建设的推动力尚显不足,没有形成品牌效应。

四 恩施职业技术学院办好继续教育的对策

要办好继续教育,必须要准确定位。学院继续教育的定位应为:根植湖北西部,辐射武陵山区,服务地方经济,走学历教育与非学历教育并重的多元化发展之路。实施的对策,概括起来为一句话,就是紧盯农村市场,主动与行业对接,拓展继续教育领域,造就七"批"人。

(一) 办好"村支书"学历教育班,培养一批带领农民脱贫致富的带头人

"村支书"学历教育班是恩施州委、州政府为提升村党组书记履职尽责、带头致富能力的重要举措,村党组书记处于农村工作的最前沿,是"三州"战略、六大产业链政策的推动者和实施者,他们的工作直接面对基层百姓。把这项工作做成品牌,其影响力大,意义深远。

(二) 搞好新型农民职业技能培训,创新农学结合模式,培养一批科技致富的明白人

我国经济发展已经跨过了粗放经营、快速发展阶段,进入了强调创新、调结构稳增长的阶段。经济从粗放型向集约型转变,更多地依靠科技创新、劳动力素质提高、管理能力提升来实现经济发展。继续教育应顺势而为,把学院的各种优势与恩施州的六大产业链无缝对接,对新型农民进行职业技能培训,势在必行。

（三）做好农技人员知识更新培训，培养一批指导农民脱贫致富的守护人

全州现有农技人员 2000 多人，他们守护在农民科技致富的最前沿。但他们大多年龄偏大，知识陈旧。对他们进行知识更新、技能提升培训，实质上就是对农民脱贫致富的守护，效果凸显。

（四）对旅游及相关产业行业进行培训，打造一批恩施形象宣传的代言人

独特的自然景观，浓郁的民族风情，"世界硒都"的美誉，良好的生态环境，加上逐渐便捷的交通网络，使恩施州的旅游业异军突起，导游达 2000 人，直接从事旅游人员达 2 万人，但旅游从业人员综合素质相对较差，这是继续教育可以做大的一块蛋糕。通过对这个行业的培训，可以让他们成为恩施旅游形象的代言人。

（五）主动出击，把政策项目资金与行业培训有机嫁接，辐射带动一批行业企业的业务骨干

有的企业想对企业的业务骨干进行培训但苦于资金紧张，而有的政策项目资金却又没有用出去，我们可以充当二者的桥梁，使其有效嫁接，用政策项目资金为企业培训，三方受益。

（六）探索军地两用人才联合培养的路子，搞好退役士兵的职业技能培训，鼓励一批自主创业、勇于创新的创业人

恩施州每年有 1300 多名退役士兵，他们大多数选择自谋职业、自主创业，他们有思想、有闯劲、有创业意识，但职业技能和创新、创业能力明显不足，这是一个大有可为的培训市场。对他们的职业素养以及创业、创新能力进行培训，可以鼓励一批创业人。

（七）做好硒培训，开展硒科普，普及一批知硒、懂硒、宣传硒的内行人

恩施有"世界硒都"的美誉，但对硒元素的了解，对硒资源的分布，

对硒元素与人体健康，硒产品的开发利用等相关知识绝大多数人知之甚少，因此，实施硒培训、开展硒科普、普及硒知识，意义深远。

把恩施职业技术学院的继续教育打造成品牌，良好的社会声誉可以直接影响到恩施州的各个乡村，良好的口碑可以流传到千家万户，辐射武陵山区的偏乡僻壤。全州 400 万父老乡亲对恩施职业技术学院的办学水平、办学实力必将给予广泛认可，满意度、吸引力一定能大大提升，对在本地开展高职招生工作将起到强有力的助推作用。

推进内涵发展　提升育人质量　破解招生难题

恩施职业技术学院教务处　吴　云

摘　要：高职院校的发展已由外延发展转向内涵提升，但恩施职业技术学院一直受规模发展困扰，要突破这一瓶颈，必须加强专业建设，提升吸引力，强化队伍建设，提升创新力，开放合作办学，提升竞争力，创新体制机制，提升执行力，全面提升育人质量，使学生体面就业。

关键词：专业建设　师资队伍　合作办学　育人质量

随着全国职业教育工作会议的召开，国务院下发了《关于加快发展现代职业教育的决定》，职业教育迎来了新的发展机遇，改革发展进入黄金时期，但对于恩施职业技术学院来说高职招生规模一直困扰着学院的发展，现就如何破解招生难题谈几点看法。

一　推进专业建设，提升专业吸引力

专业是学校的品牌和灵魂，一所学校办得好不好，关键是看有没有几个像样的专业；专业是学校教学改革的切入点和突破口，所有的教学改革都必须放在专业这个平台上才能真正取得实效；学院的办学特色也要通过专业的特色来体现。

（一）专业结构不断调整，要动态优化

学院现开设专业42个，2015年湖北省教育厅批准的招生专业为30个，实际有学生的专业只有17个，学院应在人才需求调研和系统分析的基础上，按照发展型、扶持型、维持型和放弃型4种类型，对专业设置进行动态调整。发展型专业，即市场需求大，学生就业率高，并且师资队伍也强，就要加大建设力度；扶持型专业，即市场需求大，但办学实力较弱，学院应对这类专业进行政策倾斜扶持；维持型专业，即市场需求不大，但师资队伍强，办学实力也强，这样的专业不能取消，但也不需加大投入，不需要在这样的专业上费很多心思，只要能维持就行；放弃型专业，即这类专业是学院原来设置的，市场需求不大，办学实力也较弱，那么对其要敢于放弃。

（二）专业是有历史的，要办活

学院设置一个专业，首先应该明确开设的理由（社会需求）、人才培养的规格（办学定位）、育人的软硬件条件（培养能力）以及专业发展未来的愿景（规划目标）。每一个专业从其开设之日起，都应该有成长历程，专业应该是活的，不要有意无意地把专业变成死的。高职专业的经济属性决定了高职专业建设必须要跟随服务，甚至个别专业要引领其所对接产业的发展。产业在变化、在提升，专业也应随之而变化，要对专业课程体系、教学内容作出相应的调整。

（三）专业要差异化发展，要办出特色

学院开办专业要实行差异化发展，首先，要对湖北省乃至全国同类专业进行调查，对各个学校同一专业的专业定位、培养目标、培养规格、课程体系、人才培养模式分析比较；其次，要对恩施职业技术学院同一专业在恩施州的人才需求状况、就业岗位的任职条件进行调查；再次，要对恩施职业技术学院该专业定位、培养目标、培养规格、课程体系、人才培养模式、师资队伍、实训基地、办学历史、办学状况进行分析；最后，在比较分析的基础上形成恩施职业技术学院专业的办学特色。

（四）以"专业+"应对"互联网+"，要跨界

在我国经济新常态下，产业升级和产业跨界发展对高职院校人才培养提出了多样化要求，特别是以互联网为纽带的服务业、制造业等行业，跨界融合发展对人才素质提出新的要求。如现代服务业和生产性服务业，"越来越多的服务对象是活的人，而不是死的物，这不仅要求毕业生有技

能,还要有智商、情商,全面可持续发展"。"复合能力是高素质人才的核心能力,能适应新常态带来的创新创业等要求。""专业+"的具体做法就是主干专业+拓展专业,主干专业培养学生的专业核心能力,拓展专业培养学生的职业变迁能力、社会普适能力、创新创业能力。

二 加强队伍建设,提升教师的创新力

育人以学生为本,办学以教师为本,只有有一流的教师,才能培养出一流的学生。

(一) 关注青年教师成长

青年教师是职业技术学院的未来,他们的成长好坏,直接关系学院未来发展的好坏,关注青年教师成长要做好以下几件事。

(1) 要为青年教师减负。目前恩施职业技术学院35岁以下的青年教师普遍教学任务重,一般周学时为16~24学时,还要担任一个班的班主任,除了完成上课和班主任的规定任务之外,没有多少时间来认真备课、钻研业务,更谈不上跟着老教师听课,学习教学方法和教学艺术。

(2) 要为青年教师成长搭建平台。青年教师成长要平台,更要舞台,尤其是各个系部要多为青年教师参加技能大赛、企业实践、挂职锻炼,开展教科研、教学建设提供机会,创造平台。

(3) 教学上多指导,生活上多关心。对青年教师在教学纪律上要严格要求,要求他们要严格遵守学院的教学工作规范,对他们在业务上要多指导和引导,帮助他们提高自身的教学能力和业务水平,同时生活上要多给予他们关心。学院青年教师绝大多数都是来自于农村,有部分教师还来自于外省,生活压力大,工作压力也大,要多为他们做些力所能及的事。

(二) 塑造大师

原清华大学校长梅贻琦先生说过,"所谓大学者,非谓有大楼之谓也,有大师之谓也"。大学要有大师,如何培养恩施职业技术学院的大师呢?一是要让一些有能力、在行业企业有影响力的教师走出校门,深入行业企

业帮助解决技术难题，在时间上给予保证，在经费上给予重点支持；二是选拔有培养前途的中青年教师到知名大学去培训进修、做访问学者，提升教师的科研和技术服务能力；三要建立激励机制，学院要迅速出台《科研成果奖励办法》和《教学改革与建设成果奖励办法》，重奖在服务地方经济建设和学院建设中做出突出贡献的教师，让他们干有所值。

（三）建设团队

独行快，众行远。众人划桨开大船，一根筷子轻轻被折断，十双筷子牢牢抱成团。无论是管理，还是教学、科研，都必须要依靠团队的力量，尤其是在经济发展的新常态下，面对"互联网＋"，面对信息时代，要合唱，不要独唱，只要大家齐心协力，心往一处想，劲儿往一处使，就能创造出奇迹。要搞好团队建设，必须要培养高水平的团队带头人，学院应迅速出台《学术带头人培养管理办法》和《技术服务带头人培养管理办法》。

三 开放合作办学，提升学院竞争力

（一）推进校企合作办学，实现深度融合

要选择真正有用人需求的规模以上企业开展校企合作，充分发挥企业在人才培养中的主体作用，要和企业联合办"订单班""冠名班""特色班"，形成人才共育、过程共管、成果共享、责任共担的紧密型合作办学体制机制。要切实推动校企共建校内外生产性实训基地、技术服务和产品开发中心、技能大师工作室、创业教育实践平台等，切实增强学院技术技能积累能力和学生就业创业能力。

（二）深化校校合作办学，实现中高本衔接

（1）要搞好"3＋2"分段培养。一是各系部首先要在一所中职学校一个专业上寻求突破，把这一个专业做好做实后，再寻求在其他专业上突破；二是要利用我们的师资优势，各个专业要在教学改革、教学研究、技能竞赛等方面发挥龙头带动作用，让中职学校心服口服。

（2）要搞好"3+2"专本衔接。要争取2016年在恩施职业技术学院开通"3+2"专本衔接，要及早谋划，为"3+2"专本衔接专业的开办创造条件。

（3）与沿海发达地区院校开展合作。充分利用沿海经济发达、企业规模大、人才需求量大的优势，选择一个专业与沿海发达地区的高职院校开展联合办学。

（4）开展国际合作办学。引进国（境）外高水平专家和优质教育资源，实施学院与国外职业院校教师互派、学生互换，探索与国（境）外职业院校合作办学。

（三）开展校地合作办学，实现合作共赢

（1）搞好农村小学全科教师培养。积极筹备，按照恩施州委、州政府要求，开办农村小学全科教师班、农村小学艺术教师班、幼儿教师班。

（2）积极争取政府订单班。在畜牧兽医、城镇规划等专业率先开展州政府订单培养，同时积极与州直各行业部门、各县市政府开展订单培养、联合办学，满足区域经济发展对技术技能人才的需求。

四　创新管理机制，提升学院执行力

（一）实施专业教学团队负责制

要整合现有的教研室主任和专业带头人（负责人），建立起由专业负责人主导的专业教学团队负责制，推行教学、学生管理一体化，专业所属班级班主任由专业负责人聘任，各个班级建立起以专业负责人和班主任为主导的班级教学管理团队，使专业教学团队参与招生、培养、就业全过程，增加管理的针对性和实效性。

（二）建立教师教学管理竞争机制

（1）要创造竞争环境。修订《恩施职业技术学院职称评审评分细则》，要真正将职称评定与教师的教学工作量、科研成果、班主任经历、指导青年教师、社会实践、"双师"素质、培训进修、年终考核等挂起钩来，突出职称职级晋升的导向作用，为学院的发展积累正能量。

（2）要建立教师准入机制。制定教师准入标准，只有达到标准的教师才能走上讲台担任任课教师。

（3）要建立教师退出机制。对于一些师德较差、教学能力不足、学生反映极差的教师，应调离教师岗位。

（三）改革教师教学质量评价机制

要成立教学质量管理中心或质量管理处，牢牢牵住人才培养质量这个"牛鼻子"，建立学生全员参与、实施网络评教机制，要将教师的教学质量评价结果与教师年终考核评优挂钩，要与教师晋职晋级挂钩。

总之，要使学院持续健康发展，必须大力加强内涵建设，强力推进开放合作办学，不断创新体制机制，学院上下真正树立"以生为本"的理念，才能培养出高质量的学生，才能使学生高质量就业、体面就业，才能真正破解学院招生难题，也才能不断满足区域经济发展对技术技能人才的需求。

中高职一体化学生流失原因调查分析及对策研究

——以恩施职业技术学院计算机专业为例

恩施职业技术学院信息工程系　高寿斌　谭再锋　文小华

摘　要：中高职一体化是目前构建现代职业教育体系的重要组成部分。为降低中高职一体化学生的流失率，本文旨在对流失现象及原因进行跟踪调查，并提出应对措施的相关建议。

关键词：中高职一体化　学生流失原因　对策

"中高职一体化"又称"中高职衔接"，是目前高职院校普遍采用的一种既能保证生源又能保证教学质量的模式，也是现代职业教育体系的重要组成部分。各地在推行该措施时均出现了学生流失现象。关于流失原因，国内虽有部分学校进行了分析研究，但尚未有较全面科学的调查分析。笔者对恩施职业技术学院2012年、2013年进校的计算机专业共136名中高职一体化学生进行跟踪调查，试图对学生流失的原因进行分析，并在此基础上探讨降低学生流失率的对策。

一　流失情况调查

2012年招收计算机专业中高职一体化学生共43名，截至2014年9月进入高职跟读共26人，流失率为39.5%；2013年招收93名中高职一体化学生，截至2015年9月底，进入高职跟读51人，流失率为45.2%。其中，2013级学生进入高职跟读后，2014年9月至2015年9月期间，流失率为0。

（一）流失基本现象调查

统计调查发现，流失主要出现在中职升高职阶段，流失情况如表1所示。

表1 恩施职业技术学院计算机专业中高职一体化学生流失情况调查

单位：人,%

	进校学生	中职阶段流失	中升高流失	高职流失	总流失率
2012级	43	5	12	0	39.5
2013级	93	11	33	—	45.2

注：进校学生包括开学报到数和后期陆续转入的学生数。

（二）流失去向调查

针对不同阶段流失的学生，恩施职业技术学院计算机与信息工程系计算机公共基础教研室组成调查小组，成员分别通过座谈、家访、电话沟通等方式进行了解，并对家长及学生反映的有关学校方面的问题进行实地调查，归纳学生流失去向情况如表2所示。

表2 恩施职业技术学院计算机专业中高职一体化学生流失去向

单位：人

	流失总数	转专业	打工就业	入伍	待业
2012级	17	1	16	0	0
2013级	44	5	36	0	3

如表2所示，流失的学生主要去向是打工就业（占流失总数的85.25%），为探究流失原因，调查组对此进行了重点调查，其结果如表3所示。

表3 恩施职业技术学院计算机专业中高职一体化学生流失原因调查

单位：人,%

	厌学	想读但父母不支持	违纪离校	家庭经济困难	读书无用论	总计
2012级	8	3	2	3	1	17
2013级	19	5	4	11	5	44
占比	44.26	13.11	9.83	22.95	9.83	100

据表 3 可知，2012 级和 2013 级共流失学生 61 人，主要流失原因是厌学，占比 44.26%，第二大原因是家庭经济困难，占比 22.95%。

二 流失原因分析

经过初步调查之后，调查小组召集计算机与信息工程系公共基础教研室的所有成员进行分析讨论，并在一定范围内征求恩施州内其他职业中学计算机专业相关老师的建议，总结出计算机专业中职学生流失的主要原因有以下五种。

（一）学生本人厌学

这是流失的主要原因，比例高达 44.26%。这部分学生在入校前就没有养成良好的学习和生活习惯。他们进入职业学校学习，要么是迫于家庭压力，要么是抱着"跟同学去玩玩"的心态，甚至于是因为喜欢玩计算机才选择计算机专业的。这类学生在学习过程中如果遇到纪律约束或者在学习上遇到困难就会主动要求退学。

（二）家庭经济困难造成学生流失

近几年因家族经济困难而辍学的较少，但依然存在，这是流失的第二大原因，占比 22.95%。其中 2013 级中的 11 例，有 6 例是因父母离异造成，2 例是因为家庭出现重大突发困难（车祸、病困），3 例是因父或母过早离世。对于经济困难不能继续上学的学生，国家其实早有相应的扶助政策，但中高职一体化的学生从第二学年到第三学年时，因尚未取得高职学籍而无法享受国家扶助政策，而学费从零增加到几千元，陡然的转变令这些家庭无法承受，这些学生也就被动流失。

（三）父母不支持继续上学

父母不支持学生继续读高职的原因各异，但在访谈中发现，两年共 8 例中，其中有 4 例是因为学生家长对学校的管理不信任，有 2 名学生家长认为学校不可能将自己的孩子塑造成有用之才（对学校专业不信任）而拒绝继续送孩子上学。

（四）学生因违纪被处分或主动提出退学造成学生流失

学生因为违纪受到勒令退学处分或主动提出退学而造成的流失主要集中在入学的前三个月，但也有极少数学生小错误不断并且屡教不改，积累到升入高职时，学校管理部门或教师个人忍无可忍将其"劝退"。

（五）读书无用论的影响造成学生流失

现在"读书无用论"的主要观点是"博士生、硕士生、本科生、专科生毕业后都是打工，都找不到工作，不如不读"。在这种思想影响下，特别是极少数学生在同村外出务工的玩伴的影响下"毅然"退学去挣钱。在调查研究中发现，这种情况占比较小（9.83%），并且经常会出现学生"反悔"的现象，即学生在外务工两到三个月（最多坚持一年）后就想回校重新上学。

三 降低中高职一体化学生流失率的应对措施

降低中高职一体化学生流失率，保证中职生进入高职的入学率是职业院校持续发展的有力保障之一。在全面调查学生流失原因之后，调查小组多次分析讨论，就如何降低计算机专业中高职一体化学生流失率提出如下应对措施。

（一）加强学科专业建设，保证中职生升入高职时专业选择畅通

计算机相关专业在中职阶段并无太大的专业差异，但进入高职后差异明显。如果学生在升入高职时没有可选择的专业，就极有可能造成学生流失。因此，在学科建设时一定要注意各专业均衡发展，并且在专业设置上一定要随社会需求而灵活变通。

在学科建设中，加强教学设备的建设和提高设备管理水平对保证学生顺利进入高职也显得十分重要。计算机专业的学生在中职阶段可以进行大班制教学，但进入高职后受专业教学规律和招生规模的限制，只能是小班

教学。而教学设备如果仍以标准教室来设置，要么会造成设备浪费（如标准实训室 40 个而班级学生不足 30 人），要么会造成设备不足。为解决这一矛盾，调查小组建议，可以将教学设备（主要指计算机）"私有化"，即报到一名学生即配备一套设备，但要求该设备只能在指定的地方和指定的时间（课程表）使用。

加强学科建设，不仅要加强内部建设，而且要加强外部宣传，特别是有针对性地对中职学生的家长进行精准宣传。如表 3 所示，因"想读但父母不支持"而流失的学生共 8 名，其中除 1 名学生家长是因为"担心孩子再读书年纪就大了嫁不出去"外，有 2 名学生家长都是因为认为"计算机专业学了无用，不如学某某专业"，而这 2 名家长却并未对高职计算机的相关专业做详细深入的了解。

（二）加强校风建设，严格规范学生的学习和生活管理

调查分析发现，校风和学风对学生的流失有较大的影响。一是校风较差严重影响学校声誉，导致学生家长对学校不信任；二是学风不严谨会导致本就学习习惯不好的学生更加散漫，而这种学生反而会以"学不到东西"为由屡次提出退学要求；三是如果对违纪学生处分不严要求不高，往往使学生由"被动流失"变为"主动流失"，严重影响学校声誉。

加强校风建设可以从如下三个环节入手：一是在可调控的范围内提高学生入学门槛。可根据学校建设规划对招生规模进行科学控制，一方面提高生源素质，另一方面避免盲目扩招导致管理和教学质量下降。二是加强军训教育，利用军训来培养学生的坚强意志和强健体魄。实践发现，不能坚持完军训的学生大多意志薄弱，在学习过程中属于最容易退学的群体。因此，为保证后期的学生尽量少流失，学校可以考虑在学生入学的军训中就淘汰一批意志薄弱随时可能流失的"逃兵"。三是加大学生违纪处理的力度。中职学校就学生违纪处理有相同的经历，为留住学生减少流失，对违纪学生的处分标准一再降低。这种做法的结果是虽然留住了少数违纪学生，却使违纪学生更加有恃无恐、变本加厉，严重败坏校风，影响其他学生和部分家长，从而导致更多学生流失。

(三) 加强、完善中职生顶岗就业制度

职业院校的学生进入企业顶岗实习是一种可行的教学制度,在实践中发现,组织好中高职一体化学生在中职阶段的顶岗实习对保证高职入学率有积极推动作用。如表3所示,影响高职入学的第二大原因为家庭经济收入问题。如果组织好顶岗实习及假期社会实践,学生完全可以凭自身能力解决高职学费问题。同时,学生在经历企业顶岗实习之后,会深刻认识到现实生活的艰辛,从而克服厌学情绪。

(四) 加强学校软硬件建设

调查中发现,136名学生中有98人的父母在州外务工,他们十分关注孩子在校的管理和安全问题,而学校在学生住宿条件方面与州内普通高中相比有一定差距,并且在校园内教学和生活秩序管理上存在一定的不足。因此,加强学校硬件建设不仅是降低流失率的措施之一,而且可以在一定程度上提高学校生源质量。

(五) 完善健全对贫困家庭学生的扶助制度

目前,国家已经对中职学生有相当大力度的经济扶持,学生因经济困难而辍学的情况也不多见,学校健全扶助制度,帮助家庭经济困难的学生渡过中职免费到高职较高学费的转折阵痛,也能有效降低中高职一体化学生流失率。

利用上述措施,实质就是学校全面提高管理水平、提升教学质量,从而有效降低中高职一体化学生的流失率。在采取各项措施降低学生流失率的同时,也应该客观理性看待中职生的流失问题。根据实践经验,招收的中职生中,如果在入学教育和军训的过程中淘汰5%的意志薄弱的学生,在维护校纪校风的管理过程中淘汰5%左右的学生,那么其他原因的流失,就基本可以控制在10%以内。总之,将中高职一体化学生的流失率控制在20%以内是可行的,但要降低到更低的水平则比较困难。

四 小结及建议

本文在调查分析中职学生流失原因的基础上,提出了降低中高职一体化计算机专业学生的流失率的应对措施,对职业教育的发展有一定的借鉴作用,但相关论题特别是加强完善中职生顶岗就业的问题,还有待进一步实践研究。

以就业为导向　培养市场需要的高技能人才

恩施职业技术学院老干部处　杨光明

摘　要：在高校毕业生就业问题上，现在有三对矛盾并存，为此，高职高专教育必须以就业为导向，深化教育教学改革，构建科学的教学体系，建立以突出能力培养，满足市场需求为特色的高技能人才培养模式，在努力提高就业能力和人才质量上狠下功夫，开展就业指导教育，提高高职毕业生就业率。

关键词：就业　导向　高职　教学改革

《国务院关于加快发展现代职业教育的决定》对职业教育的总体要求是："以邓小平理论、'三个代表'重要思想、科学发展观为指导，坚持以立德树人为根本，以服务发展为宗旨，以促进就业为导向，适应技术进步和生产方式变革以及社会公共服务的需要，深化体制机制改革，统筹发挥好政府和市场的作用，加快现代职业教育体系建设，深化产教融合、校企合作，培养数以亿计的高素质劳动者和技术技能人才。"但目前在高校毕业生就业问题上，存在三对矛盾：一是有岗无人和有人无岗现象并存。二是无业可就和有业不就现象并存。无业可就表明学校培养的专门人才在社会上找不到自己的位置；有业不就则反映出毕业生缺乏适应高教大众化时代的就业观念和创业能力。三是高级蓝领奇缺和高职毕业生就业率最低现象并存。在高校各类毕业生中，高职毕业生就业率偏低。高校毕业生就业问题上的三对矛盾，其根本原因在于我国当前高等教育体制对高教大众化带来的就业大众化趋势的严重不适应。因此，以就业为导向，深化高等职业教育改革，提高毕业生就业率是高等职业教育持续健康发展的关键，是高等职业教育改革与发展的主旋律。

一 以就业为导向是我国高等职业教育发展的必由之路

（一）以就业为导向是高等职业教育的根本任务

李克强总理在会见全国职业教育工作会议代表时指出："要加快培养高素质劳动者和技能人才，为推动经济发展和保持比较充分就业提供支撑。"以就业为导向，切实深化高等职业教育改革，是满足我国社会发展和经济建设需要、促进高等职业教育持续健康发展、办人民满意教育的关键环节。就业是民生之本。服务于解决大多数人的就业问题，满足人民群众不断发展变化的就业、转岗以及下岗再就业的需求，这是职业教育的立足之本；根据经济和社会发展要求，培养多层次、多样化的技能型人才，造就数以千万计的高技能人才和数以亿计的高素质劳动者，这是职业教育的根本任务。

（二）以就业为导向培养社会急需的高技能人才是高职院校的主要职能

高等院校具有培养人才、发展科学和服务社会三大职能，其中以就业为导向，培养社会急需的高技能人才是高职院校的主要职能。随着我国经济体制改革的不断深入和经济结构的不断调整，新兴劳动密集型产业不断涌现，社会急需大批掌握现代科技知识的应用型人才。高职教育必须树立以就业为导向的办学理念，不断深化教学改革，提高学生的综合素质，培养社会急需的高技能人才。

（三）以就业为导向是增强高职院校生存与发展能力的必然选择

科学定位是高职院校健康发展的决定性因素。确定以就业为导向的改革与发展思路，可以使高职院校的成长周期在一定程度上缩短，尽快走出一条独具特色的发展之路。在以就业为导向的高等职业教育发展思路指引下，坚持走产学研结合的发展道路，改革人才培养模式，加强教学基本建设、努力提高教育教学质量，加强高等职业教育对经济建设和社会发展的贡献能力，提高高职院校生存与发展能力。

二 以就业为导向，深化教学改革，培养社会急需的高技能人才

《国务院关于加快发展现代职业教育的决定》指出："服务需求、就业导向。服务经济社会发展和人的全面发展，推动专业设置与产业需求对接，课程内容与职业标准对接，教学过程与生产过程对接，毕业证书与职业资格证书对接，职业教育与终身学习对接。重点提高青年就业能力。"以就业为导向，深化教学改革，构建科学的教学体系，是保证高技能人才培养质量的关键。多年来，恩施职业技术学院积极探索、大胆实践，建立以突出能力培养、满足市场需求为特色的高技能人才培养模式，在努力提高就业能力和人才质量上狠下功夫。

（一）对准市场设专业

恩施州既是全国最年轻的少数民族自治州，也是被国家纳入西部开发范围的三个少数民族自治州之一。境内拥有丰富的水能、矿产、生物、旅游资源，享有"鄂西林海""华中药库""中华硒都"的美誉，目前正面临西部大开发、天保工程、鄂西生态文化旅游圈建设多个机遇。恩施州委、州政府提出了坚持以科学发展为主题，"实施三州战略、推进绿色繁荣"的经济社会发展战略，并确立卷烟、水电、食品、药化、建材为恩施州五大骨干工业，烟叶、茶叶、畜牧、林果、药材、特色蔬菜产业为恩施州六大主导产业。近年来，恩施职业技术学院根据恩施州的发展战略，围绕五大骨干工业及六大主导产业，先后设置了机电一体化技术、园林技术、畜牧兽医、建筑工程技术、生物制药技术等专业；根据制造业技能型人才紧缺的现状，设置了计算机应用技术、计算机网络技术和数控技术等专业；根据恩施州企业经营管理人才紧缺的现状，设置了电子商务、市场营销、会计和财务管理等专业；根据服务业技能型人才短缺的现状，设置了旅游、广告与装潢和汽车运用技术等专业。目前，高职高专专业已达到42个。学院在重视专业调整的同时，不断加大专业教学改革力度，建设并确定畜牧兽医、旅游管理、建筑工程技术、园林技术4个专业为教学改革

试点，按照"整体上水平、局部创优势"的思路，学院又将会计、旅游管理等专业作为品牌专业和特色专业进行建设。对于品牌专业和特色专业建设，学院在师资调配、师资队伍建设、经费投入和设备保障方面给予政策优惠。目前，通过几年的建设与发展，畜牧兽医、旅游管理、建筑工程技术、园林技术专业已建成省级重点专业。学院的计算机应用技术、旅游管理专业还被教育部确定为技能型紧缺人才培养培训任务的高职院校之一。

（二）对准岗位设课程

职业技术教育的职业性特征决定了职业教育不能按照学科体系而必须按照岗位、职业所需要的能力要素设置课程体系。岗位或职业需要应知应会什么，就设置什么课程，进行什么技能训练。为此，恩施职业技术学院确立了从职业岗位能力入手逆向设计课程体系改革思路，将职业岗位资格证书课程纳入专业教学计划，并大胆地将课程体系划分为理论教学体系、实践教学体系和素质教育体系，强调理论教学体系必须为实践教学体系服务。根据全新的课程体系改革思路，近几年来全面修订了各专业的人才培养方案，通过"精简、融合、重组、增设"等途径，优化课程设置，通过"砍、增、缩、减、改"等手段，对教学内容进行改革，保证了教学内容的实用性和针对性。与此同时，学院狠抓课程建设。确立了30多门专业主干课作为"精品课程"进行重点建设，通过几年的努力，有20多门课程建成院级精品课程。会计学原理、C语言程序设计、饭店前厅客房服务、应用微生物技术、导游业务、图形图像处理等课程被湖北省教育厅确定为省级精品课程。

（三）对准实践抓教学

职业技术教育的技术性特征决定了课程教学必须把实践教学作为重中之重。为了突出实践技能的培养，一是深化课程教学内容的改革，近几年，对200多门课程的课程标准、100多门课程的实训大纲和实训指导书进行了重新修订，自编并公开出版了20多门专业主干课的教材，保证了实践教学在内容上落到实处。二是强化实践教学计划管理，从专业教学计划总学时数到专业课课程学时数，原则上理论教学学时与实践教学学时数的配比达到了1:1。学院部分专业，如机电一体化技术、建筑工程技术、畜牧兽医等专业实施"以训代教"改革，实践教学课时比重达到60%以上，保证了实践教学在计划和时间上落到实处。三是强化实践教学考核管理，学院出台了《恩施职业技术学院实训教学规程》《恩施职业技术学院实训教学奖惩条例》等系列文件，以制度建设为保证，从考核方式的转变入手，确保实践教学在效果上落到实处。

（四）对准质量强管理

为了保证教育教学质量，学院建立了"1333"校企共育、工学交融、能力递进人才培养模式，即人才培养一个本位：以职业能力为本位，校企共同确定专业人才培养标准；课程构造三个模块：校企共同开发专业支撑课程、专业核心课程和专业拓展课程三个模块化课程；能力提升三个层次：校企共同实施职场体验实习、专业顶岗实习和就业顶岗实习；培养过程三个结合：校内学与做（训）相结合，校内培养与校外培养相结合，校内考核与企业考核相结合。坚持"抓顶层系统设计，强过程质量监控，提专业内涵发展，评人才培养质量"的建设思路，引入社会评价，建立起双方参与、双向督导、双向评价、双向反馈的教学质量保障体系。同时，还独立设置了教育教学督察室，负责对教学质量和教学制度执行情况进行监控、督导。全面加强质量管理，建立了以学生评教为主要形式的课堂教学质量评价体系和以学生评教与专家随机抽查相结合为主要形式的实训教学质量评价体系，特别是加大了实训教学过程和效果的检查力度，成立实训教学质量评价专家组，定期和不定期地深入实训场所检查学生操作能力的培养情况，并把所检查的情况作为教师教学效果考核的主要依据。建立教育教学质量社会监督管理体系，成立了学院建设与发展理事会、专业建设指导委员会，使更多的社会力量参与学院的建设与管理。教学质量监控系统和保障体系的建立和完善，为教育教学质量的稳步提高提供了可靠的保证。

以就业为导向，面向市场办学，下大力气狠抓教育教学改革，狠抓学生学习能力、职业能力和创新能力的培养，带来了学院教育教学质量的明显提高。如恩施职业技术学院2008届计算机应用专业毕业的姚俊同学，在来凤县创建上蜂寨专业合作社，走出了一条适应市场需求的创业之路。姚俊同学受到各级政府的关注与支持，2011年，他被共青团湖北省委、湖北省青年就业创业指导中心评选为"2011年湖北青年创业榜样"；被恩施州科学技术协会评为"恩施州科技示范明星户"；被湖北省教育厅评选为"大学生创业典型人物"；被恩施州温州商会常务副会长谢炳练先生赞誉为"恩施最具发展潜力青年"；该社被来凤县人民政府评选为"十佳农民专业合作社"。恩施职业技术学院会计专业2008届毕业生刘涛，中共党员。2008年通过层层考核，被选聘为湖北省首批大学生村官，现任恩施州太阳河乡石林村村委会主任助理。2008年，刘涛被共青团恩施州委表彰为"优秀共青团员"；2010年，被中央湖北省委组织部、省财政厅、共青团湖北省委联合表彰为"全省首届大学生村官'创业之星'"，并荣获第六届"恩施市十大杰出青年"称号。刘涛用自己的实际行动体现了一名大学生村官扎根基层、服务农村、乐于奉献的精神。几千名被认为在高考和中考中"落榜"的学子在恩施职业技术学院踏上了成人成才和创业创新之路。

三 开展就业指导教育，加大就业指导力度

高就业率是社会对学校教育教学质量的综合评价。近年来恩施职业技术学院在调整专业结构，深化教学改革的同时，注重培养学生的就业能力，积极开展就业指导教育。

（一）制订就业指导教育计划，将就业教育贯穿于教育教学的始终

开学伊始，针对新生刚刚从高考的紧张中解脱出来，思想上容易产生放松学习念头的现象，学院在入学教育中就安排了一堂严肃的就业形势课，结合专业教育分析就业形势，介绍社会需要的人才类型，使学生一入校就绷紧就业这根弦，端正学习态度。随着学习的深入，就业指导也渗透专业学习之中，由任课教师介绍所学专业知识在职业领域中的应用，以及应用中应遵循的各种规则，使学生对未来的岗位有一个清晰的了解。在临近毕业时，又专门开设了大学生就业指导课程。为了让学生感受就业体

验、增加求职经验，学院还聘请往届优秀毕业生回校传授求职心得、面试技巧等经验。同时，学院还组织学生参加各种就业洽谈会。

(二) 教育引导学生转变就业观念

首先，教育学生树立正确的人生观和价值观，明确工作只有分工不同，没有高低贵贱之分，只要能体现出人生的价值就是好岗位、好工作。其次，教育学生要摆正位置，不要好高骛远、盲目攀比，要正确认识自己的能力和水平，选择适合发挥自己长处的岗位。最后，引导学生认清职业发展与现实待遇的关系。一些工作岗位可能条件艰苦，现实待遇不高，却有着很好的发展前景，对于眼前的困难要耐得住，吃得消，要看到长远的发展前景。通过就业指导教育，学生对自我定位、社会需求都有了很好的把握，增强了就业信心和能力。

以就业为导向，培养社会急需的高技能人才，满足了社会需求，提高了恩施职业技术学院毕业生在就业市场中的竞争力。毕业生就业率从2009年的93.4%上升到2014年的96.6%，高于全国同类学校的平均水平，且建筑工程专业、文秘专业、会计专业的毕业生供不应求。

以衔接模式创新促进高职招生规模的思考

恩施职业技术学院招生处　向　阳

摘　要：高职招生生源不足已成为普遍问题，中高职有机衔接是建立现代职业教育体系的重要举措和促进高职规模扩大的重要路径，本文从增强中高职衔接、促进高职招生规模的必要性谈起，探讨了中高职衔接的创新模式和保障措施。

关键词：高职生源培植　中高职衔接　创新

加强中高职衔接教育，构建现代职业教育体系和技术技能人才培养"立交桥"，是贯彻落实国家《关于加快发展现代职业教育决定》的重要举措。创新开展中高职衔接是应对高职生源新变化的顺势之举，是适应高职招生考试改革新要求的应对之策，是促进高职招生规模扩大的必然选择。

一　加强中高职衔接促进高职招生规模的必要性

（一）加强中高职衔接、促进高职招生规模是适应新时期生源结构新变化的需要

统计数据显示，我国高中适龄人口生源将从 2005 年近 400 万人降至 2014 年的 150 万人，未来 10 年中国 18 岁到 22 岁的人口将减少约 4000 万人。高中生源呈逐年下降趋势，全国高考报考人数持续减少，而高等学校招生计划逐年增加，位处招生录取最后批次的全国众多高职院校已呈现"生源荒"。

但由于中职学校可以招收初中毕业生、普高毕业没有考上大学的学

生，还可以招农民工、复转军人等，2009年中职学校招生比例首次超过了普通高中，达到了51.3%，生源结构发生了根本性变化，这就意味着中职毕业生将会成为高职院校的生源主体，且中职学生有迫切愿望进入高职进一步提升技能的比例在大幅提升。因此，为了满足经济社会对高素质劳动者和技能型人才的需要，加强中高职衔接，拓宽中职毕业生继续学习的渠道，构建中高职教育衔接"立交桥"，稳步扩大高职招生规模，势在必行。

（二）加强中高职衔接、促进高职招生规模是体现教育公平、促进新生劳动力就业和改善民生的需要

教育公平是社会公平的基础，是人生公平的起点。由于各区域资源、区位等先天不足，高职教育的发展存在着现实的不均衡性；而且老少边穷地区高中教育和中职教育均不发达，大量初中毕业生失去就读高中机会的同时，中职学校又难以满足技能培养的要求，加上招生制度"重学轻术"，招生专业计划又明显偏重高中毕业生，中职生与高中毕业生继续接受高等教育的机会存在着现实的不均等性，必然影响教育公平。

加强中高职衔接促进高职招生规模，拓宽了中职毕业生继续接受高职教育的渠道，满足其渴求成为高素质劳动者和技能型人才的愿望，是促进教育公平、实现教育公益性和均衡性发展的职责所在，也是推动区域经济发展、促进就业、改善民生、解决"三农"问题的重要途径。

（三）加强中高职衔接、促进高职招生规模是为经济社会发展培养高素质技能型人才的需要

各种类型与层次的技能型人才缺乏，已经成为提升新型工业化、信息化、城镇化和农业现代化水平，加快产业升级、加强生态文明建设和社会事业发展，促进经济社会实现跨越式发展的瓶颈，而高职院校对经济社会发展所起的作用不可替代。创新开展中高职衔接促进高职招生规模，不仅拓宽了中职学生继续学习的渠道，为广大学生提供了更多的接受高等教育的机会，更能不断满足经济社会持续发展对高素质技能型人才日益增加的需求，促进全面建设小康社会目标的同步实现。

（四）加强中高职衔接、促进高职招生规模，满足了促进高职教育持续健康发展的需要

在生源总数逐年下降、高校招生计划逐年增多、生源保护日趋严重、生源竞争更加惨烈的大趋势下，部分高职院校面临生存的危机。创新开展中高职衔接教育，能使高职院校摆脱招生困境，保持适度规模，更好地为经济社会发展提供人才支持和技术支撑，使各高职院校拥有的教育资源和承担的社会责任相适应，达到促进高职教育持续健康发展的目的。

二　创新中高职衔接模式促进高职招生规模

实施中高职衔接教育，搭建中高职人才成长"立交桥"主要是为了更好地提供公平发展机会，培养更多的适应生产服务需要的高素质技术技能型人才。同时也为高职招生储备充裕、优质的生源，达到稳定规模、优化结构、壮大高职的目的。因此，在遵循相关政策规定和招生制度的前提下，模式的创新至关重要。

（一）创新实施"3+2"中高职人才培养一体化模式

"3+2"中高职人才培养一体化模式学制五年，是高职学校和中职学校分段培养，前三年在中职学校学习，由中职学校负责在所在县市招生，中职毕业后双方共同考核转入高职学习，但从中职段招生开始就受专业、计划及录取分数线（不得低于普高最低分数线）控制。为了加强中高职衔接、促进高职招生规模扩大，在以紧密的校校合作关系建立的基础上，采取招生由双方共同进行宣传，实行"2+3"教学及管理模式，即第一、二年中职段学习结束后，第三年提前进入高职学校开始高职段学习，将中职和高职实习集中在最后半年，学生学费缴纳标准及享有相应的资助奖励政策不受影响，确保中职学校及学生利益不受影响。

（二）创新开展"2+3+1"中高职衔接合作培养教育模式

"2+3+1"中高职衔接教育合作培养模式的显著特点是灵活自主，其

以紧密的校校合作关系建立为基础,是高职院校与县市职校对没有取得五年制中高职分段培养招生资格的专业进行以双方协议商定开展合作办学、分段培养的模式。中职段招生计划及录取分数线均可自我确定,由县市中职学校负责在本区域招生宣传或者由双方共同进行招生宣传,学制六年,实行"2+3+1"教学及管理模式,即第一、二年中职段学习结束后,第三年提前进入高职学校开始高职段学习,第四年通过甲方组织的单独招生考试或全省技能高考取得高职学籍,将中职和高职顶岗实习集中在最后一年,学生学费缴纳标准及享有相应的资助奖励政策不受影响,确保中职学校及学生利益不受影响。

三 创新开展中高职衔接、促进高职招生规模的保障措施

(一) 合作创新,重在成效

建立紧密型职教集团是促进中高职衔接工作开展的最佳抉择,是促进中高职衔接教育持续健康发展的重要举措;通过联合申报项目、指导专业建设、教师互派及交流培训、教学实训资源共建共享等方式,与中职学校建立持续稳定的合作关系是核心环节;同时积极争取五年制、单独招生等招生优惠政策,确保创新开展中高职衔接教育促进高职招生规模的有效性。

(二) 教学创新,重在有效

要围绕"知识+技能"招生考试制度改革和中高职衔接教育实施的需要,整合优化现有教学资源,强化专业群的创新构建。要围绕专业群的构建,加强师资、课程、教材、实习实训场地等教学基本建设;要围绕中高职有序衔接、紧密衔接特点,体现中高职衔接教育"一体化"的原则,有针对性和创造性地完善人才培养方案,科学构建专业课程体系和设计中高职合理分段的实践教学环节;要通过加强校企合作,实施订单培养等方式,建立有利于学生体面就业以及职业能力和职业发展提升的顶岗实习就业机制,将有效教学理念贯穿于教学的各个环节,激发学生对学习职业技能的渴求。实施教学创新,确保人才培养质量稳步提升,是创新开展中高

职衔接、促进中高职衔接教育持续健康发展的关键所在。

（三）育人创新，重在实效

要根据中高职衔接教育学制时间长、部分学生高职学籍取得的不确定性、学生身心发展的特殊性，以及存在学生整班转入高职学习等特点，建立班主任或辅导员选任考评机制，创新实施合作培养专业双班主任制度，打造针对性强、特色鲜明的校园文化和育人环境，创新育人管理体制，培养学生的价值感、自豪感，注重育人实效，是促进中高职衔接教育持续健康发展的基本要求。

（四）服务创新，重在高效

要根据中高职衔接教育学籍管理和学费收缴的复杂性、学生生活自理能力及身体发育的特殊性等特点，坚持以学生为本，创新服务机制，高效运行，培养学生的优越感，切实提升学生、家长、社会的满意度，是促进中高职衔接教育持续健康发展的重要手段。

创新开展中高职衔接、促进高职招生规模，既与国家加快发展现代职业教育的明晰思路相吻合，又有利于扶持和促进中职和高职教育实现可持续发展，从而有效解决高、中职院校现实存在的招生困难，并在充分利用现有教育资源的基础上，为中职学生构建接受高等教育的桥梁，满足经济社会持续发展对高素质技能人才的需求，达到增强高职院校服务地方经济能力的目的。

五

产学研合作研究

依托行业　产教融合　校企合作　特色发展

——以恩施职业技术学院土建类专业政行校企合作办学为例

恩施职业技术学院建筑工程系　江向东

摘　要：以恩施自治州高职土建类专业应用型技能人才的培养为主线，就如何推动政行校企联动这一问题，恩施职业技术学院依托行业办学，产教融合，校企深度合作，采取"331"的创新教学模式（即"三双""三合一"）进行了积极探索，培养了一大批动手能力强、与就业岗位零距离且服务民族地区城乡建设的应用型技术人才，历经15年的探索和发展，总结出一些经验和做法。

关键词：土建专业　行业企业　合作办学　产教融合　特色发展

根据国家和湖北省关于加快发展现代职业教育的决定精神，恩施职业技术学院建筑工程系在近40年的办学过程，特别是学院成立后15年的高职教育中，土建类专业始终坚持了依托行业、融入企业，不断创新校企合作办学体制机制。专业教育教学中，高度重视校企合作工作，按照"依托行业，产教融合，双师互换，共同育人，合作共赢"的要求，在建筑工程技术、建筑装饰工程技术、道路桥梁工程技术、工程测量技术、城镇规划与建设等专业人才培养、专业建设、服务地方经济等方面走出了一条特色办学之路。涌现出"翔宇建设共建国家建筑工程技术实训基地""海天装饰班""南方测绘班"，2015年筹备开设"项目经理暨建造师特色班""华泰路桥班"；组建"城镇化技术管理服务团队"等，"建工职教品牌"在恩施州内、湖北省内乃至武陵山区形成。2013年，恩施职业技术学院建筑工程系成为湖北省职业教育土建类专业教学委员会副主任委员单位，恩施职业技术学院建筑工程技术专业办学水平在湖北省进入第一方阵。

一 政行企校联动，充分发挥行业和土建类专业教学与校企合作委员会作用

自学院成立以来，特别是近五年来，建筑工程系积累了丰富的校企合作经验，严格执行"四方联动，重基求新"的要求。"四方联动"，就是政行企校联动。在建设主管部门的主导下，在行业协会和土建类专业教学指导委员会的指导下，将学院土建类专业建设、人才培养开放办学，放到行业里、放在城乡建设经济发展中，与建筑、交通、市政、规划设计施工监理等企业深入合作。系部专业人才培养与校企合作牢牢捆绑在一起，建立"企业库"，深化合作。"重基求新"，指在原有校企合作基础上，与行业企业建立校企合作理事会；重新对合作的企业进行梳理、分类，启动交通公路专业建设与校企合作专业建设工作委员会，聘请公路行业企业知名专家如沈波等担任各专业指导委员会顾问，在原土建类专业教学指导委员会的基础上筹备成立土建类专业校企合作理事会，聘请住建部门的领导为理事长，行业企业领导、技术管理人士参与。制定系部"十三五"专业发展规划、人才培养方案，为毕业生提供就业单位和创业空间。只有政校行企联动、紧紧依托行业，校企深度融合，我们土建类高职教育发展才会更有活力，才能长久稳定的发展。

二 校企合作不断深化专业教育教学改革、创新人才培养新模式

结合建筑、市政、规划、公路、交通行业需求，系部不断进行专业教学改革，打破"以教师为中心、以课堂为中心、以知识为中心"的传统培养模式，采用基于工作过程的项目式、案例式为主教学方法，逐步形成了按照"理论够用，重在实践"的教学原则，专业教学中以项目教学为载体，以学院国家建筑技术实训基地技能实训和企业综合实习、顶岗实习，"校企共同育人"为主要形式和特色，实现了"校内教学做一体化教学、企业顶岗实习与就业一体化"的创新型教学体系和人才培养模式，从根本上提高土建类毕业生就业核心竞争力。

校企合作共建国家建筑技术实训基地。通过与恩施州翔宇建设工程有限公司等30多家企业的校企合作，实现"工程工地进校园"建立各种结构的建筑实体的教学模式的实践教学，为学生熟悉建筑工地工作环境和反复进行建筑构造、结构、材料、测量、造价及各工种技能培训搭建了坚实的校内学习平台。学校与恩施州内外重庆华升建设集团、湖北城建公司、南方测绘集团公司、北京海天装饰集团公司、恩施州翔宇建设工程有限公司、恩施兴州建设工程有限公司、恩施州华泰交通建设有限公司等30多家企业合作建立校外实训基地，即在企业实习一年，一学期综合实训、实习，最后一学期顶岗实习。建立由企业安排技术人员、技师和能工巧匠，在工程项目配备实训实习教师，学生学习先进的企业技术水平和管理方法，有效更新了教学方法和实训手段，提高了学生的实践能力和人才培养质量。

系部教学特别是实践教学在"楚天技能名师"张昌宪的带领下，还建立了"教、学、做"一体化、基于工作过程的"项目驱动"为特色的教学模式。以"三双"（双课、双师、双证）为基点，实现了教师与工程师合一、教室与工地合一、作业与产品合一的具有工学结合的"三合一"的人才培养模式；在业内具有一定的引领作用。通过创新的人才培养模式，实现了土建类专业的技术技能人才培养目标，有效服务了地方经济建设。

坚持特色办学，与行业、企业办订单班。与政府（规划局）举办"县乡镇基层规划技术管理班"；与行业协会举办"建造师与项目经理班"、与北京海天装饰集团举办"海天装饰班"、与南方测绘集团公司举办"南方测绘班"、与华泰交通建设有限公司举办"华泰路桥班"等。每个专业辅以特色课程，再加上民族建筑技术与传承、民族地区城乡规划特色，一定能在湖北省乃至武陵山区走出一条特色办学之路，大大提升土建类专业服务产业能力。2013年恩施职业技术学院建筑装饰工程技术专业通过教育部、财政部专业服务产业能力建设示范专业验收，示范效果显著。

三　校企教师、工程师互动，建立稳定"双师型"专业教师队伍

根据高职教育校企深度合作和工学结合的要求，学院设立建筑工程技

术"楚天技能名师"教学岗位，先后聘请了金文华、张昌宪两位行业专家，他们具有高级工程师、国家注册监理工程师、国家注册一级建造师资格，理论功底深厚，专业技能娴熟。系部专业教师70%的人有国家注册工程师资质，并在企业兼职执业，从事工程技术管理与工程建设。其他老师多数从企业招聘而来，均有在企业两年以上的工作经历。我们土建类专业教师具备现代职业教育所要求的"双师型"教师要求，达到理论功底深厚，专业技术能力精湛的"双师型"要求。另外，在合作企业、行业聘请高级工程师、技术管理专家、技能型人才、能工巧匠的人才，作为专业兼职教师，主要承担校内实践教学、校外实训指导、顶岗实习指导（师徒制）。长期聘用近30名企业兼职教师。校内与校外兼职教师比例基本达到1:1的水平。

在行业协会的指导下，在土建类专业建设指导委员会的组织下，"楚天技能名师"牵头，系部实行校内教师与企业兼职教师定期交流机制、企业教师培训机制、互相技术管理交流机制，对"五新技术"（新技术、新材料、新工艺、新设备、新规范）共同探讨学习。在共同制定专业人才培养方案、工学结合教材的编写、学生企业综合实习和顶岗实习的安排、检查、考核等方面进行教师之间的交流。校企教师互动成为新常态。

四 校企合作、共同育人，构建校外顶岗实习与就业基地

根据现代职业教育的要求，校企合作、共同育人是做好职业教育的关键所在。怎样才能做到共同育人，主要有人才培养方案共同制定，教师互换，学校建立"校中厂"，引进企业新技术与管理、企业文化，如建设学院国家建筑技术实训基地，就是校企合作建设的成果；再就是把课堂搬到企业、工地进行现场教学、实训、见习、实习，到顶岗实习，最后就业。学生在三年的学习中，是在校企中交替进行，学生毕业能拿到建设行业施工员等"六大员"职业资格证，达到与就业岗位"零距离"。学生在校就有企业文化的熏陶，如建筑工程系与全国知名企业南方测绘集团公司、广联达股份有限公司，恩施州建筑施工龙头企业恩施州翔宇建设工程有限公司、恩施州华泰交通建设有限公司等30余家企业的校企合作，学生感受深

刻，受益匪浅。

构建土建类校外顶岗实习与就业创业基地。我们一直按学院的校企合作"15211 工程"要求做到位，即一个专业至少与州内 5 家规模企业建立合作关系，州外与 2 家大中型企业建立紧密的深入合作关系，至少与州外 1 家企业建立紧密合作关系。校企合作中学校热、企业冷的矛盾，原来主要靠校友推、靠行业压，企业缺乏积极性。2012 年，住建部、教育部联合下发了《关于建设类专业学生校企合作顶岗实习的实施意见》，恩施州建设主管部门也高度重视，有了政策支持，加上行业协会的大力支持，我们按照"互惠互利"的双赢原则，制定相应的实施制度。现在存在的突出问题就是学生实训实习时极度分散，学校和企业、学生和企业、项目部存在安全责任与保险落实问题，学校、企业、学生（家长）三方协议签订问题怎么落到实处。

五 对接产业、产教融合，提升专业服务地方经济社会发展能力

作为地方性高职院校，在搞好为地方经济建设培养合格人才的同时，必须将人才培养与社会服务能力建设有机地结合在一起，以人才培养内涵的提升带动社会服务能力的提升，以服务社会推进内涵建设。我们发挥土建类专业服务民族地区经济建设、城乡基础设施建设及基础先行的优势，围绕全州"双轮驱动"、建设七大产业链、占领硒高地、服务建设大公路交通、"六城同创"等的部署，系部主动出击，构建与政府、行业、企业、学校、建设人才密切联系的开放式培训体系，依托恩施州建设人才中心及湖北省建设行业协会培训体系，面向社会开展技能和技术培训，为行业、企业工程技术人员和技术工人提供多样化的继续教育。利用学校师资技术管理优势资源，服务恩施州的建筑设计、施工、监理、招投标、工程造价等企业。系部根据州域经济建设发展，基础设施、重点工程，成立了城乡建设服务团队，与恩施州签订协议，积极参与恩施州城市规划建设咨询委员会工作，为全州重大规划建设项目提供技术咨询服务。很多教师承担工程监理服务、参与项目施工与管理，为恩施州提升工程技术质量与管理水平做出了应有的贡献。恩施职业技术学院的"建工专业品牌"，在长期的

"建德、筑能、励学、创新"系部精神指导下，在恩施州享有盛誉，获得了社会、行业的高度认同，由于专业的影响力，2013年学院建筑工程系被选为湖北省土建类专业教学指导委员会副主任会员单位、湖北省建设职教集团常务单位。长期以来，我们一直坚持以就业为导向，贴近企业需求培养人才，校企走"同建一门课、同写一本书、同管一基地、同育一方人"的校企合作、工学结合之路；以建立"校企合作理事会"体制机制创新为突破口，大力推进政府、行业、学校、企业多方合作办学，发挥学校土建的人才技术优势和教育资源优势，利用企业和项目的设施设备和产学实践条件，推动产学研结合与科技成果转化，加快建立以企业为主体的技术管理创新和以学校为主体的知识创新、创业相融合的人才培养体系和服务地方规划与建设服务能力。

建筑工程系将深入贯彻《国家关于加快发展现代职业教育的决定》，落实《湖北省关于加快发展现代职业教育的意见》，按照政行企校联动，坚持"校企合作、工学结合，强化教学、学习、实训相融合的教育教学，服务地方经济建设"路径，深化产教融合、加强行业指导，完善校企合作理事会制度，提升校企共同促进人才培养模式创新，使建筑工程系发展成为恩施州乃至武陵山区土建类人才培养基地、城乡建设产业服务基地、工程建设技术与管理创新基地的"三位一体"的人才培养、科技研究、技术管理服务基地，为社会建设行业培养大批有知识、能力强、技术管理水平高、创新意识强的土建类技术技能人才，为恩施州土建工程人才建设、城乡建设、经济发展发展不懈努力。

办好涉农高职教育　提升服务地方能力

恩施职业技术学院生物工程系　周光龙

摘　要： 立足地方经济发展对高职教育的需求，分析了恩施职业技术学院涉农高职教育服务地方经济发展的现状，着重探讨了创新办学思路，办好涉农高职教育，提升服务地方经济发展能力的路径与措施。

关键词： 涉农高职教育　地方经济发展　服务能力　路径　措施

职业教育特别是高等职业教育对地方经济社会发展具有促进作用，已成为不争的事实。这从欧美、日韩等一些经济发达国家的经济发展历程也得到印证。改革开放以来，党和国家高度重视职业教育特别是高等职业教育的发展，目前我国高等职业教育已占据高等教育的半壁江山，成为高等教育的重要组成部分，但涉农高职教育规模较小，发展相对滞后，服务地方经济发展的能力相对较弱。如何突破这一困境？笔者对此做了一些探讨。

一　地方经济发展对涉农高职教育的需求

以服务为宗旨，满足地方经济发展对技术技能型人才的需求，是高职院校存在的基础，也是高职院校自身价值的体现。本土性与职业性、技术性一起，成为高职院校的三个最重要特征。高职院校也因此成为与地方经济社会发展和人民群众利益联系最直接、最密切的教育机构。恩施州是农业大州，地方经济发展对涉农高职教育的需求体现在以下三个方面。

一是提供人才支撑。富硒产业是恩施州委、州政府近年来着力打造的骨干支柱产业，人才缺乏是制约产业发展的重要瓶颈之一。茶叶、畜牧、烟叶、药材等产业链建设也需要大量技术技能型人才。高职院校人才培养必须要增强针对性和实用性，为地方生产、建设、管理、服务第一线培养下得去、留得住、用得上的高素质技术技能型人才。

二是提供技术支持。高职院校与地方行业、企业结合最为紧密，既要推动自身科技创新，在发明创造、先进工艺、先进技术等方面为本地行业和企业提供支持，又要加强对外合作与交流，成为本地行业、企业或其他科研机构科技成果转化的"试验田"和"孵化器"。

三是参与新农村建设。高职院校担负着直接为农村、农业和农民服务的重要职能，不仅要为新农村建设培养大量专业对口的技术技能型人才，而且要主动参与新型职业农民培训，实现技能单一的传统农民向技能型劳动者的转变。

二 恩施职业技术学院涉农高职教育服务地方经济发展的现状

高职院校办学因其本土性、职业性、技术性，必须与地方经济社会发展相适应，在培养人才的数量、质量、结构上满足现实需求。经过10多年的发展，恩施职业技术学院涉农高职教育在人才培养培训、技术服务等方面为地方经济建设做出了较大的贡献，但目前尚有诸多方面与地方经济社会发展不相适应。

一是办学规模不能适应地方经济发展的需要。职业教育发展不能背离本地经济发展需求，高职院校办学必须考虑能够为地方和行业提供人才支持和技术支持，贴近地方和行业发展的需要。目前，受传统观念以及就业环境、就业待遇的影响，存在招生难的问题，导致恩施职业技术学院涉农高职教育办学规模较小，每年的毕业生中也只有30%左右在本地就业，远远不能适应地方经济发展的需要。

二是办学水平不够高。师资力量是决定高职院校办学水平的基础。高职院校必须要有一支结构优化合理、实践经验丰富的"双师型"教师队伍。学院现有的教师在质量和结构上不能适应高职教育的要求。新进的教师绝大多数是从培养"学术型""工程型"人才的普通高等院校毕业，生产实践和技术应用能力相对缺乏，课堂讲授很难与生产实践相结合。

三是办学特色不够凸显。办学特色是高职院校的生命。特色主要体现在其"地方性""职业性"两个方面,"地方性"就是紧密契合地方经济社会发展,"职业性"就是培养出职业素质高、实践技能强的人才。但目前学院部分专业人才培养趋向于理论知识的传授,与地方行业、企业互动不够,道德教育和技能培养不够。

三 提升服务地方经济发展能力的途径

(一)以服务地方经济发展为目标,找准办学方向

一是要正确理解高职教育的根本属性。高职院校在发展认识及具体办学定位上,要充分认识到高职教育不仅是我国高等教育体系的重要组成部分,更是一种培养高素质技术技能型人才的高等教育类型,其与普通中职、本科高校相比,既有层次上的差异,更有类型上的不同,要明确目标,错位发展。

二是要紧密契合地方经济社会发展规划。各个地区由于所处的地理位置、自然资源、人文资源等方面的不同,每个地方的经济发展方向、规划目标也都有着较大差别。高职院校人才培养方向与地方经济的发展方向的相适应不仅要体现在静态上,同时还要体现在动态上。高职院校要了解当地经济的特色和今后的发展方向,密切关注地方经济社会的发展规划及中长期发展目标,把握高职人才培养的基本方向,做到高职院校的发展与地方经济社会的发展相适应,培养能够受到当地市场、企业所欢迎的高素质技术技能人才。

三是要准确把握地方经济发展的特色和重点。高职院校人才培养的目标要突出地方特色,依据地方经济的发展阶段和行业的发展程度、不同行业岗位职业群的具体要求来定位,通过关注本地市、县经济发展的主打方向与重点产业,把握本地今后一段时间内所需专业性技术人才的产业定位和行业方向,进一步明确自身人才培养的目标与方向。

(二)以校企合作、工学结合为支撑点,创新办学思路

"校企合作、工学结合",是高职院校遵循职业教育规律、凝练发展特

色、提升办学水平、增强育人能力和服务社会能力的必由之路，也是高职教育发展的共同取向。高职院校唯有以"校企合作、工学结合"之路，不断创新办学思路，才能形成自己的特色，才能在教育体制改革中实现创新，形成自己的活力和竞争力，增强吸引力，大力推进订单培养，扩大办学规模。

一是要从战略层面做好规划。规划"校企合作、工学结合"，创新办学思路，应上升到学校发展战略的高度来考虑。要坚持从学校的自身实际出发，从地方经济发展出发，从培养职业人才的需要出发。

二是要从实施层面加快推进。企业对"校企合作、工学结合"缺少积极性，这是高职院校工作中最头疼的问题。这一问题，与缺少有效的政策支持有关，更与学校自身实力不强、缺乏吸引力有关。高职院校应更多地研究增强自身吸引力的问题。学校设置专业和课程不能单纯地考虑自身教学的需要，要多从"校企合作、工学结合"的角度考虑专业和课程设置，与企业及行业共同开发为产业、行业、企业所需要的专业和课程，增强专业和课程的吸引力。学校校内实训基地不仅要满足学校教学的要求，也要满足企业特别是行业培训人才的需要，增强软硬件设施的吸引力。学校教学组织及实习安排要既能保障教学需要，又能适应企业生产用工需要，使学生真正成为企业所需的顶岗职工，使学生持续不断的实习成为企业用工计划的重要组成部分，增强学生实习的吸引力。学校要帮助企业培训职工，开发推广技术，主动地为企业提供教育和技术服务，增强学校服务的吸引力。

（三）以人才培养模式创新为动力，提高办学水平

一是要建立适合高职培养目标的人才培养模式。高职院校人才培养模式创新，要搞好"三个对接"，即育人理念与企业用人理念对接，实践教学环境与企业生产环境对接，评价标准与企业质量标准对接。要做到"三个紧贴"，即紧贴市场需求设置专业，紧贴岗位设置课程，紧贴用人单位需求培养人才。要坚持"四个面向"，即坚持面向社会开放，广泛利用社会资源同时为社会提供服务，面向教学过程开放着力培养学生观察、思考和解决问题的能力，面向世界开放学习国际国内先进技术知识，面向未来

开放抓好企业、行业发展的提前量。

二是要建立一支高素质的"双师型"教师队伍。高职院校要彻底改变传统的"学科本位"的课程观，注重理论教学和实践教学的并重与统一，注重技术能力和人文素质的结合与贯通。为弥补教师动手能力差、实践课教师不足的问题，高职院校要积极采取有效措施，推动学校教师定期到企业学习和培训，增强实践能力。同时，要积极聘请行业、企业和社会中有丰富实践经验的专家或专业技术人员作为兼职教师。要力争实现与企业的人才资源共享，减少教师引进、培养等重复劳动及相应成本。要力争实现与企业的人才资源共享，减少教师引进、培养等重复劳动及相应成本。

三是要建立高质量高效益的实训基地。目前多数高职院校由于资金少、技术薄弱、师资匮乏、实训条件较差，大多都未能建立起完整高效的实训基地体系，造成了高技能人才培养的瓶颈。高职院校要在建立校内实训基地的同时，积极开展合作办学，建立校外实训基地。国外职业教育发展趋势和我国职业教育发展的经验教训表明，高职院校实训基地建设，要大力提倡走校企共建联办的道路，实现共建双方优势互补、资源共享、互利双赢。共建实训基地，既是对校内实训基地的有益补充，又有利于引导学生与社会接触，也有助于各个高职院校随时掌握人才市场变化规律，及时调整人才培养方向，是地方性高职院校直接为当地经济服务的有效形式。

（四）以毕业生高质量就业为目标，办出高职特色

一是要明确高职质量观就是就业质量观。职业教育就是就业教育。职业教育要让人民满意就必须提高就业质量，没有就业质量就谈不上是职业教育，因此，高职教育质量观就是就业质量观，就业质量应该也必须成为衡量高职办学水平的重要标尺。高职院校必须要在提高毕业生就业率的基础上，认真做好学生的职业规划与指导工作，全面提升毕业生的就业率，努力提高毕业生就业质量。

二是要努力实现毕业生的"德技双馨"。一个员工在企业是否成功，技术能力固然是基本要求，其工作态度和品德却是成功的关键，没有端正的工作态度和职业道德，员工的技术能力就不能充分发挥，而且会给企业

的成长带来负面影响。高职院校不仅要注重对学生从事某一职业的知识和能力的培养，更应注重思想品德和人文艺术素质教育，使毕业生不仅具有过硬的专业素质和实践技能，还具有较好的人文精神和职业道德，成为"德技双馨"的实用人才。

　　三是要重点打造地方特色专业。高职院校要坚持以专业建设为龙头，实行紧密结合地方经济社会发展需要开发、设置与调整专业的机制，紧跟经济社会发展趋势，不断开发新专业，改造老专业，优化专业结构。专业建设要突出地方性，建设一批定位明确、社会适应性较强、就业前景良好的品牌特色专业，逐步形成满足地方经济社会发展需求的专业链和专业群。专业建设要突出职业性，遵循技术应用人才培养规律，构建传授满足职业工作需要的知识、技能、素质的完整性课程体系，增强毕业生在人才市场上的竞争力。

高等职业教育校企合作中存在的问题分析及对策建议

恩施职业技术学院教育教学督导室　冯小俊

摘　要：当前，高等职业教育校企合作中存在的主要问题是校企合作是"剃头挑子一头热"、校企合作还在"摸着石头过河"、校企合作教育质量还是"一头雾水"、校企合作教育中"德"与"技"失衡。因此，必须争取政府出台相关政策，建立校企合作的共赢机制和管理体制；创立校企深度合作的教学模式，互惠共赢；走校企合作育人之路，加强高职学生的职业道德教育。努力实践以服务为宗旨，以就业为导向，推进教育教学改革，实行工学结合、校企合作、顶岗实习的人才培养模式。

关键词：高职教育　校企合作　教学改革　模式创新　建议

《国家中长期教育改革和发展规划纲要（2010 - 2020 年)》指出，职业教育要"把提高质量作为重点。以服务为宗旨，以就业为导向，推进教育教学改革。实行工学结合、校企合作、顶岗实习的人才培养模式"，"调动行业企业的积极性。建立健全政府主导、行业指导、企业参与的办学机制，制定促进校企合作办学法规，推进校企合作制度化"。《国务院关于加快发展现代职业教育的决定》明确了我国高等职业教育指导思想，即"以邓小平理论、'三个代表'重要思想、科学发展观为指导，坚持以立德树人为根本，以服务发展为宗旨，以促进就业为导向，适应技术进步和生产方式变革以及社会公共服务的需要，深化体制机制改革，统筹发挥好政府和市场的作用，加快现代职业教育体系建设，深化产教融合、校企合作，培养数以亿计的高素质劳动者和技术+技能人才"。在这两个文件的指导下，我们积极探索"合作办学、合作育人、合作就业、合作发展"的校企合作办学模式，取得了一些成绩，也发现了一些影响校企合作深入开展的共性问题,初步分析如下。

一 当前高等职业教育校企合作中存在的主要问题

(一) 当前的校企合作是"剃头挑子一头热"

在市场经济中,企业的投资都是要讲求回报的,因此,校企合作深入开展的基础是"双赢",即学校与企业都应该在这场合作中有所得。在我们校企合作实践中,常常是学校出于人才培养的需要极力促成合作,企业一方却没有什么利益驱动。究其原因,一是由于人才具有流动性特点,企业投资职业教育所培养的人才未必属于自己,或得到了这些人才,但人才培养长期性的特点和教育投资回报的不确定性,也使更关注当前利益的企业积极性不高;二是许多高职院校的教师虽然具有较高学历,但是对于企业实际的产品研发问题、经营问题等却提不出更多、更好的建议,不能通过为企业提供它们需要的技术服务,调动其参与合作的积极性;三是繁重的教学任务、不合理的职称晋升制度等,往往使高职院校的教师难以抽出更多时间去钻研企业的实际问题;四是高职院校教师定期到企业实践的制度,由于时间、经费支出等方面没有相应的安排和保障,教师的实践质量不高,不可能对企业实际的生产经营提出建设性意见。因此,当前的高职教育中的校企合作,只能是"剃头挑子一头热"。

(二) 当前的校企合作还在"摸着石头过河"

当前,高等职业教育主体仍是政府主办的各类公办院校,参与办学的行业企业仅占少数,高职教育活动以校内为主,校企合作基本上是形式上的合作。如生物工程系根据专业建设要求,与相关企业签订了校企合作协议,聘请企业专家成立专业建设指导委员会,聘请企业专家对新专业的专业标准与课程标准进行评审;企业根据学校的要求接收教师和学生到岗进行实习;学校为企业提供技术服务;等等。但由于学校是教育部门,企业则是经济部门,企业与学校在管理制度、环境、价值取向等方面的不同,使企业和学校在学生的培养模式、管理模式以及合作办学中的利益分配制度等问题上存在着分歧。同时,在学生实习期间的待遇、劳动强度、劳动时间、劳动安全等方面的管理上也缺乏制度化和规范化,使校企合作双方的职责、权利等不能严格执行,或者合同中规定的双方职责与权利根本就不明确,离"合作办学、合作育人、合作就业、合作发展"还有一段距离,还处于"摸着石头过河"的境况。

(三) 当前的校企合作教育质量是"一头雾水"

校企合作从"合作办学、合作育人"层面来看,由于各方面条件的制约,我们的重点放在企业为学生提供实习机会上。尽管如此,校企合作的教育质量也并不乐观。这是因为校外实习基地建设与运行需要企业投入相应的人力、物力,在没有相应回报的情况下,以追求利润最大化为目标的企业经常缩减学生实习岗位的数量和实习的时间,企业人员的实习指导也大打折扣,实习岗位少、实习时间短、实习中缺乏有效的监督与指导,这些因素直接造成学生实习质量欠佳。相伴而生的还有学生实习时间和实习地点分散的问题。实习地点的分散直接影响了学校对学生实习质量的监控。另外,合作企业提供的实习岗位太过单一,也是造成学生实习质量欠佳的一个重要原因。例如,许多食品专业学生实习岗位是检验工和仓库管理员;园林专业学生在绿化工地做实习施工员,和农民工干同样的活;生物制药专业学生在车间干药品包装工作,这些实习岗位基本不变。企业乐于拿实习学生当廉价劳动力,而我们为单纯追求解决实习问题也同意这种做法,使得学生实习内容过于狭窄,只能重复一些简单的劳动,无法深入了解企业的经营全貌。因此,校企合作的初衷——培养高素质技能型人才,很难实现。

从"合作就业、合作发展"层面来看,一是"双向"选择就业,会使企业寻觅优秀的毕业生愿望难以实现,而愿意留下来的毕业生,又可能因为发展空间限制而消极怠工,企业感受不到合作带来的益处,从而影响参与教育的积极性。

(四) 校企合作教育中"德"与"技"失衡

培养高素质技能型人才是校企合作的出发点,也是根本任务。但是,在目前的校企合作中，校企双方过分关注岗位技能训练，忽视职业道德教育，对于学生在企业不能很好地遵守公司纪律、时间观念差、上班迟到、缺乏吃苦耐劳精神，不能跟同事进行良好合作、工作中不注重细节等现象缺乏必要的管理办法，其结果是技能有了，素质却缺失了。

二 深化校企合作的对策探讨

（一）争取政府出台相关政策，建立校企合作的共赢机制和管理体制

恩施州委、州政府十分重视恩施职业技术学院的建设与发展，营造了良好的办学环境，学院领导应继续争取恩施州委、州政府的支持，根据本地经济发展特点，通过恩施职教集团这个平台，搭建校企合作平台，规划本地区校企合作方向；建立校、政、行、企四方结合的校企合作监督、评价体制；建立奖励积极落实校企合作项目、校企合作效果好的企业的激励机制；建立校企合作的共赢机制，对于合作企业，应给予适当的政策倾斜，调动企业长期进行校企合作的积极性和主动性；引导教师积极为企业服务，鼓励教师到企业进行实践，奖励为企业破解难题的教师，并在职称评定上给予适当的加分。

（二）创立校企深度合作的教学模式

按照"合作办学、合作育人、合作就业、合作发展"办学思想，积极探索校企合作的教学模式。按校企合作的程度来划分，可将其分为四种形式，即"企业进校式""学训在企业式""项目合作式"和"校企行合作式"，根据恩施职业技术学院的实际情况，不同专业采用不同模式。

（1）企业进校式。由学校为企业提供办公场地，企业在几年内免费使用学校场地，这样的合作方式使企业有很高的积极性。学校可以专门腾出一些场地、设施和设备，建立产业孵化园，吸引一批企业入驻学校，让这些企业在为学生和教师提供全程实习岗位的同时，在其他方面也与学校进行深度合作，促进专业建设和企业效益双受益。这种模式实现了校企双方

合作办学、校企双方合作发展。

(2) 学训在企业式。学校按照企业的需求设置专业、确定招生规模，由企业出实践教学场地、设备、教学资金及部分教师资源。企业提出培养目标后，校企双方共同制订教学计划，共同组织实施，培养的学生在企业就业。它的最大特点是就"合作就业"。"合作就业"之所以能够成功，是因为培养的人才本身就是根据具体企业标准"量身定制"的，学生在培养之初就有明确的职业定位和就业岗位。

(3) 项目合作式。学校若能与企业依靠项目实现合作，也是一个不错的选择。学校承接到企业的项目，在企业技术人员必要的指导下，可以进行项目教学，教学的过程就是师生共同完成项目的过程，实现了"教、学、做"一体。学生参与项目产品生产的全过程，改变了到企业实习岗位过于单一的情况，可以很好地锻炼学生的综合实践操作技能；对于企业来说，把项目交给学校的师生来做，不仅可以得到项目产品，而且费用也节省了。

(4) 校企行合作式。在市场经济条件下，由于信息的不畅通，企业与学校双方有时并不能完全了解对方的需求。这时，需充分发挥第三方组织行业协会的作用。行业协会熟悉行业内企业的人才需求情况，对学校教学也比企业了解得更多，它们从中牵线、指导，可以使校企双方实现合作。尤其是众多中小企业，它们可能没有更多力量实现与学校的深入合作，却有着积少成多的人才需求，如果行业协会能将这部分人才需求信息搜集整理，在企业与学校之间牵线搭桥，就可以使学校实现一对多的合作。合作期间的协调与质量考核可由行业协会继续负责。

(三) 深度合作，互惠共赢

真正实现"合作办学、合作育人、合作就业、合作发展"，必须创新高等职业教育体制，让企业和学校联合来办高等职业教育，改变目前以学校为主的局面。学校和企业共同成为高等职业教育主体，以拥有共同的办学理念，建立共同的管理制度，在人才培养方案制定、课程建设与实施、实训基地建设、企业技术开发、学生就业训练、职业道德教育、文化建设等方面开展深入的、长远的合作，从而提高校企合作的质量，校企双方也能达到互惠共赢。但是，这个联合体应该是多元的，如学校可以和畜牧兽医行业共建畜牧兽医学院，与园林企业共建园林学院；同时，它也应该是动态的，即企业和学校都要不断创新，及时调整专业，适应市场的变化、社会的需求，如果这个联合体已经失去了存在的必要，就要让它退出历史舞台。

（四）走校企合作育人之路，加强高职学生的职业道德教育

在校企合作中，学校应加强对学生进行人生观、价值观的教育，要组织学生开展社团活动、勤工俭学、社会志愿服务活动等，以培养学生的团队合作意识、社会责任感、吃苦精神。同时，合作企业也要派员工担任兼职辅导员。企业兼职辅导员不仅平时要常和学生交流工作心得，介绍企业文化，让学生熟悉企业职业道德要求，更要在学生实习时以企业直接领导的身份管理学生，严格要求学生遵守企业的各项纪律，要求学生尽快融入企业的环境。这样，对企业要求已经熟悉的学生，毕业后无论去任何企业工作，都会有让企业比较满意的基本职业道德素质了。

恩施职业技术学院
"双元制"办学的探索与实践

恩施职业技术学院电气与机械工程系　刘家国

摘　要："双元制"职业教育体系，简单讲，就是"一手拉着企业，一手拽着学校"，其核心是企业和学校的紧密合作，最大特点是具有很强的针对性和实用性。必须承认，这种教育制度在培养高素质劳动者和生产高质量产品的能力上显示了巨大的优势。比照德国"双元制"职业教育体系，恩施职业技术学院近年来已经进行了大胆探索和有益实践。

关键词："双元制"职业教育体系　路径探索　经验总结

相关资料显示，在我国经过一定时期的发展，已初步建立起一套德国"双元制"职业教育体系。所谓"双元制"，简单讲，就是"一手拉着企业，一手拽着学校"。"双元制"的教学场所是学校和企业，培训的老师包括学校教授理论的老师和企业实训指导老师，经费来源包括政府投入和企业投入，其核心是企业和学校的紧密合作。这是一种学校教育和企业培训相结合的现代职业教育制度，是典型的现代学徒制的延伸，也是现代职业教育制度的重要组成部分。就这个意义而言，我国早期技工学校实际上就部分采用了这种人才培养模式。现阶段，由于大部分地区技工学校也都升格为高等职业技术学院，这种人才培养的模式已无形或有形地退出了历史舞台。

"双元制"教育的最大特点，是具有很强的针对性和实用性，它既注重培养学生综合能力，还能充分调动企业参与职业教育的积极性，使企业与学校、实践技能与理论知识紧密结合。必须承认，这种教育制度在培养高素质劳动者和生产高质量产品的能力上显示了巨大的优势。但就现阶段来看，我国"双元制"发展模式还难以大范围推广。这是因为，在我国，

"双元制"体系建设中已经在实施推进的项目大多是在教育部、地方政府和企业的特殊政策支持下实现的,或者说"双元制"体系建设在我国还缺少适合大面积生存的土壤。但无论如何,"双元制"职业教育模式作为一种探索还是必要的。

一 "双元制"职业教育体系在恩施职业技术学院的探索与实践

比照德国"双元制"职业教育体系,恩施职业技术学院近年来已经做了相当的工作。这就是"走出去,请进来"的双重化措施。所谓"走出去,请进来",简单讲,就是"借力打力"。具体而言,采取了如下举措。

(一)学院和各级地方政府进行良好对接

为解决恩施职业技术学院一直以来存在的招生难题,学院党委和恩施州委、州政府在进行良好沟通的基础上,由恩施职业技术学院选派8名副科级干部分赴各县兼任相应县市的教育局副局长、职业高中副校长。这项措施,可以部分扫清现阶段学院学生"进"的障碍。

(二)校企深度合作,进一步拓宽就业渠道

为破解学生就业困局,学院组织专班赴广东和东莞数控加工协会全体会员单位签订学生联合培养、就业协议。这项举措,对扩大学院在企业界的影响,推动学生就业,其作用是积极的。或者说,借此打开了学生"出"的通道。为更进一步打通恩施职业技术学院毕业生就业渠道,2015年6月,学院与东莞杨明电子有限公司签订校企合作协议。这对疏通学院毕业生就业渠道有着十分积极的意义。

(三)"走出去"丰富社会阅历

为拓宽全院管理和教学岗位人员的视野,2015年暑假,学院分别组织相关人员赴华西村、井冈山、东莞等地进行实地考察、研修、体验。这种针对性很强的考察研修工作,开阔了学院管理工作人员和教师的视野,这

对于提高恩施职业技术学院教育教学水平有前瞻性意义。

(四) 实践性教学凸显有效教学、实效育人的办学特点

学校和企业进行实践教学对接。学院在和恩施州内企业进行良好沟通以后,把学生对口送到相关企业进行为期4周的实地操作培训。这种校企联合办学操作,既解决了企业临时性用工紧缺问题,也借此可以完成学生岗前操作技能的熟化训练。

"请进来",同样是学院对"双元制"职业教育体系建设的重要举措。2015年秋季学期开学之际,学院为全院教师举办研修班,由湖北省发展和改革委员会巡视员徐新桥同志给全院教师作了"天下大势,潮涌何处"的专题讲座。同是本次研修班,中石油战略与信息化研究所所长李振宇同志为全院教师深入分析了"世界能源安全与战略"。研修班的几场专题讲座,无论是从主讲者对问题把握的深度,还是他们对我国经济社会发展的理解,都使恩施职业技术学院的老师在理论高度上得到了提升。这项工作,对于加强全院教职员工的凝聚力,增强全院教职员工对学院发展的信心起到了积极的作用。

虽然,从对德国"双元制"职业教育体系建设和实施的情况考察来看,恩施职业技术学院现阶段的"双元制"职业教育体系建设工作尚处于起步阶段,与德国实质意义上的"双元制"还存在很大的距离,但是,恩施职业技术学院的这种探索、努力,态度是积极的,步伐是坚实的。这是结合恩施职业技术学院的地方实际进行的办学模式的探索,也是一种有益实践。有资深职业教育人士指出:"职业教育主管部门要根据'双元制'的特点和我国职业教育实际情况,适当调整现行体制机制中那些阻碍'双元制'教育发展的部分。……其次,要采取合理措施,让企业从教育培训过程中获得利益,在得到所需人才的基础上,也有经济收益,从而提高企业参与教学培训的积极性。"从这个意义而言,尽管恩施职业技术学院只是教育教学工作的具体实施部门,但在工作实施上,已经融合了"双元制"教育体系建设的内涵。这是地方政府主办的职业院校对"双元制"体系建设所做出的具有开创性意义的工作。

二 完善恩施职业技术学院"双元制"职业教育体系建设工作的几点建议

既然恩施职业技术学院已经在"双元制"职业教育体系建设工作上迈出了坚实的步伐,那么还有哪些工作要加大力度,才能使恩施职业技术学院真正实现"双元制"职业教育体系建设的成功?笔者认为,还需要从以下几方面来综合权衡。

(一)进一步理顺政府主导与市场导向的关系

要使恩施职业技术学院真正实现"双元制"职业教育体系建设并取得成功,那就需要进一步理顺政府主导与市场导向的关系。要真正做到进一步理顺政府主导与市场导向的关系,就要更进一步认识到恩施职业技术学院发展职业教育将长期离不开政府的主导作用的基本道理。众所周知,教育具有社会性、公益性。办好恩施职业技术学院,必须把"政府主导"放在首位,这在国际上都是通行的,比如在德国、日本这些典型的资本主义体制的国家,办学主体仍然是政府主导,就是在经济发展还比较落后的印度,印度理工学院的办学就是例子:这所学校培养的学生2/3以上被输出到美国,即使这所学校被印度史学界、经济学界叫作"三个白痴"、称为"最昂贵的出口",印度政府也乐此不疲。这就是说,恩施职业技术学院作为地方政府主办的高职院校,其快速建设和高水平发展,不仅需要政府雄厚的资金支持,更需要政府的政策支撑。

(二)要让"工学结合是与工作相结合的学习"理念落地生根

"双元制"职业教育体系的真正构建,在进一步理顺政府主导与市场导向的关系基础上,还要在学院建设和发展的各项工作中,让广大师生员工充分理解并接受"工学结合是与工作相结合的学习"的内涵。要特别强调一边工作一边学习,而不是狭隘地理解为工厂与学校结合,它不仅是一种办学模式的改革,更强调的是一种学习方式的变革。

(三) 深切领会"双师型"教师和"双师"结构教师的内涵

对教学主体的教师,要深切领会"双师型"教师和"双师"结构教师的内涵。如果把"双师型"结构教师建设和"双师素质"教师建设进行合理区分,使其各司其职、各尽其能,则办学水平可以大幅提高。在学校内部,加强教育教学建设,以提高教师理论知识传授能力和水平;在企业一方,加大其接轨力度,以此调动企业对"双元制"职业教育体系建设支持的积极性,并由企业选配具有丰富实践经验又有一定理论知识的实训老师来指导学生的实践,寓教于乐,这会使学生在知识积累和技能学习过程中兴趣倍增。

综合地说,就是恩施职业技术学院在对"双元制"职业教育体系建设实行有效探索和实践的基础上,把相关问题进行通盘考虑并找到合适且有效的解决途径。我们相信,恩施职业技术学院"双元制"探索和实践的工作一定会结出更加丰硕的成果。

搞好校企合作 推动恩施地方经济发展

——校企合作存在的问题及对策思考

恩施职业技术学院电气与机械工程系 刘绪勇

摘　要：校企合作是高职院校谋求自身发展，实现与市场接轨，大力提高育人质量，有针对性地为企业培养一线实用型技术人才的重要手段。"订单教育"作为一种新的办学模式，是校企联合办学的具体化，其最显著的特点就是突出了职业教育为地方经济建设和发展服务的办学宗旨。由于"订单教育"在实践中还存在着一些亟须解决的问题，这就要求高职院校必须以就业为导向、调整教学计划、构建新的课程体系、建立一支高素质"双师型"教师队伍、突出实践教学环节、与企业联手，方能获取高质量订单，从而实现诚信教育，确保订单顺利实施。

关键词：高职教育　"订单教育"　校企合作　健康发展

校企合作是高职院校谋求自身发展，实现与市场接轨，大力提高育人质量，有针对性地为企业培养一线实用型技术人才的重要手段。校企合作在培养生产、建设、服务第一线技术应用型人才方面发挥着重要的作用，但也存在许多亟待解决的问题，本文以"订单式"培养模式为例，对现存问题及解决办法进行了初步探讨。

一　"订单式"培养的具体内容

所谓"订单式"培养，就是以企业订单为依据，按照企业要求"量身定做"来完成学校人才培养工作。这种"订单"，不仅是一张"用人"需求的预订单，而且是涵盖整个教育流程的一整套培养计划。企业从自身文化特征和岗位要求出发，介入高职教育的全过程。从参与培养目标的设定、教学计划的制订、课程内容、理论与实践环节的衔接、毕业指导，甚至参与教学活动，承担实践性较强的教学内容，实现产学的深度合作。这种模式走出了一条职业技能教育与人力资源有效配置的全新路径，不仅降低了企业人力资源培养的成本，还为学生提供了就业机会，形成学校、学生、企业多赢的局面。

二 "订单式"培养模式出现的问题

（一）订单订制匆忙，质量难以保证

"订单教育"作为一种新的办学模式，是校企联合办学的具体化，其最显著的特点就是突出了职业教育的办学宗旨——为地方经济服务。但一些院校为了扩大招生人数，吸引新生入学，想尽各种办法与企业挂钩，联系上之后，不管企业是否需要人才，都直接以企业的名义开办各种订单班，结果是学生毕业后企业无法安置，导致校企联合办学脱节。

而且，目前高职院校面临办学特色、专业优势不明显，实训设施、"双师型"教师队伍建设不完善，人才供需双方的信息渠道不畅，校企结合不易寻找结合点等现实情况，企业主动开展"订单教育"的积极性并不高，高职院校高质量订单项目的取得十分困难。

（二）校企双方在人才培养目标方面存在差异，课程开设与需求不符

对于高职院校来讲，注重培养学生扎实的专业理论基础知识、良好的职业道德素质。对于订单企业来讲，需要的是全面发展的优质人才，强调学生既要具有良好的品德素质，又要具备较强的专业岗位技能。但个别订单企业为追求眼前利益，忽视教育规律，为满足短期用工需要，忽视学生职业素质的培养，降低教育要求，造成学生知识结构单一，不利于学生进一步发展。

除此以外，学校开设的课程应与企业所需的工作方向紧密相关。因此，对于企业来说，学校开设的课程能为其所用是最根本的。但由于校企

之间没有共同研究开哪些课程，往往只由学校自主决定开设课程内容，这样，学校开设的很多课程，没能很好地考虑到企业的需要，学生毕业后，不能尽快适应企业的产业发展，这给企业的发展带来了不利影响。

（三）"双师型"教师资源缺乏，教师实践技能水平有待提高

"订单式"培养模式最大的特点在于学生毕业后已具备了一定的专业知识技能，能尽快就业，充实到企业、行业的建设队伍中去。这就需要学生在校期间要学到扎实的专业知识，练就过硬的专业技能，要求专业课教师不仅要有扎实的专业知识和过硬的实践能力，而且对企业要有比较详细的了解，对技术和生产活动中的常见问题做到心中有数，这样教学活动才能目标明确、有的放矢。

但在许多高职院校中，普遍缺少"双师型"教师，许多教师学科单一，知识陈旧，知识结构不合理，不熟悉企业的产业运作过程及相关技能，跟不上科技发展的需要，专业师资力量远远不能胜任职业教育的要求，进而影响高职教育的进步与发展。

（四）教学设备落后，实习内容不规范

高职教育的最终目的是培养高等应用型人才，培养应用型人才应着力强调实践性。但许多高职院校教学设备短缺、老化现象严重，无法满足学生的实践需要。与此同时，学生实践技能的进一步提高，还需要通过实习来实现，但不少学校往往只注重学生的基本理论学习，对实习环节往往关注得不够。"订单教育"办学模式也存在着同样的问题。虽然一些学校在实习环节上做得好一些，但还远远不够，尤其是企业实习环节往往做得不好。企业往往只是在其产销旺季时才让学生进入实习，但这种实习在很大程度上只是纯体力的劳动，没能真正让学生在生产或服务一线实习，因此学生也没能把理论知识与实际操作技能有机地结合起来，导致学生实践技能差，必然影响学校的声誉及企业的发展。

（五）学校、企业及学生三方在实践方面存在矛盾

部分高职院校为了获得订单，不顾自己的办学条件和能力，盲目向用

人单位承诺，培训的学生不能适应特定岗位的人才需求，给用人单位造成损失，挫伤了用人单位对订单教育的积极性。

个别用人单位为了占有稀缺专业人才，随便承诺优厚待遇和条件。当毕业生到企业实习或就业时，单位兑现不了约定，给学校、学生造成损失。

一些毕业生诚信意识缺失，仅从眼前的个人利益出发，追逐高薪岗位的机会，给签约单位带来损失，给校企合作工作蒙上阴影。

三 解决问题的对策

（一）以就业为导向，定位准确，特色鲜明

高职教育必须以就业为导向，明确专业定位、人才层次、突出特色。根据行业特征和岗位需要，明确专业设计思路，规划、设计教学模式，构建组织教学活动。高职教育只有紧紧围绕市场需求来培养人才，才能增强学生的就业能力，才能解决在高职学生就业难的同时，很多专业领域又缺乏技能型人才的矛盾。真正建立起以市场需求为导向的充满生机与活力的专业特色教育，为学生开辟就业门路的同时，也赢得广阔的教育市场与发展空间。

（二）与企业联手，获取高质量订单

高职院校应主动与企业联系，让企业提前参与到教育中来，明确企业需求，共同制订教学计划，培养优质人才，但应注意两个方面：第一，用人单位的选择。与学校合作开展订单教育的企业，应该是生产规模较大、管理质量较高、经济效益较好的企业。与这样的企业合作，既能保证学生的实习安全，提高实践技能，又能使学生得到较为理想的薪酬及工作环境，促使学生珍惜岗位，努力学习并认真履约，同时激励更多的学生参与竞争，以便良好学风的形成。第二，订单项目的选择。在订单项目的选择上，要与学院的特色专业、优势专业及办学能力紧密结合，同时，要注重项目质量，订单学生必须能够满足企业特定岗位的人才需求。

(三) 调整教学内容，构建新的课程体系

人才订单明确规定了人才培养的目标，学院应根据企业的要求，通过"精简、融合、重组、增设"等途径，重组课程结构，更新教学内容。为了做到这一点，校企双方可成立专业建设指导委员会，成员由企业领导和专家及学院专业骨干教师组成。在共同研究、充分论证的基础上制订教学计划，建立与职业岗位和职业能力素质相适应的课程体系。课程内容要充分体现企业所需的知识、工艺与方法，突出基础理论知识的应用与实践能力的培养。

(四) 建立一支高素质"双师型"教师队伍

师资力量建设要紧密结合实际知识结构和技能结构的要求，全力构建并形成一支高素质的既有理论水平又有实践经验的"双师型"教师队伍，这是保证校企联合教学模式得以落实的前提。同时要多渠道解决师资来源：一是全面提高教师素质，创造条件并鼓励专业教师向"双师型"教师转变，或是选派专业教师下企业顶岗锻炼，增强实践能力；二是培养并推出一批适应实践教学的"名牌教师"及专业学科带头人，推动实践教学的深入发展。另外，应加强兼职教师队伍的建设。从企业中聘请领导与专家参与订单班的专业课教学工作，这不仅可以使教学更加贴近实际，而且可以使专业课程易于调整，及时适应社会经济的发展变化。最后，教师与专家互相沟通，还可以学到更多的企业实践知识，提高专业技能。

(五) 建设实训基地，突出实践教学环节

实践教学设施硬件是支撑实践教学的基础。实践教学体系建设，要因地制宜，引入社会、企业教育资源弥补学校实践教学的不足，同时还需要建设保证高职实践教学要求的教学基地和必要的硬件设备，包括校内实训基地和校外实训基地以及与专业相关的模拟、仿真工作环境。在校外实训教学资源还不是那么充足和稳定的情况下，只能建立仿真实践环境和校内实训基地，以加强学生实际技能的操练与培养。所以，职业环境需要必要的投资，以满足实践教学的需要。

（六）突出实践教学环节，规范实践教学内容

实施"订单式"培养的一个重点就在于依赖订单企业解决实践教学问题，良好的实训教学资源是培养核心技能的重要条件。实践环节要严格、规范，还要有长远规划，不能为实践而实践，更不能让学生成为某些企业的廉价、短期劳动力。所以每一个实践环节都应根据教学目标的设计而有计划地实施。要实现理论知识向实践技能的转化，要循序渐进地开展"订单式"培养。所以，在设计教学体系时，首要是找出专业核心技能，针对实现核心技能的要求设计相应的专业核心课程，针对专业核心课设计其相应的基础课和专业课，并针对岗位素质、技能要求来设计实践环节并取得职业证书，从而构建整体教学体系框架。最难保证的是实践教学环节，而最终体现教学水平的也是实践教学环节。高技能人才的培养离不开充足的实训条件和完整的实训过程，离不开真实的职业环境，因此借力于订单企业，保证实训教学效果，是"订单式"教育的一大优势。

（七）加强诚信教育，确保订单顺利实施

诚信是订单教育合作得以维持、深化的基本条件，是产学结合、合作办学的基础，因此，必须加强学生的诚信教育。高职院校在学生素质培养中，应格外注重学生重诺践约、讲诚守信的培养，建立诚信档案，签订诚信协议，培养学生良好的职业道德，提高学生守约的自觉性。同时，为了确保订单教育的实施，学校、用人单位、学生三方应本着平等、诚信的原则签订协议，这不仅包括学校与用人单位的联合办学协议，用人单位与学生的定向委培协议，还包括学校与学生的诚信协议。

高职教育服务地方经济社会发展研究

立足本职　投身学院转型发展
服务恩施经济建设

恩施职业技术学院图书馆　赖声雁

摘　要："互联网+"时代的高职院校图书馆既是高职院校的资源平台，又是展示学校办学水平和服务能力的窗口。图书馆通过六个转型、两个对接、一个开放，立足本职，投身学院转型发展，积极为学生、教师、管理者找资源，提供信息、知识服务。教育性是图书馆的属性，也是主要职能，现代高职教育强调一专多能的"通才教育"，学生专业知识的获取、知识面的拓展、文化素质的提高，不仅来源于教师和课堂，更要靠学生利用图书馆资源进行自主学习，自我提升。高职院校图书馆借助于馆藏纸质文献资料、大数据库环境、网络信息资源，开展定专业、定课程、定课题、定个人提供参考咨询等丰富多彩的受众服务工作，成为高职教学、科研的重要平台，在构建新型高职教育模式中发挥着重要作用。

关键词：高职教育　图书馆建设　功能

针对"加快高职教育发展，服务恩施经济建设"这一主题，图书馆能做什么、怎么做？说句实在话，之前，笔者认为在互联网时代，学校图书馆还有它存在的价值吗？需要什么信息、资料在网上百度一下不都解决了吗？能为高职教育做些什么呢？初来图书馆，深感困惑。通过走出去参加学习培训，参观了其他高职院校的图书馆建设情况，看到那宏伟的标志性建筑，闲适雅静的环境，宽敞明亮的开架阅读大厅，现代化的电子阅览室，络绎不绝的读者；还有万兆双核心、双链路千兆主干、百兆到桌面的网络构架；丰富的数字资源，在大数据环境下的教育教学课件交互平台及科研、论文平台；慕课、爱程课等国内外学术、技能、课程学习交流平台等。特别是教师的教育教学课件、科研资料、论文交流等，在图书馆就可以轻松搞定，令人震撼，这彻底颠覆了笔者以前的观念，毫不夸张地说，图书馆对"互联网+"时代的高职院校太重要了。

恩施职业技术学院图书馆还是建成于20世纪80年代的原恩施财校老图书馆，历经30多年的岁月洗礼。可使用面积约为1000平方米，阅读座位不足300个。馆藏图书42.65万册，因受馆藏容量的限制，有30万册图书转库到原工校老图书馆（已不具备图书馆功能）库房，实际进入ILasIIMD管理系统可供读者借阅的只有12.65万册。订购纸质期刊409种，报纸22种。电子期刊只有万方数据一种。图书馆现有工作人员14人，年龄在50岁及以上的6人、45岁以上5人、35岁以上3人，平均年龄已超过45岁。

资源利用情况。根据2012~2014年的读者数据统计，电子阅览和期刊读者呈现逐年上升趋势，图书借阅呈现逐年下降趋势。进入期刊室借阅图书的读者大多为高职学生，进入电子阅览室的读者大多为中职学生。利用图书馆资源的教师和管理者寥寥无几。

依据上述情况分析，图书馆设施设备陈旧落后，馆藏资源匮乏，资源利用率较低。工作人员年龄结构偏大，而且大都不具备图书、信息管理专业知识，业务素质亟待提高。图书馆服务于高职教育的功能没有得到发挥，与现代高职教育办学要求相差甚远，极不匹配。

仰望星空，脚踏实地。图书馆工作的切入点莫过于面对现实，立足本职，投身学院转型发展，积极为学生、教师、管理者找资源，提供信息、知识服务。围绕学院的转型发展，图书馆可以通过六个转型、两个对接、一个开放，有针对性地做一些工作。六个转型：一是针对学校办学方式的变化，做好中高职信息资源衔接工作，实现与各县（市）职中图书馆资源互动共享的转型；二是针对生源结构的变化，重新定位读者，实现服务对象的转型；三是针对教育教学方式的变化，直接参加教育教学，实现服务方式的转型；四是针对课程体系的变化，及时掌握专业课程结构，实现资源配置的转型；五是针对学生实训、实习的变化，调查了解学生实训、实习动态，实现服务范围的转型；六是针对学生择业、就业的变化，整合就业信息资源，实现跟踪服务的转型。服务恩施经济建设方面，两个对接：一是图书专业资源与地方行业需求对接；二是学生就业信息服务与地方人才需求对接。一个开放：积极筹划恩施职业技术学院图书馆面向社会开放。下面谈谈具体想法和做法。

图书馆既是高职院校的资源平台，又是展示学校办学水平和服务能力的窗口。不仅仅是传统意义上的"为读者找书，为书找读者"，高职教育需要信息环境的支持，而高职图书馆针对学生、教师、管理者的服务和支持地方经济建设也日趋个性化、多元化、网络化。高职院校图书馆借助于馆藏纸质文献资料、大数据库环境、网络信息资源，开展定专业、定课程、定课题、定个人提供参考咨询等丰富多彩的受众服务工作，成为高职教学、科研的重要平台，在构建新型高职教育模式中发挥着重要作用。现代高职教育强调一专多能的"通才教育"，专业知识的获取、知识面的拓展、文化素质的提高，不仅来源于教师和课堂，更要靠学生利用图书馆资源进行自主学习，自我提升。图书馆教育与传统课堂教育的区别在于，它主要是以文献传播的形式来实现其教育功能。学生一般是以主动、自觉的方式来增长知识、开阔视野、陶冶情操、发展个性。

为了更好地发挥文献信息内在的素质教育职能，必须紧密结合专业培养目标，积极建设包括馆藏实体资源在内的各种文献信息资源，最大限度地满足广大读者的信息需求，使图书馆成为开展高职学生信息素质教育的基地。

一 在现有条件下图书馆直接参与教育、教学、科研活动

图书馆向数字化方向发展是大势所趋。丰富的高职教育信息资源，在直接参与高职教育中具有得天独厚的优势。

（一）图书馆是学生的重要课堂

教育是图书馆的属性，也是主要职能。图书馆是学生的重要课堂，组织学生开展丰富多彩的读书活动，形成图书馆"大课堂"。如通过"导读课"，开展书评、新书介绍，让学生读到好书，培养读书技巧，教给学生利用计算机网络、通信网络、多媒体技术等现代化手段来检索利用文献资源，提高学生的信息素质。结合当前国内外形势和社会热点，

举办图书展览、影片欣赏、名家微课堂讲座等活动，使学生的思想水平、价值观念、道德素养、审美能力、鉴赏能力得到提升，培养学生的综合素质。

（二）增加馆藏文献信息资源为学院教科研活动服务

图书馆是学校的文献信息中心，在不断丰富馆藏文献的同时，有针对性地保证重点学科核心刊物的连续性和采集新生资源的前瞻性，使之成为学校教科研活动的有力保障。

（三）培养兼职"学科馆员"，架构图书馆与各系各专业信息资源桥梁，引导恩施职业技术学院高职学科发展方向，建立专业知识库

恩施职业技术学院图书馆现有工作人员的知识结构，已经不能满足高职教育发展的需求。在网络环境下，图书馆业务操作、服务方式和管理模式都已发生了深刻的变化，其工作性质也由以往的保管型、封闭型向开发型、研究型、开放型转变。为跟上现代高职教育的发展步伐，可以在专业教师层面上培养兼职"学科馆员"，建立一支具备不同专业知识的人才队伍，通过互动式的知识交流与服务，深入到各学科的学术活动中，及时搜索和分析学科发展动态，总结、预测发展方向，形成专题分析报告，建立专业知识库，引导学科发展方向和图书馆资源的配置，为领导决策提供依据。

（四）加强学生"图管会""读书协会"建设，培养班级学生导读员，构架图书馆与学生的桥梁，培养学生学习兴趣

一是通过班级学生导读员培训，开展图书馆宣传、需求调研、信息反馈等活动，发挥桥梁作用；二是举办读书月、主题读书、好书推荐、知识竞赛，以征文、辩论会、演讲会、朗诵会形式，激发学生的读书热情，锻炼提高学生的综合素质。三是让学生参与图书馆服务与管理，让学生学会如何利用图书馆资源，提升自己的专业素质。

二 组织资源和信息投入学院转型发展，为本院学生服务，为恩施经济建设服务

随着"互联网+"时代的到来，通信和网络技术迅猛发展，图书馆通过远程教育课、文献检索课、就业信息指导课及素质教育等一系列新型教育活动，不断向网络化、整体化和多维化方向发展，为参与、构建新型教育教学模式，服务地方经济建设发挥积极作用。

（一）建立高效、便捷的远程教育为校内外学生和地方行业、企业共享，服务恩施经济建设

利用信息技术为图书馆提供先进的技术手段，联手各县（市）职中图书馆改变传统的服务模式，开展现代远程教育服务创新。借助网络学习课程，提供无线共享的数字化教学资源，为在校学生和在外实习、就业学生提供学习平台。同时，改善和拓展图书馆相应服务功能，向社会开放，为恩施州域行业、企业提供高效、便捷的远程教育互动服务，支持地方经济建设。

（二）开设文献检索课程，培养高职学生的信息利用能力

高职学生需要培养他们的自学能力、研究能力和创新能力，而这三种能力都离不开对文献信息的检索与利用。因此，培养学生的信息利用能力已成为高职教育的首要课题。随着科技的进步，图书馆要不断提高服务高职教学改革的能力，通过开设信息检索课程和各种讲座培养学生的信息利用能力，这有助于高职学生进行探究式学习，针对问题检索信息、筛选信息，结合自己的专业技能需求，利用新信息发现问题、解决问题，培养创新能力。

（三）就业指导

图书馆的文献资源中，特别是门类众多的纸质、电子期刊中，拥有大量的就业信息，其时效性强、内容新、容量大、周期短，这为学生的实

习、就业提供了极有价值的信息支持。因此,图书馆可以对学生开展各类就业信息知识教育、就业资料分析教育、择业信息筛选方法教育等。传递各地人才需求信息,根据学生的就业需要,快捷上传人才供应信息,使学生、教师、管理者和用人单位在每个时期都能将信息迅速转化成决策依据。

三 建议

(一)尽快立项建设图文信息中心

基于大数据环境下的数字化校园建设,构建集数字化教育、教学、科研、管理、生活及服务于一体的信息资源共建、共享的学校信息化应用环境,已经成为高职院校的现实需求。建议尽快立项建设恩施职业技术学院图文信息中心,为学院"加快高职教育发展,服务恩施经济建设"提供便捷的数字化服务。

(二)引进年轻的专业人才,启动图书馆工作人员定期学习、培训工作,提高业务素质,以满足高职教育发展需求

学院的转型发展,既需要鼓励追求个人价值的实现,更需要大力弘扬爱岗敬业的实干精神。相信在学院党委、行政的坚强领导下,"加快高职教育发展,服务恩施经济建设",一定能结出丰硕的成果。

高职教育与区域经济发展新路径的探讨

——以恩施职业技术学院为例

恩施职业技术学院中职部　周成河　张　飚

摘　要：高职教育与区域经济的发展本应是相辅相成的关系，但目前二者间尚存在一些不协调因素。高职教育只有走内涵式发展道路、构建质量型人才培养模式，加快建设特色职业教育体系，"建成支点，走在前列"，为区域经济发展提供高素质劳动者和技术技能人才支撑，才能在促进区域经济发展的同时，实现自身可持续发展。

关键词：高职教育　路径　区域经济

一　高职教育与区域经济相辅相成的特征分析

（一）区域经济对高职教育的影响

（1）高职教育是服务区域经济最直接、与区域经济发展最密切的教育，二者之间具有紧密的协同关系。发展高职教育是提高全民族素质的需要，是对应用型人才培养模式的重要探索。高职教育以培养目标的职业定向性和教学内容的实际针对性而获得社会的肯定。高职教育一般都是以本区域经济发展需要为导向，因此，高职教育的发展与区域经济发展息息相关。区域经济发展水平决定了高职教育的速度、质量和规模。区域经济发展的水平、结构、层次，对技术性人才需求的数量和质量，影响着区域内高职院校毕业生的就业率、区域内居民对高职教育的肯定程度以及地方政府对高职教育的财政投入力度。从我国东西部高职教育水平可以发现，我国东部沿海地区经济发展较好，其高职教育也明显好于中西部地区，很显然，区域经济发展水平与高职教育的发展正相关。

（2）区域产业结构决定高职专业建设。区域产业结构的变化是高职专业建设的依据，高职的专业设置必须符合区域的产业发展方向。恩施州在"十三五"期间将大力发展矿业、绿色食品、畜牧、旅游、能源（页岩气的开发）、烟草、茶叶、建材、药化等产业，加快建立产业链条长，配套全，层次高、效益好的特色产业体系，深入推进"产业兴州"，全力打造恩施经济"升级版"。结合恩施州的产业布局，恩施职业技术学院很多专业建设（如生物制药专业、园林专业、畜牧专业、旅游专业等）都要顺应区域经济发展的潮流作科学合理的调整，课程内容设计与编排必须具备针对性和可持续性，力争达到与区域经济发展同步。如恩施职业技术学院将新开办的硒专业在人才培养模式上结合硒产业的开发及应用，打好对接仗，科学合理延长产业与服务链条，实现"互联网+"，将硒资源与烟草、茶叶、畜牧、生物制药、旅游等产业有机结合，开发出在全国具有影响力的富硒烟草、富硒茶、富硒饲料、富硒动物食品、硒保健休闲等产业。硒产业的发展是一个多学科支撑的健康产业，现有人才资源严重不足。恩施职业技术学院开办硒专业就是适应区域经济发展的需要，同时希望通过硒专业的开设，促进相应专业（如市场营销专业、农产品深加工专业、旅游专业等）快速适应区域经济发展的需要，进一步完善专业建设，打造好"世界硒都"这张名片。

（3）区域经济对人才的需求是高职教育发展的主要动力。恩施州"十三五"规划明确要求：要主动适应新常态、新趋势，搭建新型融资、业主平台，探索成立产业投资基金，不断深化投资体制机制改革。这对恩施职业技术学院来讲既是机遇又是挑战。怎样抓住机遇？怎样迎接挑战？人才培养是关键。就硒产业一项根据市场调研，发现恩施州硒产业发展人才总量严重不足。据估计，目前，恩施州内从事过硒相关研究的人员不到70人，产业开发的从业人员不足300人。根据目前产业发展的需求现状，人才总量远远不能满足现实的需要，且人才结构不合理。从市场要素来看，硒资源开发人才多集中在技术要素，高层次市场营销和现代企业管理人才基本上属空白；从产业结构上来看，硒资源开发的人才多集中在第一产业、第二产业、第三产业，相关人才匮乏；从技术结构上看，硒资源研发人才集中在资源、种植、养殖、机理等研究上，农产品精深加工、食品科学、药学、医学、化学等方面的人才甚少。为此，恩施职业技术学院应该根据市场调研的结果，对接产业科学制定人才培养方案，适应区域经济快速增长的需要。区域经济人才需求是高职生的就业保障，是高职教育发展的主要动力。

（二）高职教育对区域经济发展的影响

（1）高职教育的根本任务是推动地方产业结构升级及优化调整，高职教育的人才培养直接影响区域经济的发展，区域经济发展所需人才的数量和类型又直接影响高职教育人才培养的定位和模式。在区域经济发展过程中，高职教育是人才基地，为区域经济健康发展提供了强有力的智力支持和人力资源保障，区域经济的发展又反作用于高职教育，实现自身与区域经济协同进步、共同发展的目的。"十二五"期间，恩施职业技术学院为社会培养了几万名毕业生，为恩施州大力发展特色产业，产业结构进一步优化，按照建基地、培主体、强龙头、创品牌的思路，加强现代烟草、茶叶、畜牧、清洁能源、生态文化旅游、信息六大产业链建设，整体效益持续快速增长做出了重要贡献。

（2）促进区域经济结构合理调整。随着我国经济结构的调整、科技的进步、产业的转型与升级，必然导致大量的工人下岗，为了缓解就业压力，高职教育就应积极主动与新的岗位对接，培养他们的再就业能力，使他们尽快适应新岗位要求，促进区域经济结构顺利调整，推动区域经济和谐快速发展。同时，由于恩施州城市化进程的加快和区域经济结构的变革也造成大量农民进城，这些失地农民进入城市后，缺乏城市生活需要的知识和技能储备。如恩施市城郊金子坝村等，许多农民失地后，拿着国家补偿款无所适从。据调查，30%的人整天打牌消遣，这样很快就会坐吃山空，如果政府不加以正确引导，将会成为社会的不安定因素。高职教育者应在区域城镇化过程中，承担起促使失地农民由农耕生产方式向工业化、现代化生产方式、现代城市文明的转换，更新市场经济理念，更新生产技术，改变缺乏职业技能和岗位迁移能力的现状，增强城市社会的生存能力的教育使命，加强对这些新型职业农民的培训，使整个社会达到安宁和谐，促进区域经济结构合理调整有序推进。

（3）促进区域产业结构优化，提高区域经济竞争力。随着区域产业结构优化升级程度不断加快，对劳动者的素质要求越来越高，高职教育应根据区域产业结构优化的要求，在提升劳动者专业技能的同时，要相应提高劳动者更全面的基础能力和综合能力，与此同时，高职教育必须立足本地特有资源，确定明确的科研方向。例如，恩施的硒产业在我国既是一个新兴产业，也是一个朝阳产业，恩施职业技术学院要围绕这一特色产业大做文章，开设硒专业，积极与相关行业企业对接，加大对硒的研发，让其尽快转化成生产力。旅游产业是恩施的一大支柱产业，也是一个特色产业，应推进硒产业与旅游产业有机融合，延长产业链，形成地域特色，进一步促进恩施区域产业结构优化升级。不断优化人才培养模式，服务好地方经济，提高区域经济竞争力。

二　目前高职教育在服务地方经济中存在的主要问题

（一）盲目跟风，功利思想严重

相当一部分高职院校对于热点专业不管"形似"还是"神似"，也不管是否具备相应的师资条件，盲目进行专业建设，造成专业设置重复，更造成了学生就业困难。一是部分高职院校的人才培养模式、专业建设、课程设置等未能与区域经济和产业结构的变化及调整同步，仍旧奉行低成本办学，几乎所有高职院校都设有教学投入少、对实习和实训没有特定要求的外语、经贸等专业；二是挂羊头卖狗肉，与常提倡的"实行工学结合、校企合作、顶岗实习的人才培养模式"背道而驰，闭门造就"人才培养模式"。这样的人才模式怎么能够与区域经济的发展对接，怎么能够服务区域经济？高职院校校企结合的人才培养模式，是服务于区域经济，服务于社会发展，服务于企业发展需要的具体体现，是实现与区域经济良性互动的有效模式，也是推动高职教育健康发展的重要途径。

（二）缺乏前沿性和前瞻性

兼顾近利，立足长远，方能健康发展。目前的高职院校主要以提供中间技术服务和较低层次的技术服务为主，随着科技的进步，生产力水平的提高，区域经济向技术密集型或资本密集型产业的转移，需要劳动力层次逐渐提高，为区域经济发展提供人力资源供给的高职教育也要相应升级，培养职业教育的高级人才。但迄今为止，高职学生学历升级渠道不畅通，社会认知度低，导致高职院校提供的技术服务只能为区域内传统产业和成熟产业服务，对区域经济发展需要的高新技术产业、新兴产业人才培养明显不足，同时也导致社会对高职教育诸多偏见，认为高职教育没有普通高等教育有前途，所以要积极探索发展本科及研究生层次职业教育。建立以职业需求为导向、以实践能力培养为重点、以产学结合为途径的专业学位研究生培养模式。研究建立符合职业教育特点的学位制度，科学合理的职业教育层次结构。

（三）社会服务功能发挥不够理想

技术服务、科研服务及文化服务是高职教育社会服务的主要内容。这是社会赋予高职教育的基本要求。高职教育在快速的发展，而从事高职教育的管理者的职教理念还停留在传统的应试教育的层面上，没能与高职教育的快速发展相同步，致使社会服务功能发挥不够理想。目前，高职教育主要面向在校生开展学历教育和技能培训，对区域城镇化过程中的大量失地农民以及传统产业或者技术含量不高的产业的下岗工人等弱势群体关心、关注得不够，面向他们的技能培训开展得较少，高职教育的职业性特点得不到全面体现，社会服务功能发挥差。此外，由于对区域内各行各业、各岗位技能型人才的素质要求缺少调查研究，致使部分高职院校人才培养模式难以适应区域经济发展的需要，毕业生在本区域内就业难度大，高职教育服务区域经济的预期目的难以达到。恩施职业技术学院近年来为了提升服务区域的社会功能，积极与区域经济发展对接，找准对接点。例如，生物工程系通过市场调研发现恩施州食品药品等行业检测人员缺乏，因而积极与相关部门联系，在学院开设培训班，培训了近200人，使参培人员都获得了相应的职业资格证，解决了食品药品等行业检测人员缺乏的难题。

(四) 高职人才培养质量与区域内企业需求难以对接

目前，许多高职教育虽然天天在讲要实现政校合作、工学结合、校企合作等模式办学，但往往是形式大于内容，实际上还是一种传统的学校教育，无论是人才培养目标、人才培养方向、专业设置、课程设置还是教学大纲、教学计划、课程标准等的制定，几乎都由学校单方面决定，没有与行业企业深度融合，这种背离高职教育与区域经济相辅相成关系的教育体制和教育环境，必然导致培养出来的高职毕业生变成"绣花枕头"，不能与具体的岗位要求对号入座，高职人才培养质量不能与区域内企业、地方经济需求顺利对接。

(五) 高职教育的办学水平难以与区域经济发展水平同步

高职教育是为地方经济建设发展培养并输送第一线的高素质技术应用型人才的与区域经济联系最为密切的教育形式，是政府、社会、学校、企业和个人等多方面的共同行为，它需要政府的政策支持与财政投入、各行各业的积极参与、个人的需要和肯定才能健康发展。但目前由于各方面对高职教育的偏见，高职教育的发展规模、发展速度、人才培养规格等均落后于区域经济发展水平，不能满足区域经济发展需要，不能顺应区域经济发展趋势。

三 与区域经济相辅相成的高职教育发展路径探析

(一) 走内涵式发展道路

10多年来，高职教育经历了快速扩张发展时期，从"量"上得到了飞跃，但"质"上没有得到相应提高，这是发展中的曲折。在新常态下，面对新形势，区域经济结构调整、产业结构优化等一系列新要求，高职教育必须由单纯的规模扩大转变为内涵提升，走内涵式发展道路。要从区域经济发展规律、区域产业发展规律和市场发展规律出发，适应区域经济产业结构调整要求，为区域经济发展方式转变和现代产业体系的建立提供智力支持。高职教育要紧密结合区域经济发展需求，以质量求发展，以特色创一流，以服务区域经济社会发展为宗旨，创新人才培养模式、提高人才培养质量、加强师资队伍建设，为区域经济发展输送合格的高端技能型人才。恩施职业技术学院近几年来在内涵建设上苦练基本功，尽力夯实基础，注重衔接，有序推进。恩施职业技术学院在长期的办学实践中，立足湖北民族地区，紧紧围绕恩施州区域经济发展，提出了"一二三四"的办学指导思想，即"一创"目标：创建特色鲜明的示范高职院校。"二为"宗旨：为学生职业生涯发展奠定基础，为民族地区经济社会发展提供支撑。"三融"模式：教育与产业相融合，学校与企业相融合，学习与工作相融合。学院坚持走内涵式发展道路，对接产业，依托行业，建立起"1333"校企共育、工学交融、能力递进人才培养模式，即人才培养一个本位：以职业能力为本位，校企共同确定专业人才培养标准；课程构造三个模块：校企共同开发专业支撑课程、专业核心课程和专业拓展课程三个模块化课程；能力提升三个层次：校企共同实施职场体验实习、专业顶岗实习和就业顶岗实习；培养过程三个结合：校内学与做（训）相结合、校内培养与校外培养相结合、校内考核与企业考核相结合。坚持"抓顶层系统设计，强过程质量监控，提专业内涵发展，评人才培养质量"的建设思路，引入社会评价，建立起"双方参与、双向督导、双向评价、双向反馈"的教学质量保障体系。"四院"方略：质量立院、特色兴院、人才强院、依法治院。确立了"立足恩施，辐射武陵，面向市场，开放办学"的办学指导方针，形成了"植根湖北西部地区，服务民族经济发展"的办学特色。

（二）构建质量型人才培养模式

高职教育是社会发展的产物，在我国发展起步较晚，在发展的过程中，对高职人才质量观有两种错误认识：一是片面强调理论教学；二是片面强化学生动手操作的能力。两种认识都忽视了学生综合素质的培养，这样培养出来的学生缺乏持续发展的能力。这两种错误认识导致高职院校毕业生在实践动手能力上不如中专生，在理论知识水平上不如本科生。

恩施职业技术学院印发的《恩施职业技术学院关于制订人才培养方案

的指导意见》的通知，摈弃了两种错误认识，推进人才培养模式创新。坚持校企合作、工学结合，强化教学、学习、实训相融合的教育教学活动。推行项目教学、案例教学、工作过程导向教学等教学模式，同时还引进国际领先的美国斯坦福SCCE、SCME的课程体系实现校企共培模式。全面实施素质教育，科学合理设置课程，将职业道德、人文素养教育贯穿培养全过程，以此构建质量型人才培养模式。

（三）基于区域经济发展需求进行专业建设

区域经济的发展需求是高职教育专业建设的基础，高职专业建设是实现高职人才培养目标的载体，是区域经济发展需求与教学工作紧密结合的纽带。高职专业建设必须基于动态分析和把握区域经济发展变化的脉搏，根据区域经济结构、产业结构和劳动力结构，进行既能适应区域经济发展规律又符合教育规律的专业建设。恩施职业技术学院结合恩施州"十三五"期间六大支柱产业的建设，根据市场和行业、企业的需求设置和调整专业，加强重点专业建设，突出特色专业，优化传统专业，重点开设硒专业、优化升级旅游专业、畜牧专业、生物制药专业等专业，在专业建设过程中要进行充分调研，专业设置只有顺应区域经济增长方式的转变和产业结构调整的需要，才能有效促进专业建设。

（四）加强校企合作，探索多元办学模式

政府搭台，校企联合，明确各自的职责。政府通过地方财政支持等政策措施，调动企业参与高职教育的积极性和主动性，促进高职教育校企合作、产学研结合制度化。恩施职业技术学院积极探索行业企业与高职院校组建职教集团，2015年初在恩施州委、州政府的支持下，组织恩施州八县市的中等职业技术学校和与各校有合作的东部沿海大企业以恩施职业技术学院为龙头组建了恩施职教集团，现已取得实质性的进展，共同研究制定院校、行业、企业、科研机构、社会组织组建职业教育集团的支持政策，发挥职业教育集团在促进教育链和产业链有机融合中的重要作用。校企本着互惠双赢、优势互补、共同发展的原则，以共同开发人力资源和提升人力资源质量为目标，形成校企长期、互利、稳定的合作办学、协同育人、互惠共赢的长效机制。组建校企合作协调组织，建设多方参与、多元评价的运行机制，增强办学活力。与此同时，还积极借鉴德国的双元培训制、英国的工读交替式培训和日本的产学合作模式，不断探索和完善多元办学模式，探索一条适合我国国情的校企合作的多元办学模式。

（五）提高本地化就业率

本地化就业率是衡量高职院校服务地方经济发展水平的核心指标。恩施职业技术学院将学院的发展与恩施州的发展相结合，发挥职业教育在推动欠发达地区经济内涵式发展中的人才源泉和技术保障方面的作用，积极融入本州的经济建设与产业结构的调整与升级中，制定完善人才培养模式，建立对应行业、企业人才供给机制，同时积极争取上级政府加强对职业教育的指导，建立职业院校地方贡献激励机制，并将其贡献作为办学水平能力考评的一个重要指标，以学校对地方经济社会发展的贡献来支持学校发展，鼓励高职院校以服务区域经济与社会发展为出发点。将学校的专业设置、人才培养尽可能地与本地的产业结构、人力资源需求相适应，以此更好地为地方经济服务，进而提高本地化就业率。

（六）加强师资队伍建设

高职院校采取"走出去，请进来"的办法加强师资队伍建设。走出去就是让我们的老师到相应的企业或高校进修学习；请进来就是将那些在行业、企业的某个领域有权威的一些专家或能工巧匠请到学校来帮助我们的老师提高业务能力和科研能力。完善学习、培训激励机制。加强老、中、青三结合的教学团队建设，给予青年教师更多的学习交流机会，从物质奖励等方面鼓励他们勇挑重担，以避免出现优秀骨干教师青黄不接的状况。坚持培养与使用相结合，鼓励教师攻读硕士、博士学位，资助优秀骨干教师国内、国外访学。营造良好的工作环境以吸引行业企业的专家和技术骨干深度参与专业建设与人才培养，使专业建设与产业发展紧密相连，使学生实践能力培养符合行业企业职业岗位要求。

近几年，恩施职业技术学院结合本院实际，利用寒暑假组织中青年教师参加社会实践，提高其业务能力和专业水平，打造出更多、更好的"双师素质"教师。同时为了鼓励广大教师积极进取，在薪酬方面还设立了人才奖，使广大教师在工作中感到在恩施职业技术学院工作有盼头，有奔头。

（七）加强政府顶层设计

恩施州政府要将恩施职业技术学院纳入"十三五"经济社会发展规划，统筹布局区域经济社会发展与高职教育的发展速度和规模，从政策和财政投入上支持特色学校和特色专业做优做强，如学院即将开设的硒专业；要充分发挥政策调控与资源配置作用，引导高职院校结合区域产业发展需要，顺应区域产业发展趋势，围绕区域产业发展重点，合理确定、不断优化高职专业结构和布局；政府要牵头联合相关部门建立动态专业设置预警机制与人才需求预测机制，定期发布人才需求信息，引导高职院校适时调整专业设置。

四 结束语

对高职教育与区域经济发展新路径的探讨，能够促进高职教育与区域经济发展良性互动，实现与政府、行业、企业无缝对接，使高职教育在新常态下能够尽快适应技术密集型或资本密集型产业发展与升级的需要，最大限度地促进区域经济的持续发展，提升自身的办学实力，凸显自身的办学特色。

加快高职教育发展　服务恩施经济建设

恩施职业技术学院信息工程系　高祖彦

摘　要：职业教育面向生产、建设、服务、管理第一线培养高素质劳动者和技术技能人才，这决定了职业教育必须主动与经济社会发展相适应，主动面向社会、面向市场办学，深度融入经济社会发展的大潮之中，提高其适应、服务和引导经济社会发展的能力，努力推动地方经济社会又好又快发展。

关键词：高职教育　服务功能　经济建设

一　以服务为宗旨，更新职业教育理念

职业院校要以科学发展观为指导思想，结合地方经济社会发展趋势，树立学校与市场对接、专业与产业对接、人才与需求对接的办学理念，以提高质量为重点，以改革人才培养模式为突破口，以内涵式发展和特色发展为路径，实现职业教育与经济社会互促互利的良性循环发展，提升职业教育服务经济社会的能力。职业院校只有牢固树立为地方经济社会发展服务的观念，紧紧围绕支柱产业发展，打造服务特色，提升服务质量，才能为地方经济社会发展提供强有力的人才和科技保证，从而提高服务地方经济社会发展的贡献度，体现服务地方经济社会发展的深度。

二　恩施州经济社会发展新形势

2013年9月11日，恩施州召开专题会议，研究恩施州产业链建设相关事宜。会议指出，恩施州经过多年发展，以特色农业、资源型新型工业

和生态文化旅游业为主的特色产业体系基本形成，有力支撑了全州经济社会快速发展。结合恩施州产业发展实际，经过深入调查研究和认真比较分析，烟草、茶叶、畜牧、能源、旅游、信息六大产业已具备启动产业链建设的基本条件。六大产业链中信息产业链建设方面，园区建设上，已落实信息产业园500亩，目前已有一家企业签订合同；项目建设上，目前有在建项目16个（其中"两化融合"项目企业7家）；招商引资上，目前中软国际已在恩施注册公司，正在进行入园项目申报工作。2014年，以信息服务为主的电子商务快速发展，涌现出以淘宝网、恩施馆、集群E家、硒可商城、供销裕农、大山鼎生活馆等为代表的第三方平台20多个，发展站内经营网店和小微企业2000多家，通过电商平台实现销售额2亿多元。立足六大产业链，加强实践教学体系与实践基地建设，切实解决职业院校学生的实践能力和职业技能的培养问题。让学生"边学边做、理实一体"，实现教育和就业岗位"零距离对接"，提高职业院校的初次就业率，保持职业教育的生命力和竞争力。

目前全州电子商务平台企业达到19家，网上交易额过100万元的有10家。2015年上半年全州电子商务交易额近6000万元，从业人员3400余人。全州电商平台上线农特产品达到3500种，上半年仅淘宝恩施馆就实现茶叶、腊肉等产品的交易额2000多万元。各运营商还相继开发了"烟信通""农信通""畜牧通""农机通"等信息化产品，为农户和农产品加工企业提供信息化服务，插上了"信息高速"的翅膀。恩施州经济发展的方方面面、各行各业，必然需要数量庞大的技能型人才和高素质劳动者。这为职业教育提供了空前的发展机遇，但同时也对其提出了更高的要求。职业教育如果不能适应经济社会发展需要，势必影响经济社会发展的速度和成效，也会成为制约职业教育事业发展的瓶颈。

三 立足地方经济发展，提升职业教育服务经济社会能力

（一）促进中职与高职教育衔接，推进现代职教体系建设

建立中职和高职教育协调发展的现代职业教育体系，系统设计中职与

高职的有效衔接，构建人才成长"立交桥"。建立中职与高职人才培养合作机制，整体设计应用型人才培养模式，实现中等和高等职业教育优势互补、共同发展，形成中职和高职教育横向沟通、纵向衔接的现代职业教育新模式，提升职业教育服务地方经济社会发展的质量和水平。特别是要打通从中职到大专及本科、从普通教育到职业教育以及部门之间的通道，把高职教育办得更好。

（二）以校企合作为切入点，创新人才培养模式

职业院校应把提升服务地方经济发展能力作为办学的第一目标，把校企合作、工学结合作为人才培养的第一模式，把人才培养质量作为办学的第一效益。工学结合、校企联合既是高职院校人才培养目标的必然要求，也是地方行业、产业与企业发展的客观需要。职业院校应大力推行"校企合作、工学结合"的人才培养模式，凝练办学特色，融入产业、行业、企业、职业、实践五大元素，坚持走"校企合作一体化"的办学之路，采用"工学交替式""双证互促式""订单式""校企双向介入式""顶岗实习"等各具特色的工学结合人才培养模式，注重学生职业能力和素质的培养，构建以市场需求为核心，以职业能力为本位的多元化人才培养模式。

（三）以就业为导向，改革教学模式

目前高职院校的专业、课程设置严重滞后，不能适应市场、行业、岗位的发展变化，照抄照搬、简单模仿、形式主义的现象十分严重。高职院校专业设置要考虑到地区产业结构调整和人才市场的需求。遵循课程内容与职业工作相匹配、理论课程与实践课程相融合的原则，优化课程体系，从而达到课程设置从企业需要出发、从关键职业能力出发、从关键技术和最新工艺出发。第一，根据岗位职责和专业技术发展要求，参照相关职业资格标准来确定合格的人才培养目标；第二，从职业岗位（群）能力和职业资格标准分析入手，确定课程教学内容；第三，以能力为主线，进行课程重构和教学设计，构建与人才培养目标相适应的专业基础知识、实践能力和文化素质课程体系。

(四) 以增强实践能力为方向，突破实训体系建设

立足地方重点行业、支柱产业、现代服务业，围绕产业结构调整和技术更新换代，加强实践教学体系与实践基地建设，切实解决职业院校学生的实践能力和职业技能的培养问题。学校要积极主动与企业合作，一方面，可以在校内建起技术先进、设备完善、环境逼真、具有企业文化的教学工厂，为学生提供与企业相似的培训环境和经验学习环境；另一方面，学校将教学过程中的某个阶段放到企业，由企业人员承担教学任务，将企业真实的场所作为"教室"，让学生"边学边做、理实一体"，实现教育和就业岗位"零距离对接"，提高职业院校的初次就业率，保持职业教育的生命力和竞争力。

(五) 以全面发展为目标，构建新的评价体系

传统评价是以学生的学习成绩论高低，这不符合职业教育的需求。行业、企业在选择人才时，一方面要考查学生综合知识的运用，另一方面更要考查学生心理素质、职业兴趣、个性特征、团队合作、交流沟通等，企业在关注学生操作技能的同时，更要注重学生的职业素养、劳动态度等综合能力。构建新的评价体系要本着激发学生学习积极性和促进学生发展的目标。要考虑企业的用人标准，不仅考核学生的学业成绩，还考核其学习态度、学习纪律、安全规范操作、团队合作等。同时，学校与企业积极沟通，重视校内学习与实际工作的一致性，校内评价与企业评价相结合。

(六) 加快"双师型"队伍培养提高教师素质

提高职业教育的服务能力，关键是要有一支综合素质高、实践能力强的"双师型"教师队伍。"双师型"师资队伍是提高教学质量的核心。一方面，通过参加培训、到企业实践等多种形式，提高教师的教学水平和实训指导能力，加快培养出一支理论与实践紧密结合的优秀学科专业带头人；另一方面，结合区域经济和市场需求，制定优惠政策，从企事业单位聘请具有丰富实践经验的技术骨干和能工巧匠来校兼职，提高教师队伍的整体业务能力。

服务地方经济建设的恩施职业教育发展渠道探讨

恩施职业技术学院公共课部　朱行梅

摘　要： 近年来，恩施职业教育立足特色，发挥优势，服务社会成效显著。但是按照职业教育最新的目标任务，恩施州职业教育发展存在些许困难与问题，要突破这些制约恩施职教发展的瓶颈，寻求一些切实可行的渠道并统筹发展职业教育就毋庸置疑了。

关键词： 恩施　职业教育　经济建设　发展渠道

党的十八大提出了加快发展现代职业教育的目标任务，国家和湖北省中长期教育改革和发展规划纲要对大力发展职业教育提出了明确要求：加强职业教育统筹；深入推进校企合作；着力提高职业教育质量；大力发展面向农村的职业教育；增强职业教育吸引力；等等。

近年来，全恩施州职业教育已彰显了一些特色，发挥了有目共睹的服务优势，得到了长足发展。但与普高比较，社会对职业教育的认同感差，甚或有排斥心理，职业教育吸引力仍然不够强，进一步发展壮大面临诸多挑战。州内有较大一部分生源流向州外地区。另外，普通教育与职业教育失衡，呈现出明显倒向普通高中的态势，从而导致职业教育发展不充分，技能型人才培养与技能型人才需求之间的矛盾日益突出。发展职业教育是恩施州实现"人才强州"战略的客观需要，同时也是实现全面建成小康社会所必须经历的人力资本原始积累过程。要不断扭转这一态势，从内外强化发展职业教育，增强职业教育的吸引力，从而直接服务地方与邻近地区的经济建设，笔者认为可从以下几个方面打通渠道。

一 统一思想认识,加强组织领导,切实为职业教育服务

全恩施州各级各部门应树立发展职业教育就是发展经济的理念,将发展职业教育摆上重要议事日程,切实加强对职业教育发展的组织领导,真正履行发展职业教育的职责,并从人力、财力、物力等各个方面给予政策性保障,努力营造全社会认同、重视并支持职业教育发展的良好环境,提升职业教育基础能力,增强职业教育吸引力,使职业教育规模、专业设置与经济社会发展需求相适应,促进职业教育跨越式发展。

二 学校依托"紧缺专业",打造特色"品牌"

我们可以借鉴新疆工业高等专科学校的成功案例。该校近几年里,学生还没有毕业就被企业抢光了。校长黄朝华说,"在办学过程中,我们始终把培养人才的目光盯在如何适应区域经济社会发展上,依托'紧缺专业'建设,打造属于自己的特色品牌,现在看来,效果显著"。

该校的优势是涉煤专业,这些专业特色鲜明,都成为"品牌专业",因此这些专业的毕业生特别受欢迎。为煤炭工业而生,靠煤炭工业发展壮大,依涉煤工业跨越发展。一路走来,新疆工业高等专科学校把准了区域经济社会发展跳动的脉搏,也就抓住了跨越发展的每一个机遇。除此之外,学校还强化传统专业优势,把传统专业做大做强,从而引领和带动相关专业群发展。经济发展需要,办学思路明确,专业特色鲜明,品牌专业众多,这些因素使得新疆工业高等专科学校赢得了新疆维吾尔自治区党委和人民政府的大力支持和高度重视。

众所周知,新疆是我国的能源大省,煤炭资源储量丰富,预测储量居全国首位。煤层气资源也十分丰富,约占全国预测总量的26%,居全国第三位。2007年,新疆维吾尔自治区明确提出实施优势资源转换战略,加快煤炭资源的开发与利用,推进新型工业化进程。神华集团、兖矿集团、新汶集团、徐矿集团、山东鲁能集团、山西潞安集团、神东天隆集团以及华能、华电、国电、国投、大唐等60多家大企业大集团相继进疆,迫切需要

大量高层次专业技术人才,为以涉煤专业为主的新疆工业高等专科学校发展带来前所未有的机遇。人才匮乏严重影响了优势资源转换战略的实施,人才培养本土化的问题日益突出。新疆工业高等专科学校作为新疆培养煤炭专业技术人才的主力军和排头兵,责无旁贷地要承担起培养涉煤高层次人才的重任。2008年,自治区为了加快重点产业紧缺人才的培养,启动了"自治区重点产业紧缺人才专业建设计划"。经过专家多方论证,新疆工业高等专科学校的煤矿开采技术和矿山机电专业被列入首批建设计划,获得2000万元建设资金。

号称"世界硒都"的恩施,如何建立健全特色品牌紧缺专业的引领机制值得我们深思。依据恩施州重点特色产业布局规划,进一步形成专业设置动态适应经济发展需求的专业开发体系,更好地服务州域经济社会发展是恩施职教领域办特色品牌紧缺专业的根基。现今恩施职业技术学院正在积极筹划的有关硒产业的专业建设正是顺应了发展作为恩施州委、州政府着力打造的千亿支柱产业的富硒产业的趋势,学院如何开发建设好这一专业,使之成为品牌紧缺专业,对于恩施州的经济建设与学院的发展有着至关重要的作用。

三 建立健全"政校企"人才培养长效机制

企业是经济组织,它的运作遵循市场经济规律,企业需求一定意义上代表了市场需求。校企合作就像是一面镜子,合作过程中学生的表现和企业认同度,不仅反映了学生的能力,更多的是反映了我们专业设置的合理性和教学组织的科学性。学生能很好地学以致用,能解决企业实际问题,企业满意度高,说明我们的培养目标和市场要求一致,培养了社会真正需求的人才;相反,学生不能解决实际问题,企业满意度低,则表明我们与市场要求还有一定距离。通过合作,高职教育不断接受市场的检阅,促使职业教育市场意识不断提高,坚持以市场需求导向来进行专业设置和教学过程组织。

学院和企业不同的社会属性造成两者合作的目标存在差异,在合作过程中容易产生利益冲突。一方面,学院作为教育机构,具有公益性、非营利性的特征，要遵循教育规律，以培养德、智、体、美全面发展的学生为目标，主要追求社会价值、长远利益。另一方面，企业作为经济组织，具有营利性，遵循市场规律，主要追求经济价值和直接利益。这样，在合作时，企业就要在经济价值和社会价值中寻找平衡点，增加了合作的不确定性；当长远利益和当前利益发生矛盾时，企业往往会选择当前利益，增加了合作的难度。

企业缺乏合作意识，目前校企合作主要表现为"学校热，企业冷"的局面。基于生存、发展和适应社会需求的目的，往往是学校主动联系企业界，通过利用个人关系、支出实习经费等方式寻求企业的支持。企业进行校企合作的直接目的是选拔和储备所需人才，利用学校的低成本人力资源；而当企业觉得人才难以留住，或者人才标准等方面达不到要求，企业收益和支出不对称时，企业一般不会主动参与校企合作，有的也就停留在被动地捐赠等浅层面，对学院的发展关注度不高。

鉴于校企合作这种尴尬局面，呼吁以州政府为主导，以校企合作体制机制创新为重点，建立健全"政、校、行、企业共育人才"长效机制，不断创新"校企合作、工学结合、顶岗实习"人才培养模式，推进课程教学模式改革，提高人才培养工作水平。

四 加强内功修炼，提高办学质量，增强职业教育的吸引力

目前，我国人才供需不平衡及人才高消费的现象还很严重；受传统思想的影响，职业院校学生的社会接受度较低。要改变这种现状，自身内功修炼是必不可少的。第一，要合理设置专业。学院专业设置不能"闭门造车"和盲目跟风。一定要经过市场调研和论证，充分考虑市场需求和学院自身的条件，使培养出来的学生有较好的市场就业前景。第二，要强化实践能力。一定要牢记职业教育的特点，加大硬件和软件的投入，改变传统的教学模式，推进适应职教学生群体的教学改革，注重学生实践能力的培养，使培养的学生具备职业岗位应有的素质。第三，要更新观念，扩大合作领域。从市场需求看，一些中小型企业、民营企业对职业人才的需求比大型国有企业更迫切，开展校企合作的意愿也更强。为此，培养学生为企

业服务的思想，以解决企业实际问题为服务目标，扩大目标合作对象的领域。

树立以生为本的办学理念，完善学校内部管理制度。自我国提出"以人为本"的治国理念以来，教育界"以生为本"的呼声越来越高，"以生为本"的教育理念有很强的现实针对性。"以生为本"的教学立场，要求教师拥有丰富的教育学、心理学知识及其他多学科相关知识，能读懂学生的认知、情感和价值世界，在教学中充分考虑、尊重学生的兴趣、需求和差异，基于学生成长需要有效地组织教学活动；要求教师对学生进行人格教育时，持理智、慎重、尊重的态度，并且具有足够的耐心。"以生为本"的学生管理要求研究学生的特点，准确把握学生成长成才过程中各种正当合理需要；对学生施以人性化的教育管理，关心、理解、宽容与引导学生。各级领导，各个部门，包括广大教职工都要重视学生管理工作。要树立服务为本的理念，坚持从服务学生、维护学生的合法权益出发，将教育管理与服务有机结合起来。因此，学校相关部门和管理人员要不断完善教学设备与生活设施，为学生的学习和生活提供强有力的保障。

职业院校要切实加强校内管理，真正把学生培养成思想道德好、职业能力强和就业率高的技能型人才，增强对外吸引力。

五　积极寻求外援，完善职业教育统筹管理机制

明确教育、发改、财政、人社、劳动就业、农业、扶贫等部门的职业教育管理职责，建立政府部门之间的职业教育联席会议制度，共同研究解决职业教育发展中的实际困难和问题。

六　整合教育资源，进一步加强建设恩施职教集团，着力打造升级版的职业教育品牌

成立以州政府及其教育行政主管部门为主导、高职学院为龙头、中职技工学校为基础、产业（专业）发展为纽带、行业为指导、企业参与实施职业教育与培训就业的区域性协作组织，由州内独立办学的高职、中专、

中职、技校，从事非学历教育且具有法人地位的各类职业培训机构以及具有一定实力的行业企业，按照"资源共享、优势互补、平等协商、合作发展"的意愿建立现代职教集团模式，实行"人才共育、过程共管、成果共享、责任共担"，走产教结合、校企结合、工学结合、校校结合之路，形成融人才培养、教学科研、职工培训、技能鉴定、项目研发、信息咨询、技术服务等功能于一体的职业教育办学联合体，提升州域职业教育吸引力和核心竞争能力，打造升级版的职业教育品牌，更好地服务恩施州经济社会发展。

高职院校提升服务区域经济能力的途径思考

恩施职业技术学院信息工程系　段昌盛

摘　要： 高等职业教育与区域经济社会发展是一种相互依赖、互为支撑的互动关系，高职院校在服务区域经济社会发展时既要对自身准确定位，又要坚持面向服务的原则。在坚持履行人才培养、科学研究和服务社会三大职能的基础上，不断探索和创新服务途径。

关键词： 高职教育　区域经济　途径

高等职业教育以面向区域和行业培养服务于生产、建设和管理一线的高技能应用型人才为目标。高等职业院校要提高自身竞争力，保持持续发展力，增强社会服务能力是关键。在区域经济发展和优化经济结构、推动产业转型升级的要求下，如何增强高等职业教育服务区域经济的能力以实现区域经济社会与职业教育和谐发展，是地方职业教育领域迫切需要解决的问题。

一　高职院校与区域经济发展的协同关系

（一）服务区域经济发展是高职院校的任务

服务区域经济发展是高职院校存在的价值，高职院校一方面通过人才培养，提高本区域内人口的素质，促进本地区经济社会的全面发展；另一方面，通过其科技优势的发挥为地方经济培育新的增长点，从而推动经济的发展。按照经济基础决定上层建筑的原理，高职院校只有通过推动地区经济的发展才能实现其推动整体经济和社会发展的目标。所以，我们不难发现，高职院校存在的真正价值还是为了促进地方经济和社会发展。

（二）服务区域经济是高职院校发展动力之所在

对于地方高职院校而言，地方经济发展的需求才是推动其发展的真正动力。随着区域经济的不断发展，各种问题会不断暴露出来，作为高职院校也有责任去解决这些问题，而解决这些问题的过程就是高职院校不断发展和壮大的过程。这样，高职院校就与地方经济发展形成了良性互动，相得益彰，共同进步。没有区域经济发展的需要作为动力，高职院校将会是一潭死水，会失去其应有的活力。

（三）区域经济发展对高等职业教育提出了高要求

随着区域经济发展和社会进步，越来越需要大力发展高等职业教育，高等职业教育也面临着巨大的发展机遇和挑战，在区域经济发展中也发挥着越来越重要的作用。区域经济催化了高等职业教育的变迁，高等职业教育应当由被动适应转化为积极应对、主动引领。

二 高职院校服务区域经济发展的现存问题

（一）对自身定位不够准确

教育思路和区域性是地方高校发展的基本出路，高职院校的最终目的是为区域经济发展服务，但是，部分院校对自身定位不准确，失去了自身特色，偏离了最初办学宗旨。一方面模仿兄弟院校的教育模式，另一方面无法发挥应有的作用，得不到社会认可。在经济高速发展、社会分工细化的今天，更需要高等职业教育为区域经济的发展输送大批高素质高技能的专业人才。只有立足为区域社会发展服务的宗旨，高等职业教育才能进一步发展壮大，助力区域经济，实现经济和教育的健康可持续发展。

（二）专业与产业吻合度低，区域特色不明显，职教服务水平待提升

近年来，经济发展迅速，高新技术产业不断涌现，但地方政府没有把

发展高等职业教育作为高新技术产业发展的重要战略加以统筹规划，同时高等职业院校积极有效对接新兴产业的意识也不够，在专业上追求"大而全"的事实已经形成，未能根本扭转"人才培养粗放""办学模式趋同"的现状，地方高职院校区域特色并不明显，从而造成所谓的热门专业设置重复。高职院校专业的设置不能及时做出调整，专业设置陈旧、培养模式单一，没有按照当地经济的需求及时调整急需专业，有针对性地培养人才，缺乏优势特色专业，因此存在专业与新兴产业对接滞后的现象，影响高职院校服务地方经济发展的质量。

（三）基础设施较落后，师资力量较薄弱

高等职业教育的培养目标是输出技能应用型人才，非常重视人才的实践操作能力，因此对于实践设备的更新与维护的费用很高。此外，为了提高学生的实践能力，高职院校建立多种实训基地，购置大量实训材料，这些基地设施的建设与维护都需要大量的资金支持。教育界普遍认为高职院校办学成本大概是普通高等院校的两倍以上，因此高职院校发展更需要有一定的经济基础为其提供必要的物质和资金支持，目前高等职业院校的发展主要依靠当地政府的资金拨款与学费资金支持，资金来源途径十分匮乏，教育经费严重不足，基础设施建设落后，教学质量难以提升，同时又由于教育政策的不稳定，师资力量的匮乏，高等职业院校大部分专业教师毕业于普通高校，完全无企业实践经历，其教学、实践教学能力偏低，职业能力和水平结构单一，"双师型"教师比例尚不够。这些现实问题，严重阻碍了高职院校的快速发展，服务当地产业经济的步伐也随之放缓。

三 提升服务区域经济能力的主要途径

（一）坚持正确办学定位，坚持专业与产业对接，形成区域特色

高职院校必须明确自己的办学定位，从而明确自己的办学宗旨与办学方向，没有明确的定位就会迷失自己的方向，从而不能有效发挥自己的应

有作用。高职院校的定位，要明确"地方性""职业性""高等性"三个方面的具体内涵，从而进一步明确其办学定位、学校类型、专业类别、人才标准、服务方向的具体内容，做到准确定位，各安其位。要扬长避短，走以特色带动整体、以整体提升特色的发展之路，全力实现分工合作，在错位中找准学校的发展优势，在错位中明确学校的办学定位。

高职院校服务地方经济发展，所能做的是将学校的专业设置与地方产业紧密结合起来，通过专业的建设来直接对接地方产业，为产业的发展壮大服务。没有专业与产业的对接，高职院校与地方经济发展就如同两条平行线，没有交叉点，而有了这样的一种对接就可以促进双方的协调发展。适应区域经济发展的要求，高职院校可以根据产业结构、行业结构、技术结构的不断变化，拓展一些新兴的、边缘的、交叉的、有生机活力的专业。

（二）加强校企交流，搭建教师社会服务能力提升平台，为区域经济发展提供技术支撑

高职院校要背靠专业，面向地方经济，坚持走产学研一体化的道路，将服务地方经济建设作为一种自觉的可持续的活动。教师在提升高职院校社会服务能力中扮演着非常重要的角色，社会服务能力强的教师除了可以为企业输送合格、急需人才外，还可以为企业的人才培训、产品研发、新技术应用提供强有力的支持，为校企合作内容的拓展创造条件。

高职院校要为教师搭建社会服务提升平台。首先，与其他院校、企业建立联系，选派教师进行学习交流。注重教师社会服务能力和水平的提升，为在职教师每年安排一定时间的带薪进修，如以专业技能培训、企业挂职锻炼、承担科研课题、参与校企合作项目、参加学术会议、参与社会公益服务等形式展开。其次，创立"教授工作室"，学院的专家教授可以实时了解企业动态、人才需求，帮助企业加强产品研发，建立稳定的校企合作交流机制，在促进产学研结合及科研成果的转化的同时也能提升"教授工作室"里其他教师的服务能力。最后，以项目为依托，与企业开展横向科研合作，新技术应用开发、产品研发和技术服务等，将科技成果转化为实际的生产力。在参与企业实际项目的过程中，提高自身的生产实践能

力、技术推广应用能力、科研水平,进一步提升学校的社会服务能力。

(三) 搭建培训服务平台,积极开展职业培训工作

高职院校应充分利用自身的师资、设施、设备等办学资源与品牌优势,成立专门的培训服务部门,搭建培训服务平台,开展灵活多样的技术、技能培训。

一是面向行业企业开展各类技术培训、职业资格认证培训;二是面向区域开展高新技术急需人才培训、新技术应用推广培训等;三是开展职业技能鉴定;四是承办或参加各类职业技能大赛,提高职业技能水平,加强学校与行业企业间的沟通与合作。通过以上培训工作的开展,极大地丰富了学院服务地方经济发展的途径,增强了学院服务地方经济的能力,也极大地提升了学院在当地的地位,扩大了高职院校的社会影响力。

(四) 探索中高职衔接,搭建专业教学资源共享平台

加强专业教学资源库建设,搭建公共教学网络资源平台,为社会提供优质的在线学习课程、教学资源,拓展高职院校的社会服务领域和范围。为中高职教育衔接创造条件,从而完善地区现代职业教育体系;同时也为社会提供优质的在线学习课程、教学资源,拓展高职院校的社会服务领域和范围,促进高等职业教育持续协调发展。

四 结束语

国家明确提出职业教育改革要跟上社会步伐,即高职教育也要及时跟踪市场需求的变化,主动适应区域、行业经济和社会发展需要。高职院校应继续秉持紧跟社会步伐的理念,充分发挥自身的专长,拓展社会服务功能,增强社会服务能力,在促进区域经济发展中取得显著成效,才能与地方经济发展形成良好互动,具备可持续发展的竞争力,共同进步。

高等职业教育如何服务地方经济

恩施职业技术学院电气与机械工程系　林　涛

摘　要：在我国，高等职业技术教育已经超过高等教育的半壁江山，大力发展高职教育，培养应用型人才已成为人们的共识，这也是地方经济发展的必然要求。当前，恩施州已进入厚积薄发、加速崛起的发展新阶段。建设职业教育强州，是将恩施州巨大的人口压力转化为强大的人力资源优势的必由之路；是加快经济结构战略性调整、实施"三州"战略的必然选择；是建设社会主义新农村、提高农民整体素质的迫切要求。因此，必须清晰地认识到高等职业教育在服务地方经济发展中存在的问题，才能真正提高认识水平、密切校企合作关系、深化教学改革、提升教育教学质量、拓宽办学渠道和视野。

关键词：高职教育　办学定位　地方经济

一　高等职业教育的含义及对地方经济发展的作用

（一）高等职业教育的含义

现代职业教育被界定为：它是在一定普通教育的基础上，对社会各种职业、岗位所需要的就业者、从业者和创业者所进行的职业知识、技能和态度情感的职前教育和职后培训，使其成为具有高尚的职业道德、深厚的职业情感、相应的职业知识和熟练的职业技能的应用型人才，从而能迅速地适应职业岗位的需要，并发挥其职业潜能。高等职业教育是职业教育的高等层次。高等职业教育是在一定的专业技术技能基础上，针对职业岗位群，以生产一线从事技术应用、技艺操作和经营管理的高级专门人才为培养目标，实施具有高等教育理论知识和高级技术技能内容的职业教育和技术教育，主要培养企业内部的技术指导者、组织者、推广者和带头人。

《教育部关于加强高职高专教育人才培养工作的意见》也指出，高职高专教育要培养"适应生产、建设、管理、服务第一线需要的德、智、体、美等方面全面发展的高等技术应用型专门人才"。

(二) 高等职业教育对地方经济发展的作用

我国高等职业技术教育已经超过高等教育的半壁江山，随着经济的发展，大力发展高职教育，培养应用型人才已成为人们的共识，这也是地方经济发展的必然要求。发达国家的经验早就表明，职业教育是区域经济发展的助推器。发展高等职业教育是提升人力资本的重要途径。人力资本是经济增长的因素之一，知识经济时代，人力资本促进经济增长的作用更加明显。舒尔茨认为，人力资本的增长比物质资本的增长要快，国民收入的增长比物质资源的增长要快，这正表明了人力资本对经济增长的作用。据测算，在当今发达经济体系中，物质资本投入每增加1美元，产出增长1~3美元；而人力资本投入每增加1美元，产出便增长3~10美元。

职业教育是一项关系经济社会发展全局的基础性工作，经济社会越发展，职业教育就越重要。当前，恩施州已进入厚积薄发、加速崛起的发展新阶段。建设职业教育强州，是将恩施州巨大的人口压力转化为强大的人力资源优势的必由之路；是加快经济结构战略性调整、实施"三州"战略的必然选择；是建设社会主义新农村、提高农民整体素质的迫切要求。高等职业院校作为地方性高校，其投入、师资、生源和就业均具有显著的区域性特点，这也表明发展高等职业教育可推动区域性人力资本的提升，这是地方经济发展的关键。

二 高等职业教育在服务地方经济发展中存在的问题

目前，高等职业教育发展面临来自三方面的挑战。一是经过几年的发展，整个社会对高职生的要求由数量转向质量，高等职业教育质量亟待提高；二是高等职业院校面临生源市场与毕业生就业市场的双重竞争压力；

三是高等职业院校自身由于投入不足，阻碍了教学质量和办学水平的提高。

以恩施州为例，职业教育的改革发展也存在一些突出问题，一方面，基础设施建设薄弱、体制机制创新乏力、政策措施落实不力，难以保障职业教育改革与发展的需要；另一方面，优质职业教育资源短缺，人才培养的规模、结构、质量难以满足人民群众和经济社会发展的需求。

总之，在高等职业教育服务地方经济的过程中，认识有偏差，条件跟不上，服务意识有待提高，服务能力有待增强，服务方式有改进，内在设施有待改善，这些都与地方经济发展不适应，亟待解决。高等职业教育与地方经济发展是互动的，两者互为因果关系。高等职业教育是地方经济发展的加速器，鉴于目前所存在的问题，高等职业教育又该如何服务地方经济，促进地方经济发展呢？

三　高等职业教育服务地方经济的对策与措施

（一）增强认识，深化理解

认识与理解有以下几个方面：一是对高职教育要有正确的认识；二是对服务地方经济发展要有正确的认识；三是什么样才是服务地方经济。

既然是服务地方经济，那么，第一，服务的意识要增强，要有主动的全方位服务的意识，积极融入地方经济建设；要有效益意识，处理好规模、质量和效益的关系；要有协调发展和可持续发展的意识，不能盲目，不能竭泽而渔。第二，服务的方向要明确，是为地方经济建设服务。高等职业院校作为地方性高校，其投入、生源、培训、实习基地、就业等均具有显著的区域性特点，要服务于地方经济。具体来说，有地方政府的投入，生源一般来自本地，如恩施职业技术学院的生源一般来自恩施州，受教育和培训的对象也具有明显的区域性，实习基地也大多在本市或本省，这些方面的投入和产出是基本一致的。但是，就业的地方性不是很明显。高职教育服务地方经济的作用有待增强，在深化认识的基础上，措施要跟上，结果要显现。

(二) 校企联手，共同科研

学校的科研必须要为社会服务，必须来源于实践，解决实际问题；企业的科研要有智力支持，要有团队的合作，要面向市场。因此，高职院校与企业共同开展科技研究与开发是发展地方经济的必然要求。高职院校人才资源密集，科研水平高，实验手段先进，技术实力雄厚，研究思路新颖，而企业直接面对生产第一线，生产能力强、销售渠道畅通，成果转化基础条件较好，所以企业与高校有很强的互补性，具有良好的合作基础。

事实证明，高职教育不仅可以为社会提供各级各类人才，也完全有可能为社会提供科研成果，为教育决策服务。高职教育承担着为社会培养生产、管理和服务第一线人才的使命，也应该为科技产业提供服务和科研成果，同时还必须积极开展哲学社会科学研究，以拓宽高职教育的社会服务功能，提升地方高职教育对社会精神和物质文明的贡献率。

众所周知，没有斯坦福就没有硅谷，同时，没有硅谷也肯定没有一流的斯坦福。硅谷的企业不断向学校提出新的技术需求，使得学校的科研紧跟市场需求，科研所产生的新技术推动了市场发展进而又产生出新的技术需求，这样双方就形成良性互动。

学校理论占优，企业实践突出，校企联手，理论与实践融通，这为经济的发展注入了源源不断的发展动力。为了提升科研水平，可以组建相对固定的团队或课题组、项目组；可以校企共建研究机构，搭建科研平台；另外，也可组织开展地方经济建设重大课题立项与攻关以及共同开发教材。共同科研，将会产生大量科技创新成果，这为服务地方经济奠定了坚实的基础，铺平了发展的道路，为地方经济的可持续增长注入了活力，但是，科研成果并不等于经济增长，学校和企业要通过各种渠道或模式将其转化为现实生产力，把服务地方经济落到实处。可采取高校与政府、企业对接的方式，通过成果展示会、洽谈会、信息发布会等形式实现由学校到企业、由实验状态到生产状态的转移。

(三) 联合办学，共育英才

高等职业院校具有高等和职业的双重属性，其特点决定了必须面向社会，面向岗位。企业也必须要依托教育和培训提高员工的工作效率，提升企业的人力资本，打造企业的先进文化。这样，联合办学应该是双方的共同愿望和必然选择，联合办学可以实现资源共享，优势互补，降低成本。

高等职业院校雄厚的师资力量可以为企业培养专门的适应岗位需求的高等应用型人才；将学生的课堂搬到车间或让企业的专门人才走进课堂，提高了学生的实践操作能力和认知能力，有效缩短了学生的成才周期，提高了学生的就业竞争力，必将推动经济的快速发展。

（四）狠抓质量，深化内涵

工欲善其事，必先利其器。要服务地方经济，内涵建设必不可少，质量工程要常抓不懈。具体来说，高职院校要营造一流的发展环境，提升管理水平，打造教学团队，调整专业结构，优化课程设置。

在专业设置上，应该顺应产业结构调整与发展的要求，设置新专业，开拓新专业，对现有的相关专业根据产业结构调整的要求进行适应性变动。本着"立足当地，注重实用，着手现在，着眼未来"的原则，采取"扬优、支重、改老、扶新"的方式，积极进行学科专业调整改造。

在优化课程设置上，必修课、选修课、公共课保持适当比例，有效衔接，根据专业、市场和学生设置课程，另外，同一专业的不同课程，在内容上也要进行适当整合，使得有限的课时发挥最大的效用。在团队建设上，围绕专业和教师的研究方向，有计划地培训和学习，有计划地开展课题攻关和研讨。在质量和内涵建设上，要尽快改变传统的教学模式和课程体系，改变与职业教育和高技能人才的培养目标不协调的地方，也只有质量的提升才能培养经济发展需要的人才，也只内涵的深化才能为经济发展提供源源不断的智力支持。

（五）拓宽渠道，有效补充

高等职业院校要时刻保持睿智的目光，广阔的视野，依法办校，拓宽服务地方经济的视野。除了办好全日制高职教育外，还应积极开展各种非学历教学活动，努力提高当地劳动者的素质。

为地方经济发展服务。如恩施职业技术学院开展的农村劳动力转移培训，提高了农民的就业竞争力，促进了农民的就业，这是直接为地方经济建设服务。

另外，职业资格培训向社会拓展，依托学校的各类资源，积极为地方开展职业资格认定，提高了劳动者的素质，帮助他们明确了发展的定位和职业发展的方向，更好地适应市场，这也为地方经济的发展提供了强大的支撑和保障。

充分发挥学报的功能。高职院校的学报为更有效地服务地方经济，必须实现由综合化向专业化、由重理论研究向重应用技术研究、由半封闭办刊向开放性办刊这样三个转变，积极推介学校的研究成果，为企业的成果搭建交流平台，学报要了解企业的需求，企业要了解学报的作为。高等职业院校的学报也要体现地方特色，反映地方经济建设和科研的最新成果，这是在宣传上、在科研成果转化为生产力上为经济的发展做贡献。

(六) 立足区域，放眼世界

高职教育区域化的核心是高职教育适应地方经济的发展需要，办出自身的特色，更好地为地方经济发展服务。地方高职院校作为推进高职教育区域化的主要载体，在区域经济大发展的背景下，应当树立并加强区域化意识，改善地方高职院校与所在区域各部门的关系，促进区域经济和地方高职院校的协调发展。例如，安庆职业技术学院提出的"立足安徽，创区域一流"的目标是符合高职教育特点的定位。

立足区域，而不能囿于眼前，高职教育也要放眼世界，向先进国家学习，积极开展国际合作办学，这本身就是扩大影响，增强实力，更好服务地方经济的需要。推进高职教育的国际化进程，首先要确立高职教育的国际地位和发展道路。通过国际合作办学，走出一条适合中国国情和地方经济发展的外向型人才培养道路，采取"走出去，请进来"和外聘教师讲学的方式，达到培养具有国际水准的高层次人才的目的。

"十一五"期间，恩施州就明确提出高等职业教育发展的基本思路：广泛开展中外合作教育，推进教育国际合作与交流向更广领域、更深层次发展。鼓励与境外著名高校以互派教师、互派学生、资源共享、合作教学等形式广泛合作，有选择地引进境外资金、课程教材和优秀师资。

另外，高等职业院校丰富的智力资源可以直接为企业所用，教师到企业挂职，担任顾问或独立董事，或提供管理咨询；企业也可以通过创办实体直接参与经济建设，这些都是实现校企互动、服务地方经济的良好形式。学校和企业在发展地方经济中唇齿相依，企业要把学校作为培训基地，学校要把企业作为实习基地；企业要把学校作为智力源泉，学校要把企业作为实践场所；学校和企业的互动合作空间巨大，高职院校要深入地方实际，分析地方经济建设和社会发展的方向，了解区域经济发展的规划和特点，明确对接点，找准突破口。如此，高职院校在服务地方经济的舞台上必将大有作为。

大力发展高职教育　服务地方经济建设

恩施职业技术学院电气与机械工程系　牟应华

摘　要：为区域经济社会发展服务，是职业教育的地方性、行业性、开放性办学特点所致。恩施州职业教育取得了重大发展，规模不断扩大，职业特色更加鲜明，但仍存在着有效供给不足、结构质量不合理、社会服务能力不强等种种问题，还不能满足全面建设小康社会对高素质劳动者和技能型人才的迫切需求。因此，必须创机制、创精品、创品牌，提升职业教育吸引力；搭建校企合作平台，激发师生的创新创业潜能；以就业为导向，改革教学模式；以增强实践能力为方向，突破实训体系建设；以全面发展为目标，构建新的评价体系；以高职学校为龙头，做强职业教育。

关键词：高职教育　功能定位　有效服务　地方经济

为区域经济社会发展服务，是职业教育的地方性、行业性、开放性办学特点所致。职业教育必须更新理念，围绕提高质量，加快办学、培养、教学和评价模式的改革创新，主动适应地方经济结构调整和经济发展方式转变的新形势。

一　恩施州职业教育发展现状和面临的困境

（一）恩施州职业教育发展现状

2015年，恩施职业技术学院29个高职专业、湖北民族学院科技学院9个高职专业共招新生2100余人；湖北民族学院本科新生3500余人，湖北民族学院科技学院本科新生1500余人。恩施州高职生与本科生之比约为1∶3.5，与全国平均约1∶1有很大差距。

恩施州现有 21 所中等职业技术学校，其中国家示范学校 1 所，国家示范建设学校 3 所，省示范建设或重点建设学校 4 所。全日制中职学生 28000 余人。

近年来，恩施州职业教育取得了重大发展，规模不断扩大，职业特色更加鲜明，但仍存在着有效供给不足、结构质量不合理、社会服务能力不强等种种问题，还不能满足全面建设小康社会对高素质劳动者和技能型人才的迫切需求。

（二）职业教育大力发展的保障机制有待完善

其一，政府统筹管理不够。政府、社会、学校、企业没有形成利益共同体，各自为政，削弱了职业教育在国民经济建设中的重要作用。其二，各县市职业学校专业教师匮乏，围绕技能高考的教学改革意图明显。其三，职业教育科研力量薄弱，难以为职业教育改革与发展提供有效的科研保障。其四，行业企业参与度不高，制约了职业教育体系的发展。

（三）就业难和"用工荒"并存

产业升级形成了数量庞大的技术性岗位空缺，从南到北蔓延的技工荒需要通过发展职业教育的途径来填补。但目前职业教育存在人才培养目标定位不准确、专业设置与市场需求脱节、教学模式落后等问题，导致毕业生不能适应经济发展的需求，出现"就业难"与"用工荒"同时存在的怪现象。

（四）招生难与上学难并存

职业学校的招生难已经日益显现。有的学校、有的专业教师比学生还多，教学资源闲置，造成了巨大的人力、财力浪费。同时，大量的农村孩子上不了学，初中毕业后进入社会，成为文化素质和专业技能偏低的弱势群体。

二　恩施州"十二五"期间的经济社会发展形势

中共恩施州委、州政府明确要求，大力实施生态立州、产业兴州、开放活州战略,实现发展方式的"四大转变":由第一产业为主导向第二产业、第三产业为主导转变,由以农村经济为主导向以城镇经济为主导转变,由以内生型经济为主导向以开放型经济为主导转变,由整体解决温饱向全面建设小康转变,引导恩施州步入可持续发展的快车道。结合产业发展现状,充分发挥比较优势,重点推进现代烟草、茶叶、畜牧、清洁能源、生态文化旅游、信息六大产业链建设。

恩施州经济发展的方方面面、各行各业,必然需要数量庞大的技能型人才和高素质劳动者。这为职业教育提供了空前的发展机遇,但同时也提出了更高的要求。职业教育如果不能适应经济社会发展需要,势必影响经济社会发展的速度和成效,也会成为制约职业教育事业发展的瓶颈。

三 发挥高职院校的龙头作用,提升职业教育服务经济社会能力

(一) 创机制、创精品、创品牌,提升职业教育吸引力

按照示范院校"领导能力领先、综合水平领先、教育教学改革领先、专业建设领先、社会服务领先"以及"做改革的模范、做发展的模范、做管理的模范"的要求,展开制度改革,建立服务于工学结合人才培养模式的运行机制。在管理机制创新的基础上,学院突出强调"创精品",注重加强内涵建设,狠抓"精品建设工程",将各项工作置于高起点上以高标准展开。同时,借鉴和引入企业品牌发展战略,结合办学实力和办学资源实际,创建具有恩施特色的高职教育品牌,从而提高服务地方经济社会发展的贡献度,体现服务地方经济社会发展的深度,增强职业教育的吸引力。

(二) 搭建校企合作平台,激发师生的创新创业潜能

工学结合、校企联合既是高职院校人才培养目标的必然要求,也是地方行业、产业与企业发展的客观需要。以每个系主动对接一个产业,继续推动"百名教师下企业"活动,一方面,通过参加培训、到企业实践等多种形式,提高教师的教学水平和实训指导能力,加快培养一批理论与实践

紧密结合的优秀学科专业带头人；另一方面，结合区域经济和市场需求，制定优惠政策，从企事业单位聘请具有丰富实践经验的技术骨干和能工巧匠来校兼职，提高教师队伍的整体业务能力。

恩施州与其他欠发达地区一样，有一定经济实力和潜力，但与发达地区存在一定差距，生产力发展不平衡，科技还不发达。民风淳朴，但老百姓易于满足现状。欠发达的本质是生产力发展不够，实质是观念落后。为实现民族地区的跨越式发展（国家西部开发战略），民族地区的职业院校既需要与本地企业合作，更需要与沿海发达专区的企业合作，在当前经济发展的新常态背景下，形成职业教育的产学融合、校企合作长效机制，引进现代企业文化，激发师生的创新创业潜能。

(三) 以就业为导向，改革教学模式

目前高职院校的专业、课程设置严重滞后，不能适应市场、行业、岗位的发展变化，照抄照搬、简单模仿、形式主义的现象十分严重。高职院校专业设置要考虑到地区产业结构调整和人才市场的需求。遵循课程内容与职业工作相匹配、理论课程与实践课程相融合的原则，优化课程体系，从而达到课程设置从企业需要出发、从关键职业能力出发、从关键技术和最新工艺出发。

第一，根据岗位职责和专业技术发展要求，参照相关职业资格标准来确定合格的人才培养目标；第二，从职业岗位（群）能力和职业资格标准分析入手，确定课程教学内容；第三，以能力为主线，进行课程重构和教学设计，构建与人才培养目标相适应的专业基础知识、实践能力和文化素质课程体系。

(四) 以增强实践能力为方向，突破实训体系建设

立足地方重点行业、支柱产业、现代服务业，围绕产业结构调整和技术更新换代，加强实践教学体系与实践基地建设，切实解决职业院校学生的实践能力和职业技能的培养问题。学校要积极主动与企业合作，一方面，可以在校内建起技术先进、设备完善、环境逼真、具有企业文化的教学工厂，为学生提供与企业相似的培训环境和经验学习环境；另一方面，

学校将教学过程中的某个阶段放到企业,由企业人员承担教学任务,将企业真实的场所作为"教室",让学生"边学边做、理实一体",实现教育和就业岗位"零距离对接",提高职业院校的初次就业率,保持职业教育的生命力和竞争力。

(五)以全面发展为目标,构建新的评价体系

传统评价是以学生的学习成绩论高低,这不符合职业教育的需求。行业、企业在选择人才时,一方面要考查学生综合知识的运用,另一方面更要考查学生心理素质、职业兴趣、个性特征、团队合作、交流沟通等综合能力;企业在关注学生操作技能的同时,要更注重学生的职业素养、劳动态度等综合能力。

新的评价体系要本着激发学生学习积极性和促进学生发展的目标来构建。要考虑企业用人标准,不仅考核学生的学业成绩,还考核其学习态度、学习纪律、安全规范操作、团队合作等。同时,学校与企业积极沟通,重视校内学习与实际工作的一致性,实现校内评价与企业评价相结合。

(六)以高职院校为龙头,做强职业教育

构建以高职院校为龙头的州域职教集团。高职院校每个系每年重点对口支持一所中职学校的相关专业,实现教师互动,信息互通,资源共享。在校际合作中,高职院校应主动适应中职学校以技能高考为主的培养目标多元化趋势,主动扩大"2+3"单招计划,主动指导中职教学改革,逐步建成共谋发展、利益相互依存的职教集团。

加快发展高职教育　服务恩施经济建设

——实化于专业与产业对接，提高服务地方经济建设能力

恩施职业技术学院电气与机械工程系　陈玉平

摘　要：从恩施州经济社会发展对高职教育的要求入手，基于机电专业服务地方经济建设的现状分析，研究并提出如何优化落实专业与产业对接，增强高职院校服务地方经济社会发展能力的措施和途径，对推动恩施职业教育健康协调发展和恩施州六大产业链建设都具有积极的现实意义。

关键词：专业建设　对接　服务产业　经济建设

一　恩施州经济社会发展对高职教育的要求

高等职业教育本身就是现代产业体系发展到一定阶段对高素质技能型人才需求的产物，区域产业结构及其变动牵引着高职教育的专业设置和调整。职业教育要"以服务发展为宗旨，以促进就业为导向"。以服务为宗旨，满足经济社会发展对高素质技术技能型人才的需求，是高职院校存在的基础，是高职院校自身价值的体现，也是高职院校生存和发展的前提。恩施州经济和社会发展的目标之一是产业结构转型升级。大力实施生态立州、产业兴州、开放活州的"三州战略"，围绕产业化、城镇化"双轮驱动"，重点推进现代烟草、茶叶、畜牧、清洁能源、生态文化旅游、信息六大产业链建设。恩施州经济社会发展的现实，对高职院校提出了既是机遇又是挑战的需求：一是提供人才支撑的需求，即为地方产业的生产、建设、管理、服务第一线培养下得去、留下住、用得上的高素质技术技能型人才的需要。二是技术支持的需求，即本地行业和企业在自身科技创新、发明创造、先进工艺和先进技术等方面的技术支持需要。三是推动新农村

建设的需求，即为新农村建设培养大量专业对口的高技能人才和农村劳动力转移培训等"三农"服务的需要。四是促进地方教育协调健康发展的需求，即做强地方高职院校以助推地方职业教育整体发展的需要。

恩施职业技术学院是恩施州唯一的高职院校，理所当然应该主动承担起为恩施州产业链发展服务的重要任务和责任，走"以服务求支持，以贡献求发展"的兴校之路。如何加快发展恩施职业技术学院的高职教育，高效服务于恩施经济建设，成为恩施职业技术学院当务之急的研究课题和首要任务。在此，笔者以高职机电专业为例，对如何优化落实专业与产业的对接以提高经济服务能力，谈谈看法和观点，以供交流。

二 恩施州机电专业服务地方经济建设的现状

职业院校所设置的专业，要能满足地方经济社会发展和产业需要，服务于当地的主导产业，专业的生命力代表着职业院校为产业服务的能力。恩施州机电专业服务面广，涉及建材、清洁能源、农产品加工和服务业等多个领域，担负着为恩施州经济建设培养大量优秀机电技术人才的重任。但从精准对接产业，高效服务地方经济建设的全方位来看，还存在诸多不足。

一是人才培养定位不够精准。由于恩施州工业经济相对发达地区较落后，规模以上企业群体较少。2015年恩施州经济社会发展主要预期目标是规模工业增加值增长10%以上，据2015年7月统计，全州规模以上工业企业总户数仅487家，全州规模以上工业增加值扣除价格因素同比增长7.6%。恩施州工业经济运行目前呈现规模工业保持稳定增长的趋势，但增速较慢，面对经济下行的压力较大。加强恩施职业技术学院与当前经济建设需求的主动对接已成必然。目前恩施州高职机电专业的培养目标定位还不够精准，培养的人才趋于高等教育的通用型和基础型，还没能凸显职业教育为地方经济服务的技能性、实用性和针对性。

二是校企合作、工学结合深度不够。恩施州高职机电专业建设资金缺乏等因素，导致校企合作、工学结合还流于形式，人才培养模式改革实效性不强。

三是人才培养质量不够高。师资力量是决定高职院校人才培养质量的基础。恩施职业技术学院由于是从中职升格而成的高职，原有教师在质量和结构上还不能很好地适应高职教育要求，生产实践技能强且前缘技术能力强的专业教师比较缺乏，课堂讲授与生产实践相结合的教学改革不能深入，阻碍了教学质量的提高。

四是专业特色不够明显。特色主要体现在专业的"地方性"和"职业性"上。"地方性"就是要紧密契合地方经济社会发展，"职业性"就是培养的人才职业素质高、实践技能强。但目前恩施州机电专业与地方产业、企业互动不够，教学中对企业文化和企业技术特点所要求的素质教育与技能的培养还渗透不够，有待于加强。

三 加强与产业对接，提高服务地方经济建设能力的措施

恩施州是湖北省唯一的少数民族自治州，已逐步形成以现代烟草、茶叶、畜牧、清洁能源、生态文化旅游、信息六大产业链为重点，以绿色食品工业、能源工业、烟草工业、矿产工业、建材工业、医药化工产业六大工业为支柱产业的格局。根据全州主要工业行业运行情况，按每家规模以上工业企业每年增聘2名机电技术人才，每个乡镇增聘2名农机维修技术人员和全州26个A级旅游景区的每个景点增聘1名机电维修技术人员估算，全州年需用机电专业人才1500人左右。恩施职业技术学院是恩施州唯一的高职院校，其机电专业必须依据恩施州的发展规划、支柱产业的发展需求和农村劳动力转移的需要，加强与产业精准对接，优化专业建设的整体改革，主动适应地方经济结构调整与经济发展方式转变新形势，充分发挥高职教育为地方经济社会发展服务的功能。

（一）加强专业与产业对接，为经济社会发展提供人才支撑

（1）培养目标对接产业发展需求，着力优化人才培养方案。建立健全专业建设机构机制，聘请有丰富实践经验的工程技术人员、生产一线管理人员组建机电专业群建设指导委员会，直接参与专业建设。在专业建设指导委员会的指导下，面向恩施州六大产业链建设，全面如实地调研分析产

业（尤其是支柱产业）职业岗位群对机电人才的知识、能力和素质要求，兼顾民族地区职业院校既要服务本地，又要服务沿海发达地区对农村劳动力转移的需要。由此综合考虑，需要准确定位专业方向和培养既具备职业要求的专业知识、职业技能又具有良好职业道德的人才，并着力实施人才培养方案的系统设计和整体优化，为人才培养提供实效性强的指导性纲领文件。

（2）专业教育与企业资源对接，创新人才培养模式。选择恩施州六大产业中的龙头企业和发达地区技术装备先进的企业为校企合作企业，基于学校资源与企业资源，从高职教育的育人理念对接企业的用人理念、学校的教学内容对接企业的技术内容、学校的实践教学环境对接企业的生产环境、课程评价标准对接企业质量标准四个方面，对人才培养模式进行创新设计，构建适应恩施州产业发展需求和发达地区对农村劳动力转移需要的人才培养模式，提高专业人才培养与经济社会发展的吻合度。

（3）教学内容与产业优势对接，着实课改，强力支撑产业发展。抓住恩施州地处湘、鄂、渝交汇和位于武陵地区的地域特点和恩施州以六大产业为重点的机电技术应用与设备优势，与产业、行业和企业共同开发专业课程，构建培养"通识能力、通用专业能力、特色专业能力（对应地方相关特色产业职业能力的课程）"的"双证"课程体系，让培养内容既满足学生终身发展、创新创业的需要，又适应企业的要求。着实进行"导向化、企业化、职业化"的课程教学改革，对于特色专业能力课程，积极利用现代信息技术，紧贴特色产业企业的生产实际开发虚拟、仿真教学项目，实施基于工作过程的教、学、做一体化教学，提高对学生职业能力和个性发展能力的培养效率。

紧贴产业要求，加强校地合作。争取地方政府、地方行业企业及其相关职能部门的支持，构建校地共建优质专业和优质课程的建设平台，每两年评选一批优质专业和州级精品课程，增强专业和课程的资源共享，提高教师的教学能力和课程建设服务于地方产业的支撑度。

（4）顶岗实习、就业指导与企业人力需求对接，人才培养奉献社会。根据恩施州支柱产业的发展需求，在专业建设中与支柱产业用人单位和发达地区技术装备先进的企业合作，主动跟踪市场，建立顶岗实习与就业基地，校企双方共同实施顶岗实习教学，保证学生有半年以上的生产性实训或真实环境的顶岗实习工作经历，使学生在毕业时就能成为"零适应期"的高素质技术技能型人才，为就业做好充分准备。同时，校内专任教师在指导学生顶岗实习期间，亲临企业生产现场，发现并解决生产中的技术问题，不仅帮企业排忧解难，还有利于专兼职教师队伍的建设。专业教育与职业教育相结合，就业指导与服务企业相结合，使学生的学习与企业的需要更加吻合，使校企"共建专业、共建基地、共育人才、共享资源"的互利互惠得以实现，人才培养的社会贡献度得以提升。

（二）科研与产业升级需求对接，提高对企业的技术支持力

加强专业建设，成立由产业技术骨干与专业骨干教师组成的创新团队，建立基于"导师+团队+项目"的运行模式，充分利用专业优势和学校的教科研条件，为产业企业自身科技创新、发明创造、先进工艺和先进技术提供技术支持，促进区域产业结构调整和新兴产业发展。

（三）专业优势与产业培训、"三农"服务对接，推动六大产业链建设

（1）恩施州产业的技术培训服务体系建设有待加强。恩施州六大产业各企业的各类人才都需要而且需要不断培训以提升素质和技能水平。产业的发展，需要恩施州委、州政府和相关职能部门提供政策支持，在高职院校构建以州六大产业为核心的企事业单位职工培训基地，利用高职院校的专业资源优势，对六大产业链所涉企事业单位职工进行技能培训，解决因职工素质跟不上要求而阻碍六大产业发展的根本问题。

就恩施州农业机械化来说，虽然在国家政府引导下，多种类型的农机服务组织迅速发展，有效推动了全州农业机械化发展，但是，由于农机服务体系建设尚不完善，农机售后服务、农机具维修、农机作业人才的培训等诸多方面存在问题，全州农机服务社会化、专业化、市场化程度仍处于低层次。需要恩施职业技术学院机电专业对接农机专业人才培训和农业机械化培训服务体系的建设，这是高职教育利用专业优势为农业产业化服务、推动新农村建设的良好机遇。

（2）农村剩余劳动力转移培训有待加强。恩施州经济相对落后，农村剩余劳动力问题突出，改善民生的现实需求明显，新农村建设对专业人才的需要和农民对培训的需要尤为重要且紧迫。地方高职院校应深入农村，广泛调研，摸清农村剩余劳动力转移培训需求情况，根据新农村建设和发达地区对专业技术劳动力的要求，争取政府在政策和资金上的支持，利用学院的专业和培训机构资源优势，建立农村剩余劳动力转移培训基地，承担起为新农村建设培养专业对口的高技能人才和农村劳动力转移培训等"三农"服务任务，为改善民生、服务地方经济建设做出更多贡献。

（四）加强高职教育与中职教育的对接，促进地方职业教育协调发展

加快恩施职业技术学院高职教育的专业建设，推动恩施州现代职业教育体系与职教集团平台建设，促进地方高职与中职教育的紧密对接，着实加强地方高职教育对中职教育的专业建设、教学改革引领，促进恩施州职业教育健康协调发展，进而促进恩施州经济社会的发展。

四　结束语

职业教育以提升服务国家发展和改善民生的各项能力为根本要求，服务地方经济社会发展是职业教育的基本功能。加快发展恩施州高职教育，推动专业与产业的精准对接、高职与中职教育的对接，促进恩施职业教育发展，强力服务恩施州六大产业链建设是恩施经济社会发展的迫切需要。加快发展高职教育，提高服务地方经济建设的能力，是高职院校、地方政府、地方产业职能部门和产业企业共同的责任和义务，是需要各方共同谋划并为之不懈努力的伟大事业。

适应现代职业教育体系建设要求
增强高职院校服务地方经济社会发展能力

恩施职业技术学院电气与机械工程系　向久林

摘　要：服务地方经济社会发展是国家对高等职业院校的基本要求，也是高职院校的根本职能和应尽义务。当然，地方经济社会建设的人才需求是高职院校发展的不竭动力，其所面临的课题也是高职院校科学研究和技术创新的重要源泉。因此，为地方经济社会服务有着丰富而具体的内涵，高职院校要根据其区域性、职业性和技术性的特点和自身实际，找准服务定位，明确服务目标，为地方经济社会发展做出应有的贡献。具体措施是：对接地方支柱产业，优化专业结构布局；跟踪人才市场变化，深化教育教学改革；瞄准企业技术需求，搭建科技研发平台；紧扣社会经济发展，完善职业培训体系。

关键词：现代职教体系　创新发展　服务地方经济社会发展

近年来，我国高等职业教育蓬勃发展，为现代化建设培养了大量高素质技术应用型专门人才，对高等教育大众化做出了重要贡献，在我国加快推进社会主义现代化建设进程中发挥了不可替代的作用。现在，国家又做出了建设现代职业教育体系的战略决策，明确了我国现代职业教育体系的内涵、目标和任务，确定了"三步走"的发展战略，以及到2020年初步建成具有中国特色、世界水准的现代职业教育体系的战略规则。

恩施职业技术学院作为一所由恩施州人民政府主管、主办的地方性高职院校，如何适应恩施州经济社会发展的实际情况，服从国家现代职业教育体系建设的战略决策，按照中国特色、世界水准的现代职业教育体系的要求，加强内涵建设，提高人才培养质量，增强服务地方经济社会发展的能力，是摆在学院领导和全体教师面前的一项光荣而艰巨的任务。

六　高职教育服务地方经济社会发展研究

一　服务地方经济社会发展是高职院校的根本任务

（一）服务地方经济社会发展是国家对高职院校的基本要求

教高〔2006〕16 号文件明确指出，高等职业教育要以服务为宗旨，以就业为导向，走产学结合发展道路，为生产、建设、服务和管理第一线培养高素质的技能型专门人才。这就明确规定了高等职业教育的办学宗旨是为国家的经济建设和社会发展服务。恩施职业技术学院作为地方性高职院校，其根本任务就是为恩施州的经济建设和社会发展服务。

（二）服务地方经济社会发展是高职院校的根本职能

众所周知，高职学校的三大职能是人才培养、科学研究和社会服务。显然，地方性高职院校的职能就是为地方经济建设和社会发展培养高素质的技术应用型人才、承担地方经济社会建设中面临的社会矛盾和技术难题的研究、直接参与地方经济社会建设。但这三大职能中无论哪一个归根结底都是为当地的经济社会发展服务。

（三）服务地方经济社会发展是高职院校的应尽义务

地方性高职院校的生存和发展，离不开当地政府政策的支持以及人力、物力、财力的投入，因此服务并回报地方经济社会是高职院校的应尽义务。高职院校应为地方经济和社会发展提供更多的智力支持和技术服务，形成与当地产业同存共生、互利双赢、共同发展的良性互动局面。

二　服务地方经济社会发展是高职院校发展的动力源泉

地方经济社会的发展是高职院校生存的根基和成长的沃土。只有扎根于这片沃土，努力服务于地方经济社会建设，才能得到群众的认可、政府的重视、社会的关注和企业的参与，从中获得自身成长所需的营养和动力。如果游离于地方经济社会发展的需求之外，地方高职院校将成为无源之水、无本之木。

（一）地方经济社会建设的人才需求是高职院校发展的不竭动力

社会发展和经济建设需要大批人才，发展高职教育需要经济基础做坚强后盾，经济发展了，高素质技能型人才的需求才会增加，职工的培训需求才会增大，教育的规模才能不断扩大，教育的质量才能得以提高，这是高职教育发展的一条客观规律。随着地方经济社会的发展，经济增长模式的转变，产业结构的调整和企业产品的升级换代，所需人才的结构将发生变化，要求不断提高。培养符合社会经济发展需要和人才市场变化要求的人才永远是高职院校的天职和办学目标，对生产、建设、服务和管理第一线现场技术人员提出的新要求为地方高职院校提供了发展机遇和动力。这就要求地方高职院校积极应对这一变化，及时调整专业结构和方向，整合更新教学内容，改革教育教学方法和人才培养模式，努力提高人才培养质量和办学水平，使人才培养质量满足地方经济社会建设发展的需要。

（二）克服地方经济社会发展面临的困难是高职院校科学研究和技术创新的重要源泉

高职院校要提高教学质量，打造特色品牌，扩大社会影响，提升师资水平，必须开展科学研究和技术创新，取得一些对地方经济社会发展有重大推动作用、在同行中突出影响的科研或技术创新成果。地方经济和社会发展要实现科学发展，后发赶超，必须克服各种体制障碍和技术难关。克服地方经济社会发展中面临的这些困难将有力促进地方经济的快速发展和社会的文明进步，产生重要的经济利益和良好的社会影响。地方经济社会发展实际中出现的这些问题正是高职院校教师开展科研工作所能获得的最有实际意义和理论价值的课题来源。

三 高职院校服务地方经济社会发展的内涵

为地方经济社会服务有着丰富而具体的内涵，高职院校要根据其区域性、职业性和技术性的特点和自身实际，找准服务定位，明确服务目标，为地方经济社会发展做出应有的贡献。

一是开展人才培养。培养高素质的技能型人才是高职院校为地方经济社会发展服务的主要任务。恩施州是一个人口大州,培养高素质技能型人才是推动恩施州由人口大州向人力资源大州和人力资源强州转变的重要途径,它不但直接为恩施州经济社会发展的生产、建设、服务和管理提供人才支撑,而且也为占恩施州经济较大比重的劳务经济做出了贡献。恩施职业技术学院要增强人才培养的针对性和实用性,为恩施州经济社会建设特别是支柱产业和新兴产业培养出留得住、用得上的高素质技术应用型人才;根据恩施州经济发展方式转变,工农业生产的技术、产品和管理模式升级转型的需要,对现有从业人员进行新技术、新方法、新工艺和新标准的培训;根据恩施州产业结构调整以及新农村建设和城镇化建设的需要,对下岗工人再就业和农村劳动力转移进行技术技能培训。

二是提供技术支持。为地方行业和企业提供技术服务是高职院校服务地方经济社会建设的重要方面。恩施州的经济相对落后,缺乏大型企业,生产设备简陋,管理方式落后,工业企业的转型升级任务十分艰巨。恩施职业技术学院根据这一实际,一要积极开展先进技术的推广、科技成果的转化和技术咨询工作;二要积极参与行业企业生产设备改造、产品开发、技术攻关和管理创新工作,努力推进工业企业产品的升级换代;三要积极开展经济规划、产业布局和结构调整方面的研究,构建信息资源平台,为政府决策提供依据和建言献策。

三是推动教育发展。高职教育是我国教育体系中的重要一环,做强做优地方高职院校,是促进地方高等教育大众化、完善地方教育类型体系、丰富教育结构层次和推动地方教育协调健康发展的现实需要。同时高职院校要主动开展对中职学校在办学理念、人才培养模式、教育教学改革、师资队伍建设、实习实训基地建设等方面的指导,促进中职教育快速发展。

四是促进文化建设。高职院校是地方的文化精英单位,具有很强的文化传播、辐射功能和带动作用。我们应按照党的十七届六中全会的要求,积极投身于社会主义文化大发展大繁荣的建设和湖北"文化强省"战略的实践,在吸收先进的社会主义文化,融合地方文化精华,传承历史文化经典的基础上，要加强校园物质文化、制度文化、精神文化、行为文化和管理文化的建设，丰富校园文化的内涵，提升校园文化的品位，形成校园文化的特色。通过传播和辐射，推动地方文化建设，提升人民群众的文化水平和人文精神，为繁荣地方文化、振兴地方经济、改善地方形象、提升地方品位、推动地方经济发展服务。

四 高职院校服务地方经济社会的途径

服务地方经济社会建设是高职院校的办学宗旨和各项工作的终极目标。高职院校应以科学发展观为指导，学校的专业建设、课程建设、队伍建设、基础能力建设和各项管理工作都要紧紧围绕为地方经济社会建设服务开展。

（一）对接地方支柱产业，优化专业结构布局

地方高职院校要主动根据地方产业结构和市场需求，调整专业结构布局，以适应地方经济发展对各方面技能型人才的需要。同时加强专业内涵建设，完善专业培养方案，提高专业办学水平，形成专业特色，创建专业品牌，力争达到"办好一个专业，改造一批企业，提升一个产业，繁荣一方经济"的服务地方经济的目标。一是对接地方支柱产业设置专业和建设专业群。支柱产业是地方经济的领头羊，人才需求量大，设备先进，管理科学，技术含量高，是高职院校专业赖以存在的基础。二是对接地方新兴产业设置专业，新兴产业是产业发展的方向和未来经济的增长点。办好为地方新兴产业提供人才支撑的专业是高职院校可持续发展的基础。三是及时调整专业方向，修订人才培养方案，以适应产业的结构调整和升级转型的需要。恩施职业技术学院现在开设有机械制造类、建筑技术类、生物医药类、财会类、市场营销类、旅游类和信息技术类七个专业群，分别对应于机械制造业、建筑业、制药业、商业、旅游业和信息产业等恩施州的支柱产业和新兴产业。恩施职业技术学院将继续跟踪恩施州经济社会的发展，及时调整专业结构和专业方向，开设新的专业。

(二) 跟踪人才市场变化,深化教育教学改革

人才培养过程是一个动态的过程。随着经济社会的发展,科学技术的进步,生产工艺的更新,各行各业对技术应用型人才的标准也在不断变化和提高。这就要求高职院校主动深入社会各个行业企业进行调查研究,及时掌握技术应用型职业岗位人才标准的变化信息,深入分析职业岗位(群)对人才的知识、能力和素质结构的要求,深化教育教学改革。修订专业培养方案,改革人才培养模式,科学构建课程体系,更新课程教学内容,改革课堂教学方法,加强实践能力培养,努力提高教育质量,提升学生职业综合能力,为地方经济社会建设提供高素质的技术应用型人才。

(三) 瞄准企业技术需求,搭建科技研发平台

高职教育是与经济社会联系最为紧密的一个教育层次和类型,高职院校要按照职业教育深度融入地方经济产业链的要求,深入开展校企合作,利用专业和人才队伍优势,在为企业培养所需人才的同时,积极为企业在技术推广、成果转化、设备改造、产品研发、信息资源和管理创新等方面提供技术支持。一是按照现代企业的高素质技术应用型人才的培养要求,高标准建设各专业的校内实训基地,使之成为满足企业生产要求的产品加工中心和产品开发中心。二是根据地方经济社会发展的需要成立研发中心,教师的科研工作紧密围绕行业企业的生产技术改造、新产品开发、技术攻关、管理创新、体制改革和决策咨询等展开。

(四) 紧扣社会经济发展,完善职业培训体系

地方经济社会的发展、科学技术的进步、生产技术的更新和管理体制的创新,要求地方政府构建完善的终身教育体系,对各级各类从业人员进行继续教育和职业培训。高职院校因其与经济社会的紧密联系而成为其最重要的角色,积极为地方待业人员和从业人员提供职业技能鉴定和技术培训是高职院校为地方经济社会建设服务的一个重要方面。一是努力建设好国家职业技能鉴定所,完善职业技能鉴定的种类和等级。二

是大力开展应用技术和科技成果转化的培训,使之成为新技术的推广站和科技成果转化的孵化器。三是建立健全以现代企业为骨干的培训实习基地,组建以地方行业专家和校内教授为主体的稳定教师队伍,制订并完善以国内外先进技术为标准的技术培训教学计划,提高学院的培训条件。

加快高职教育发展　服务恩施经济建设

恩施职业技术学院学工处　田宗宇

摘　要：恩施职业技术学院在服务恩施州区域经济发展中需有所作为。建院15年的经验证明，我们必须明确学院服务恩施州区域经济社会发展的路径、构建学院服务恩施州区域经济社会发展的模式、着力做好学生思想政治工作，才能提升学院服务区域经济的能力。

关键词：高职教育　社会服务　区域经济发展

高职教育的生命力和创造力就在于增强社会服务能力，有效服务区域经济建设。如何加快恩施职业技术学院高职教育的发展，更好地为恩施州区域经济建设服务，是恩施职业技术学院人必须思考的重大课题，更是我们学工队伍加强学生管理、实现思想引领、提升地方经济建设服务能力的神圣使命。

一　服务地方经济建设是高职学院发展的必然趋势，更是职业教育的神圣使命

《高等教育法》第三十一条明确规定：高等学校具有教学、科学研究和社会服务的功能。《国务院关于大力发展职业教育的决定》（国发〔2005〕35号）明确提出，职业教育要以服务社会主义现代化建设为宗旨。《教育部关于全面提高高等职业教育教学质量的若干意见》（教高〔2006〕16号）强调高等职业教育要"以服务为宗旨"。

（一）服务地方经济发展是地方高职院校的神圣使命

一是服务地方经济发展是地方高职院校存在价值之所在；二是服务地

方经济是高职院校发展动力之所在；三是服务地方经济发展是地方高职院校的办学质量标志之所在。恩施职业技术学院服务于恩施州地方经济建设是高职教育发展的必然趋势，是恩施州区域经济社会发展的客观要求，是学院自身生存发展的需要。

（二）服务地方经济发展是高职院校服务社会发展的核心内容

国务院的有关文件对高职教育服务区域经济社会发展的内容阐述得非常明确，"为经济结构调整和技术进步服务，为促进就业和再就业服务，为农业、农村和农民服务，为推进西部大开发服务"，"为我国走新型工业化道路，调整经济结构和转变增长方式服务"，"为农村劳动力转移服务"，"为建设社会主义新农村服务"，"为提高劳动者素质特别是职业能力服务"。

高职教育服务区域经济社会发展的核心内容体现为"345"。"3"即高职院校对社会服务包括三个方面：文化服务、技术服务、科研服务。"4"即地方经济社会发展对高职院校提出了四点要求：一是提供人才支撑；二是提供技术支持；三是参与新农村建设；四是促进地方教育协调健康发展。"5"即高职院校社会服务应该突出五个重点：一是专业服务，以调整学院专业结构，重组专业体系为重点；二是科技服务，以参与行业、企业的课题研发为重点；三是培训服务，以具有突出优势的岗位培训为重点；四是志愿服务，以顶岗实习、社会实践、行业或社区志愿服务活动为重点；五是文化服务，以参与所在社区、区域的文化建设活动为重点。

二　恩施职业技术学院高职教育应如何为恩施州区域经济服务

随着区域经济的快速发展和政府的大力推动，我国高职教育服务区域经济社会发展的能力不断增强，影响力逐步提升，但当前高职院校存在着为区域经济发展服务的意识不强；高职教育服务区域经济发展的效果不明显；职业院校的教育资源没能得到充分利用，课程内容陈旧、科技含量低、不能满足区域经济发展的需要，没有突出实践教学，高职教育的培训方式过于单一等问题。在社会服务方面还存在联系不够紧密，服务不成系统等问题。近几年，学院的社会服务大多停留在技能鉴定培训和企业职工培训上，为企业提供技术服务的项目不多。

(一) 明确恩施职业技术学院服务恩施州区域经济社会发展的路径

坚持"七要五是"的服务区域经济社会发展的路径。"七要"：一要明确服务理念；二要调整专业结构；三要丰富办学模式；四要拓展服务内容；五要理顺运行机制；六要参与高新技术攻关；七要提供送教下乡服务。"五是"：一是高职院校要形成与区域经济互动发展的共识；二是坚持"以就业为导向"，为区域经济发展提供高素质技能型人才；三是高职院校的专业设置应与区域经济发展相适应；四是推进高职院校与地方企业深度合作；五是服务区域经济，实现教育培训资源社会共享。

(二) 构建恩施职业技术学院服务恩施州区域经济社会发展的模式

一是基地式服务型，就是以基地共建为平台，着眼新兴行业和高新技术产业，通过与共建行业或企业的合作，实现服务社会之目的；二是项目式服务型，这是依据行业或企业的生产、研发之需要，学校发挥学科和专业人才的优势所开展的互助性服务活动；三是教育集团式服务型，这是社会教育资源和高校教育资源高度整合并优化重组机制下的服务模式；四是活动式服务型，这是一种动态化、高灵活性的借助"活动"完成的服务方式。

推行"1234"的服务区域经济社会发展的模式。实现"一个打造"，打造高水平示范院校促进地方高职教育的跨越式发展；搞好"两个承接"，即承接六大产业转型升级、承接区域工业化发展的科技创新重任；达到"三个联动"，即学院发展与区域发展联动、学院发展与城市建设联动、学院发展与新农村建设联动；做好"四个适应"，即办学方向适应经济发展需求、人才培养适应市场变化需求、专业设置适应区域发展需求、教学改革适应就业转型需求。

科学构建"一依托三适应"，即依托行业，适应学生、适应社会、适应政府的开放办学模式，探索和实践"产教一体、寓学于工"的人才培养模式。

(三) 提升学院服务区域经济的能力

提升社会服务能力既是高职教育服务于区域经济社会发展的需要，也是高职院校自身发展的内在动力。一是明确培养目标，厘清办学理念，树立为区域经济服务的办学思想，主动对接产业和行业需求，增强专业办学服务经济社会的能力；进一步完善校企共育人才的有效机制，成为社会服务的基地。二是构建科学的课程和培训体系，打造为社会服务的办学环境；创新工学结合的人才培养模式，实现人才培养与社会服务零距离对接；利用优质教学资源，加大社会培训力度；构建辐射网络，发挥示范引领作用。三是加强师资队伍建设，促使广大教师在科研中提升社会服务能力；推进"双师素质"的师资队伍建设，提供为社会服务的人力资源；四是加强法制建设，争取政府、企业支持，强化服务的规范性。

三 做好学生思想政治教育工作，为服务恩施州区域经济助力

学生思想政治教育工作要紧紧围绕践行社会主义核心价值观和理想信念教育这条主线，以作风建设为抓手，以学生行为养成教育为立足点，以班级管理为重点，以日常检查监督通报考核为手段，着力推进常规管理，切实增强服务恩施州区域经济建设的针对性和实效性。要以主题班会、团日活动、心理健康教育为载体，努力推动服务恩施州区域经济建设的各项活动。

(一) 通过事业发展规划、人才培养方案，为学生思想政治教育工作提供制度保障

要高度重视大学生的思想政治教育工作。深入贯彻落实《中共中央国务院关于进一步加强和改进大学生思想政治教育的意见》和恩施职业技术学院学生思想政治教育工作"十三五"专项规划。把学生思想政治教育工作如何为地方经济建设服务作为工作重点加以部署。围绕"加快高职教育发展，服务恩施经济建设""我能做什么、怎么做""如何发展、怎么发

展"提出具体目标、思路及措施。学校要大胆创新人才培养方案,建立以社会需求为目标的人才培养模式,在教学计划的制订中充分体现为区域经济服务的理念。从调动学生自身能力,启发学生勤奋向上入手,使学生在学习专业理论的同时,树立热爱所学专业、服务社会服务国家的思想,切实提高学生的思想道德素质和社会竞争力。

(二) 实施系统方案,构建学生思想政治教育立体工程

学校的人才培养目标是培养具有正确的世界观、人生观、价值观;有理想、有事业心和责任感;有时代精神和创新精神;具有团结互助、诚实守信、遵纪守法、艰苦奋斗的良好品质;专业知识结构合理,具有较强的学习能力、实践能力、创新能力、协调能力;主动适应社会需求、身心健康、全面发展的应用型高素质多样化人才。为实现应用型、高素质、多样化的人才培养目标,构建"三全育人"的格局体系,即全员育人、全过程育人、全方位育人。努力达成教书育人、管理育人、服务育人和全员育人的校园氛围的育人要求,建立激励机制,把教师、管理和服务人员的积极性调动起来,自觉担负起培养应用人才的责任和义务。以大学生成长导航为载体,加强学生在校期间全过程的发展指导,从招生宣传开始到毕业生就业指导,乃至毕业后的跟踪服务、校友资源整合,每一个工作都精心设计,发挥好教育功能。抓住教室、公寓、校园、校外这几个关键阵地,发挥好第一课堂与第二课堂互动的教育作用。

(三) 名师指路,为学生思想政治教育工作锦上添花

大力引进大学生思政教育行业专家、教学名师、思想政治教育学科带头人来校任教,担任思政课教师,指导整体学生思想政治教育工作。使课外思政教育更加贴近学生、贴近生活、贴近实际、贴近市场、贴近区域、贴近服务。在帮助学生自主学习、培养学生独立生活、指导学生多元发展、满足学生多样需求的同时,注重输入思想政治教育理念,培养德才兼备人才。

着力提升教师的教研能力与教研水平,制定教育科学研究项目管理办法。积极创造条件支持思想政治理论课教师申报省教育科学规划项目、省

教育厅教研和科研项目以及恩施州人文社科项目等各级各类课题。

（四）重视思想政治教育实践教学

重视学生思想政治理论课实践教学环节，打破传统的单一理论教学模式，采用课堂教学与课外社会实践教学相结合的方式进行，增强"两课"教学的实效性和吸引力。开辟社会实践教学周，组织开展专题活动。让学生积极参与、亲身体验，主动发现社会上的问题，并运用所学理论进行分析研究，形成社会实践调查报告、论文和心得体会等多种实践成果。时事政治，国内外、省、市以及学校的形势与发展趋势，学校规章制度、学生关心的热点问题等内容，课程教学形式采取课堂教学与课外教学相结合的方式进行，以讲授为主，辅以时事政策问答、辩论、参加各种形式的社会实践、专题讲座、心理健康教育、录像、讨论、参观等形式。真正做到学以致用，理论与实践相结合，增强思想政治课的实效性。

（五）将实践育人融入教育教学，强化学生实践能力培养

作为紧密服务于恩施州六大产业行业发展的地方高职院校，要始终秉持实践育人的教育理念，坚持进行产学研结合的办学模式，探索以大学生实践创新能力培养为核心，以优化人才培养方案为引领的实践教学体系。积极推进素质教育和人才培养模式创新。要基本形成以提高学生的事业心和社会责任感为核心，以增强学生的创新能力和工程实践能力为重点及以提高学生的身体素质、心理素质和文化素质为内容的"一心两翼三基本"素质培养模式。因此，学校要加强实践育人基地建设。让学生们走进社会，体验民生、民情，激发学生社会责任感，强化感恩意识，进一步加强学生的德育教育，为培养应用型高素质多样化的人才发挥积极促进作用。

（六）开展丰富多彩的学生思想政治教育主题活动，促进学生全面健康发展

加强学生知识修养、能力素质、道德水平，通过各种主题教育，拓宽大学生思想政治教育工作的课外领域。开展"创先争优"活动、党史讲座、党的基本知识竞赛、唱红歌、"阅读、提升、和谐"主题读书月、"知

荣明耻、文明出行"活动、图书捐赠活动等,将思想政治教育工作与系部建设、大学生文体活动等进行紧密结合,开展创建文明寝室活动、党员挂牌活动、学风表彰和"一先两优"表彰活动等。通过宣传学校优秀学生的先进事迹,树立典型,激励学生向先进学生学习。让学生通过亲身感受,转变作风,励志向上,做到学以立德、学以增智、学以创业。

(七) 扎实有效的心理健康教育工作

将大学生心理健康咨询的工作理念、方法、态度逐渐渗透到思想政治教育工作中。开通心理热线,建立心理信箱,拓宽心理咨询渠道,开展个别面询、电话咨询、网上咨询,针对不同的学生群体的需求,开发"破冰暖身类""自我探索类""人际交往类""团队合作类""情绪调适类"五大类团体辅导活动。帮助学生消除心理障碍,正确认识自我及社会,充分发挥潜能。建立健全"学院—系部—班级—寝室"四级立体网络的心理危机干预体系,开展健康普查,建立健康档案。采取"小问题不出各系,中度问题不出学校,重度问题与医院合力解决"的干预模式。根据不同年级的不同需求开展"适应生活、把握情感、感恩教育、爱国教育、面对挫折、生涯规划、就业困惑"等专题讲座,举办心理电影赏析、心理健康主题班会、心理漫画征文、心理沙龙等活动,营造关注心理健康、优化心理素质的浓厚氛围,促进大学生心理健康的自我教育。

(八) 教育管理有机结合,形成良好校风学风

学校以树立优良学风和考风为目标,重视良好校风、学风的形成,完善管理体系,健全校纪校规,将严格管理、严肃考风与鼓励个性、调动学生内在积极性统一,以全面提高学生综合素质为目标,以实施大学生成长导航为主线,重视和强化学生能力的培养,建立和完善学生成长成才的服务体系。实行学生早操、晚自习制度,加大对学生出勤、课堂学习、校园文明、寝室卫生、纪律的检查力度,使管理工作常态化、科学化。加强对学生综合表现的考评,加强学风建设,严抓考风考纪,以制度为手段加强对学生的思想政治教育,加强对学生的教育引导,营造良好的班风、学风,营造优良的学习、文化氛围。注重对学生干部的培养,提高学生自我

教育、自我管理和自我服务水平，寓思想政治教育于管理和服务的每个环节之中，培养学生的责任意识、诚信意识、求真意识和模范意识。

（九）学校、家长、社会合力，呵护学生茁壮成长

高度重视学校与社会、家长之间的合力育人作用，学校各级教职工、思政工作者要通过不同形式保持与学生家长的长期联系，班主任要与学生家长建立网络联系，通过QQ、电子邮箱和微信等形式进行沟通，定期向家长汇报学生在校学习和生活情况，同时了解学生校外的表现。学生毕业后，要以校友会为载体，加强与毕业生及社会各类企事业单位的联系，与家长、社会共同努力，培养学生成才。

图书在版编目（CIP）数据

高职教育发展的探索与实践：2015年武陵山现代职业教育发展论坛文集／许敏，田金培主编.--北京：社会科学文献出版社，2016.6
 ISBN 978-7-5097-9040-3

Ⅰ.①高… Ⅱ.①许… ②田… Ⅲ.①高等职业教育－教育研究－中国－文集 Ⅳ.①G718.5-53

中国版本图书馆CIP数据核字（2016）第086605号

高职教育发展的探索与实践
——2015年武陵山现代职业教育发展论坛文集

主　　编／许　敏　田金培
出 版 人／谢寿光
项目统筹／周　琼
责任编辑／钱越洋　周　琼
出　　版／社会科学文献出版社·社会政法分社（010）59367156 　　　　　地址：北京市北三环中路甲29号院华龙大厦　邮编：100029 　　　　　网址：www.ssap.com.cn
发　　行／市场营销中心（010）59367081　59367018
印　　装／北京季蜂印刷有限公司
规　　格／开　本：787mm×1092mm　1/16 　　　　　印　张：20　插　页：0.25　字　数：303千字
版　　次／2016年6月第1版　2016年6月第1次印刷
书　　号／ISBN 978-7-5097-9040-3
定　　价／79.00元

本书如有印装质量问题，请与读者服务中心（010-59367028）联系

▲ 版权所有 翻印必究